教育史の基点と対象

花井 信 著

川島書店

まえがき

科学上の発見や発明は、まえの発見や発明を踏まえて積み重ねられる。その長い歴史の経過がたつと、踏み固められた道の上を、子どもが当たり前のように歩く。科学・学問が万人の所有物になる。わたしのことばで言えば、科学・学問が国民的広がりをもって受け入れられてゆく。そうした歴史的時代を前提として教育が始まる。ヘーゲルの『精神現象学（序論）』で言っていることを教育史の観点で、わたしなりにまとめると、こうなる。

一方、アダム・スミスは『国富論』のなかで、もう死語となっているラテン語などをなまかじりのまま教えることは止めようと言った。そして小さな学校の設立を提唱し、そこで、読み書き計算（account）と職業を持っていれば必要な学問である幾何学と力学の初歩を教えればいい、と言った。わたしなりに言いかえれば、閉じられた、学者だけの学問から、国民大衆に開かれた、実用知を教える教育というものが、ここから始まる。

科学・学問の発達が長い道のりを経て公衆に開かれたとき、学問の世界だけで語られたことばではなく母国語で語られるようになったとき、この二つは、教育史が成り立つ基点となる歴史的標識である。

だからといって、偉大なふたりの思想が教育思想だとわたしは考えない。ヘーゲルは、教育という精神活動の現象学は語ったが、個別論は自分の思索の範囲外とし、その考察は教育学の問題であると『法の哲学』で述べたわけだから。アダム・スミスも分業の人間形成に及ぼす功罪を語っている。しかしわたしはそれを教育論とは見ない。人間形成と教育とを区別しなければ、今日の教育学の任務からずれるからである。

ヘーゲルは、学問の新しい誕生によって、学問が理解可能な形になり、万人が学問への道を歩くことができると意気高く宣言した。しかし、理解可能な形になるよう工夫をすること、学問を子どもに合わせて再構成することは論じなかった。ヘーゲルは、子どもは小さいおとなと見、その立場から学問を遊戯的に教える試みを罵倒した。ルソーが言う、人間をつくる技術には関心がいかなかった。それは教育学の任務として残されたのである。

ルソーが教育は自然か人間か事物によってあたえられると述べ、教育を受けた人間によってのみ教育は行われるというカント哲学を爆破した命題は、教育主体の並列にとどまった。他方ヘーゲルは、子どものなかに成長したいという願いがあり、それが教育の動因であると捉えた。存在は絶えず動いてあるというヘーゲルの哲学がある。子どもの素質、つまり自然に着目したルソーではあったが、教育の原動力には考えが及ばなかった。

ヘーゲルは内の動きと外の動きとが応じて存在が動くという。では、教育における外をどう構想したらよいか。アダム・スミスの論理学の書ともいわれる『修辞学・文学講義』に注目してみたい。論述（あるいは談話）のふたつの方法をスミスは詳説している。新しい現象が現われるたびにそれを説明する別々の原理を与える方法（アリストテレス的）、いまひとつは、はじめに一つの原理を述べ、新しい領域に入るたびにその原理が形を変えて現れるという方法（ニュートン的）。そのふたつの方法を、講述（内田義彦氏の訳語）のそれではなく教授のそれとして捉え返し、教育論として再構成したいという考えを持って、アダム・スミスの論理学の書をひもとこう。

その際、多人数の前で弁論することが教育に欠かせないから、その方法としてスミスが言う、ソクラテス的方法の重要性も視野に入れる必要がある。教員がこれから教える内容について、子どもたちは、賛成か、反対か、懐疑的かは分からない。そこで、はじめは遠ざかっていても、徐々に気づかれない程度に賛同を得るよう近づき、最後には納得させるその方法を教育論として取り上げよう。

このスミスの論理が空理空論ではないよう、現行教科書の叙述スタイル、あるいは構成を例に考える必要がある。学問が教育として成立するための論理学的基点だからである。

意識の経験の学問をヘーゲルから学びながらも離反したデューイは、行動による経験が知識の意味獲得のすべてであると語る。現実の経験は、状況――経験された世界の特定部分だから、たえずその場で判断しつつ、その仮説の真偽を探求する――探求の連続がデューイ哲学の本質である。思考は、観察と記憶の知的利用能力によって、行動を抑制することである。

デューイには決着点はない。目的も目標もどこか外に設定されるものではなく、教育の目的は教育の過程そのもののなかにある。ヘーゲルは、目的に向かってそれを実現するという思考がある。そうなるものになったという一種運命論的な考えがある。目的は、すでに内にある。教育も、子どもの内にある成長したいという願いを認めつつ、外にある、教師や親が持っている知識や習俗を内に入れることによってそれが実現する、という哲学がヘーゲルにはある。教育によって、内的活動が生成する、つまり、内にある素質や個性が失われないまま第二の誕生、すなわち精神的誕生を迎える。これは、教育史が成り立つ哲学的基点である。

ヘーゲルが経験から出発するとしても、概念によって思考し、理性的成人になることを目指すのにたいして、デューイは経験を繰り返して行動のなかで思考する、知識はそのなかで記憶を思い起こしながら、あるいは成熟したおとなから援助されて活用する。

学校論として考えれば、ヘーゲルは少年後期あるいは青年前期あたりを想定していると考えられ、他方デューイは、八歳ぐらいまでの活動と『学校と社会』で書いている。それ以上の年長者になると、経験は組織されにくいということをデューイは隠さない。

学問が万人のものになって教育が成立する歴史的基点、学問が理解可能になるために学問を教育的に再構成する論理学的基点、教育が現象する哲学的基点、これらの三重奏を本書は試みている。

さて、思想と時代を見極めて、教育史の基点を考える一方、日本教育史の研究としてはどうなるのか。先人たちの軌跡――偉大な巨人ふたりの業績をわたしも踏みしめて、対象を見据えたいと思ってきた。

ひとりめ。中内敏夫氏によれば、社会科学としての教育史を必要上経験したのだから、後は教育学の問題に帰ろうという意思――その方法が教育の社会史に結実した。

民衆の心性は、しかし、国家権力の誘導によってつくられた可能性がある。学校や教員に対する庶民の心性は、聖職者という国家が作った虚像を庶民に押しつけたという事情説明の方が合理的である。

他方で、経済関係が教育を規定するとしても、規定の現れ方は国や地域によって異なろう。その点では、エートスの存在は教育史にとって、重要な分析対象になる。

ふたりめ。佐藤秀夫氏による、学校の慣行史に結実した論考――学校経営上必要に迫られてできた慣わし。制度になる前の、あるいは制度になじまない学校教育の仕組み。しかし、社会の進歩に応じて非常識とすら思われるようになってくる学校と教員の慣習を解明することは、教育史の対象である。

ただし、その慣行を国家が法形式で追認した事情があろう。教員に適用された特別権力関係論は、国家のため、天皇のためという聖職意識にタガをはめた。佐藤氏は、そのあたりを考慮に入れて、為政者の学校観を分析対象にしてきた。正当な方法である。

今回筆者が補おうとするテーマは、学校における教員の教育活動である。中内氏も佐藤氏も、その史的分析のファクターとして明示してはいないけれども、無資格教員の多さ、教員の勤務期間の短期性、したがって間に合わせの教員採用などは、教育史研究の、なかなか史料的に確認することが難しい問題だとしても、重要な課題である。

教員が頼りないから、聖職者として顕彰させて公衆の前に出す。聖職に従事する教員の権威を高める。しかし、彼／彼女らは意気不足だから職員会議で校長や主坐教員の意思を貫徹させ、彼／彼女らのモラールを鼓舞する。教え方ができていないから教案作成を義務づける。心性や慣行の基底にある教員不足とそれゆえに教員の権威を飾り立てる学校。本書はそのあたりを補って、ふたりの論考の驥尾に付したい。

ヘーゲル哲学でいえば、量が質を規定するという考えにわたしは従う。哲学・社会思想から学びながら、それに流れず、教育学の基点に立脚し、史的叙述を教育の問題に収斂させてゆきたいと考える。

目次

■一部 基点

第二章　ヘーゲル哲学おける教育の現象学

一部　基　　点

第一章　教育目標としての思考力・判断力

―ヘーゲルとデューイとを対照させながら―

はじめに

学校教育法第三〇条には、小中高の教育目標として思考力、判断力、表現力の三つが規定されている。子どもに獲得させたい能力は多々あるはずのところ、なぜこの三つが法規定されているのかと疑問を持つ。巷間いわれていることは、知識の教えにとどまらず、その活用が重要だからというものである。記憶することだけに教えが偏重されないようにという配慮でもあるだろうか。

別に、単純に考えれば、あるいは頭の回転の速いひとからは、教科としての国語と社会は思考力、算数と理科は判断力、保健体育と音楽と図画工作は表現力に対応させたと推測するかもしれない。

論理学の世界では、直観と対応的に推論という概念が登場する。あるいは演繹という数学的思考もある。いやそれらは思考という範疇に入ると考えられたかもしれない。経験と思考という対の考え方もあるだろう。本稿は、論理学の世界で考えるから、三つの目標の一体性を理解しつつ、思考力と判断力に限定して、その概念的意味を考えていく。法規定にこの三つが登場する契機になったのは、二〇〇三年一〇月の中教審答申「初等中等教育における当面の教育課題及び指導の充実・改善方策について」である。そこでは、「生きる力」を知の側面からとらえた「確かな学力」というものが提唱された。「確かな学力」とは、「知識や技能に加えて、思考力・判断力・表現力などまでを含むもの」で、学ぶ意欲を重視した、これからの子どもたちに求められる学力と説明された。「などまでを含む」という中身については、図化*されたものをみると、思考力、判断力、表現力、問題発見能力、問題解決能力、学ぶ意欲、知識・技能、学び方で構成される。

＊昨今の教職大学院では、レポートを文章でまとめるのではなく、図化することに指導が傾注されているのは、文科省のこうした答申の影響を受けているのだろうか。かつては、教員の研修では、まとめは箇条書きにという指導があったようであり、マスコミ関係者の間では、文章が書けない教員という評判をかうきらいがあった。いまはどうだろう。図にする時代になっても、図を説明する文章こそが重要だと思うのだが。

戦後の教育学にあってヘーゲルが顧みられることはなかった。国家の絶対性故であろう。他方デューイは花形であった。デューイは若いころヘーゲルに傾倒し、後に離反して独自のプラグマティズムの哲学を打ち立てる。近年ヘーゲルとの関連でデューイを論じる若い人が現れてきた。ただし、この論文では、ヘーゲルについてのわたしの理解を自由に書きとどめておきたいから、先行研究という意識をもたず、きままな思索を楽しみたいという、私的ノートにすぎない。したがって、ヘーゲル研究にもデューイ研究にも、何も利するものはないだろう。ヘーゲルやデューイについても、八〇年代のわたしの学んだ先学の著作しか参照していないから、最新のヘーゲルとデューイに関する重要であろう思索には触れていない。

Ⅰ　ヘーゲルにおける思考と判断

1　ヘーゲルにおける思考

思考と判断を区別する思想はどのようなものだろう。ヘーゲルは、エンチクロペディア（小論理学）のなかで、「判断は、普通は、主観的な意味にとられ、自覚的な思考のうちにのみ生じる、一つの操作ないし形式と考えられる」

（§167）[1]と述べている。明らかに、判断は思考のなかの一つの働きであるから、思考と並立するものではない。思考というものは、「精神的な働きや能力の一つとして、感覚や直観や想像、欲望や意志などと並列される、普通の、主観的な意味での思考である」（§20）。[2]つまり感覚、イメージ、あるいは意欲とは区別されるものが思考である。そしてヘーゲルは、思考が具体的な形をとったものが「ことば」であると注解を加える。[3]*

＊この部分、樫山欽四郎訳版では、[4]「言葉は思想の所産である」となっている。

長谷川宏版では、さらに「口頭説明」という注釈があって、そこでヘーゲルは、「思考というと、まず、主観的な働きとしての思考が、つまり、記憶、観念、意志能力など多様な形をとる能力が考えられます」と説明をしている。[5]つまり、思考は記憶という働きで表れることがある。だから、ことさら記憶を思考と対立させる必要もない。なお、思考に当たる原語はDenkenである。伝統的には思惟と訳されてきた。それを長谷川訳では、思考とした。長谷川氏より早くには、山本信氏が「精神現象学序論」を訳したときに思考という訳語を当てている（岩崎武雄編『ヘーゲル』世界の名著第四四巻、中央公論社、一九七八年）。長谷川氏の訳で、だいぶわかりやすいヘーゲルになった。長谷川訳で理解したうえで、樫山氏や真下信一氏の訳を読むと、理解がすとんと落ちる。

2　ヘーゲルにおける判断概念

判断とは何か。ヘーゲルによれば、「『判断』とは、概念の特殊面であり、自立存在であるとともに、自己同一であり相互には同一でない概念の要素を、区別しつつ関係づけることである」*（§166）。[6]ヘーゲルが挙げている例によれば、バラは赤いという判断は、バラという要素と赤いという相互に違った要素が、「バラは赤い」と関係づけられて成り立つ。その際、赤いという要素は、判断者が外から持ってきたものではなく、バラ自身の内部が有している規定である。そして、バラは美しいとも判断できるし、バラの香りがかぐわしいとも判断できるし、あるいは、バラは八重の形をしているとも判断できる。つまり、それらの諸要素のなかから、赤いという要素だけを取り出した、バラの特殊な面をのみ判断したにすぎない。

＊ Urtheil が判断という訳語の原語である。

バラという概念がみずから持っている、内在している要素がばらばらにされつつ、いまは赤いという活動変化の一点を示して、判断がなされる。同時に、その判断がなされることによって他の要素は捨象される。赤いだけではなく、香りもあるが、この判断では、香りの要素は捨てられるから。また色の要素のなかから、ここでは赤だけが取り出される。つまり、判断は捨象と同義である。

こうして、ヘーゲルにあっては、概念は物に内在するものであって、概念によって物は物になる。「あらゆる事物は一つの判断である」（§167）。[7] そして、あらゆる事物についての判断は、述語によってなされることになる。「主語がなんであるかは述語のうちではじめて言明される」（§169の注解）。[8] バラは赤いと判断するか、バラは棘を持っていると判断するか、バラについての判断は述語で示される。

3　経験から思考へ

バラについて、色がどうか、香りがどうか、棘がどうかという判断の違いは、観察の仕方の違いに起因するし、経験がそう判断させる。愚考すれば、感覚を通じて経験するとしても、目・鼻・手・口などの器官によって、それは違ってくる。あるいは観察者の位置、場面、昼か夜かによっても違うとしても、その経験から初めは始まる。

「思考によってうみだされた人間の意識内容は、最初から思考の形をとってあらわれるのではなく、感情や直観やイメージなど、思考の形式とは区別される形式のうちにあらわれる」（§2）。[9] 感情、直観、欲求、意志、などの具体的な内容が「知的に対象化」されると、それらはイメージと名づけられる（§3）。しかし、イメージと思考は別なことである。感情、イメージなどを思考に変えること、それが「後追い思考」（§5）＊の最低限の仕事だとヘーゲルはいう。[10]

＊原語は Nachdenken である。ただし別のセクションでは「熟慮」とも訳されている。他方「反省的思考」の原語は reflectirende（reflektieren ではない）Denken である。この部分、樫山欽四郎氏の訳では、前者が「追考」、後者は「反省する思惟」である。

この立場を徹底させて、ヘーゲルは、経験から出発しつつ、そこから遠ざかってゆくことが思考の本質だという。「出発点となるのは、経験であり、日常の、筋道立てて考える意識である。日常の経験に刺激を受けた思考は、その本質からして、自然の、感覚的な、推論的な意識を超えて、純粋無垢な思考の場へとむかい、さしあたり、出発点から遠ざかり、出発点を否定するような態度をとる。かくて、思考は、現象の一般的本質をあらわすような理念のうちに満足を見出す」（§12）。[11] 経験から出発しつつ、そこから遠ざかり、その個別性を否定する一般概念へと向かう。バラを見、香りを感じ、チューリップを見、色形を愛で、という個別の経験から、〈バラ〉や〈チューリップ〉の個別性を否定し、〈花〉一般の概念を見いだすのが思考の働きである。

「思考が事物とつきあうなかから一つの概念を作ろうとするとき、この概念（そして、それともっとも結びつきの強い判断と推論の形式）は、物とは無縁な、物にとって外的な内容や関係からなりたつことはありえない」（§24注解）。[12] 例えば、〈花〉という概念を考えれば、そこにあるのは、具体物としてのバラであったり、スミレであったり、チューリップであるのであって、〈花〉という抽象的な、あるいは一般的な存在はない。一般は具体として存在する。

逆に、この葉は青い、というものは、思考を通じて存在する。個別の物は、目の前にあるのではなく、その個別性は判断のもとで生じる。〈この〉という個別は、他のものを前提として、他から取り出しているからである。

さてヘーゲルにあっては、概念を普遍性・特殊性・個別性と厳密に区別する。そのうえで、「個別的なものとは現実的なものと同じものだが、ただ、前者は概念から生じたものだから、普遍的なもの――否定的な自己同一体――として設定されている。現実的なものは、最初は潜在的に、あるいは、無媒介に本質と実在を統一したものだから、なにかをうみだす可能性をもつにすぎない」（§163注解）[13] と言う。

ヘーゲル周知の、否定の弁証法である。「論理的なものは形式上三つの側面を持つ。α抽象的あるいは悟性的側面、β弁証法的あるいは否定的‐理性的側面、γ思弁的あるいは肯定的‐理性的側面」*（§79）。[14]

*この部分、長谷川訳では、「α抽象的ないし分析的側面。β弁証法的ないし否定理性的側面。γ哲学的ないし肯定理性的側面」[15]となっている。樫山欽四郎氏訳版にある「悟性的」verständigeという伝統的な訳にたいして、長谷川訳では「分析的」という新しい訳語を取っている。通常のヘーゲル理解では、悟性的認識から理性的認識へ発展するということになるところ、長谷川氏は「悟性」という訳語を排除している。

このテーゼをヘーゲルの叙述に即していえば、まず諸規定とそれの他に対する区別性として存在するもの（§80）、**有限的な諸規定がみずからを解体（樫山氏の訳では、止揚〈ここではAufzuheben である〉[16]）すること、つまり反対諸規定へと移行する弁証法的契機（§81）、最後に諸規定の対立措定のなかにこの諸規定の統一を把握する。つまりそれらの解体とそれらの移行とのなかに含まれる肯定的なものを把握する（§82）。

**この節における Das Denken als Verstand は、樫山版では「悟性としての思惟」であるが、長谷川訳では「分析的知性の思考」となっている。

この三段階を思考のありかたとして見れば、三つに区分される（§83）。[17]長谷川訳に従う。

一、直接的な思考――単純な概念（dem Begriffe an sich）。

二、反省的***（Reflexion）ないし媒介的思考――自分とむきあう概念、およびなにかに映しだされる概念（dem Fürsichseyn und Schein des Begriffes）。

三、自分に還帰する思考、ないし、自分のもとで発展する思考――完全無欠の概念（dem Begriffe an und für sich）。

以上のところが、一般的に、ヘーゲル弁証法の三段階と言われるものである。

***樫山欽四郎氏の訳では、「反照」。

4　ヘーゲル弁証法の解釈

この点についての解釈がヘーゲル研究者によって多種あるようであり、岩崎武雄氏の整理に従えば[18]、次のようになる。第一に、ヘーゲル弁証法は現実とか経験を無視して、概念のみを考察し、概念の自己展開によって次々と新しい概念を導き出すという考え方というのが一方。つまり、ある一つの概念のなかに矛盾的契機を見出し、おのずから矛盾的概念に移行し、さらにこの矛盾的概念もまたそれ内部の矛盾的契機によって第三の概念に移る。この第三の概念は第一と第二の概念の総合統一である。

他方第二の理解では、弁証法とは存在が矛盾的構造を持っていることを認める論理である。形式論理では、「AはBであると同時にBでないことはできない」という矛盾律を絶対的な原理と考えるのに対して、その矛盾律を否定する弁証法論理が必要になってくる、というものである。つまり、存在のうちには実際のところ矛盾が存在するのだから、矛盾を具体的に把握するためには、形式論理は適当ではない、代わりに弁証法論理が使用される。

岩崎氏は、それら二つの考え方には、それなりの妥当性があることを認めつつ、両者をともに正当ではないとする。岩崎氏は、認識の展開としての弁証法という立場に立つ。第一に有限的事物についての悟性的認識の立場にたつ。しかし、有限的事物は変化してゆくものであるから、それについての最初の規定とは矛盾する新たな規定を見出さなければならない。これが第二の段階。有限的事物がそのなかに変化してゆく全体を見るならば、この二つの規定は矛盾するものではなく、ともに全体のうちの契機として認められる。これが第三の段階である。この段階に至って、はじめの悟性的段階よりもいっそう高次の段階、いわば理性の段階に到達する。二つの規定は第三の段階においてともに否定されながらもともに生かされて総合統一される。この認識の三段階が繰り返されるというものが岩崎氏の見方である。

岩崎氏は、わたしが前引した§79から§83までのヘーゲルの思考を追いかけながら、認識の展開としての弁証法という理解を示している。

第三の最高の認識の段階へ至ること、これが止揚――アウフヘーベンである。* あるいは、否定の否定 aber als Negation der Negation である（§95）[19]。

＊この第三の高次の段階、即自的かつ対自的（an und für sich）概念という伝統的な言い方に対して、長谷川宏版では、「完全無欠の概念」と、まったく異なった訳語を当てている（§83）。

5　存在の動きを認識する弁証法

認識の展開として弁証法を理解する岩崎氏に対して、存在のなかに矛盾があり、存在そのものが矛盾的構造を持つという見方はある。歴史の過程は矛盾を契機とした弁証法的過程であるという。歴史には人間がどうしようもない法則があり、必然によって決定されているという思想がヘーゲルにはある。目的論的過程である。ヘーゲル自身が『法の哲学』で、家族―市民社会―国家と論じたのは――国家が即自態かつ対自態――[20]、歴史的存在過程を説明したのか、それともただの概念―本質だけを示したのかは、わたしには分からない。* フランス革命による啓蒙主義の限界とプロシア政府による歴史の実現という大きな時代意識のなかでヘーゲルを見ないと結論はでない。わたしにはその能力がない。

＊『法の哲学』のなかの市民社会を論じた章で教育について数ページを割いている。その教育論を評価するには、ヘーゲルの論理学、特に弁証法を完全に理解しない限り無理だから、わたしには言及できる能力が、いまはない。

対象について矛盾―対立だけを見ないで、一方は他方にとって必然であることの例として、『精神現象学』序論のはじめにヘーゲルはこう書いている。

人々は、哲学説のあいだに差異があるのを、真理が進歩してゆく発展過程としてとらえることなく、差異のなかに矛盾しか見ない。――花が咲けば蕾が消えるから、蕾は花によって否定されたと言うこともできよう。* 同様に、果実により、花は植物のあり方としてはいまだ偽であったことが宣告され、植物の真理として花にかわって果実が現われる。植物のこれらの諸形態は、それぞれ異なっているばかりでなく、たがいに両立しないものとして排斥しあっている。しかし同時に、その流動的な本性によって、諸形態は有機的統一の諸契機となっており、この統一においては、それらはたがいに争いあわないばかりでなく、どの一つも他と同じく必然的である。そして、同じく必然的であるということが、全体としての生命を成り立たせているのである。[21]

＊この部分、原文は daß jene von dieser widerlegt wird 長谷川宏訳では、「反駁される」としており、[22] 伝統的な否定という用語を使っていない。widerlegen は、誤っていることを証明する、あるいは論駁するという意味だから、長谷川氏の訳は原文に忠実な訳と考える。ただし、熊野純彦氏の訳でも、「否定される」という訳文を取っている。[23]

この例えは、ヘーゲルが『精神現象学』で哲学の批判性を述べているまさにそのときに、事物に即した弁証法の論理を説明している例えである。しかも、現実は自己運動であるとして、最後は自己に還帰する円環であるというのが、ヘーゲルの立場である。ただこの例は、存在は思考であるというヘーゲルの思想に立たないと、思考を離れた実在として挙げた例なのかどうかは、決めつけられない。

愚考すれば、存在とその認識が弁証法的になされるということではないのだろうか。存在が運動するし、その運動全体を認識してこそ、その存在が正しく思考される。つまり、岩崎氏の言う、第二と第三の統一したものが弁証法なのではあるまいか。実在が弁証法的に運動する。その認識自体もそれに即して弁証法的に展開される。実在を離れて認識はないからである。つまりは、実在と認識の統一が弁証法の極意なのだろう。

弁証法的思考の例として、この花とつぼみとの関係が、『法の哲学』序論「法（正義）の概念」でも再掲されている。学問における概念の発展を論じた部分（§31）における説明事例としてである。

概念の進行は弁証法的です。概念が一定の内容をもつと、この内容は限定されたものだから、概念の本性に矛盾します。……概念はこの段階を破棄して、先へと進んでいく。のちの段階は最初の段階を前提とするし、最初の段階が発展したものです。種子から花が咲くように。これが弁証法というもので、このように、限定されたものが否定され、特定の段階が否定されて、それらは下位に位置づけられます。が、否定は、事柄の一面にすぎず、否定された段階は、肯定的にとらえられるのちの段階へとつらなり、そこにすがたをあらわします。[24]

この部分は、概念の運動原理としての弁証法を論じたところである。そこに、種子から花へという実在の弁証法的変化が例用される。

いずれにしても、存在そのものが運動し、応じて認識も運動すると考えるのがヘーゲルの思想である。この弁証法的運動は、「意識が自分自身において、自らの知と自らの対象において、行う運動であり、本来は経験と呼ばれるものである」。そうであるから、「意識の経験の学問」[25]という有名な『精神現象学』における学問規定が生じる。

ここで、思考と判断について、わたしなりのまとめをしよう。思考はことばによってなされる。その内言による操作を経て、外言として現れ出たときに、判断が示される。いろいろな要素を思考しながら、一つを除いて他を捨象した形でことばが表出されたときに、判断とみなされる。表出だから、当然にそれは表現である。判断はすなわち表現である。そうした操作経験を通じて思考が追求される。

6　捨象の判断ではなく、判断保留の文学表現

論理学にあっては、事態を明確にするということが、その本旨であるから、ヘーゲルの論は論自体としてはいい。ただし、小説や詩といった文学の領域になると、そういうわけにもいかない。文学は曖昧にすること、判断保留が読み手に想像力、余韻を与えるという効果を期待するむきがある。

直接の例を上げよう。小学校国語教科書で人気の「ごんぎつね」の終了は、こうなっている。[26]

「おや。」

と、兵十は、びっくりしてごんに目を落としました。

「ごん、おまいだったのか。いつも、くりをくれたのは。」

　ごんは、ぐったりと目をつぶったまま、うなずきました。

　兵十は、火なわじゅうをばたりと取り落としました。青いけむりが、まだ、つつ口から細く出ていました。


　この部分は、鈴木三重吉による添削で改稿されたものである。新美南吉自身の『赤い鳥』に投稿した原稿では、次のようになっていた[27]。


「おや――。」

　兵十は権狐に眼を落しました。

「権、お前だったのか……、いつも栗をくれたのは――。」

　権狐は、ぐったりなったまゝ、うれしくなりました。兵十は、火縄銃をばったり落しました。まだ青い煙が、銃口から細く出ていました。


「うれしくなりました」という直接の感情表現が、「うなずきました」という動作の表現に直されることによって、動作に表れた主人公の気持ちを推定する、読み手への誘いがある。動作が象徴に転化する文学表現である。

　結末の前あたりに、村人たちと、兵十が話をしていて、家の前に毎日栗ときのこが置かれていることについて、だれがそれをしているのか、神様の仕業かと言っているのを、ごんが聞いて、なんだ、僕がしていることをみんな知らないんだ、と思っている場面がある。そこからストレートに結びつければ、ごんお前だったのかという問いに、そうだよ、僕だよとうなずいた、という解釈、判断は可能である。

　分かってくれたというという気持ちと、うれしいという気持ちには距離がある。悪いことをした罪滅ぼしが、一気にご破算になった結末である。文学はどうそれを表現するか。読み手は、作者の作為にどう判断をつけるのか。

学校の教科としての国語は、説明的文章もあるし、詩歌・小説もある。それぞれに判断、読み手の解釈は捨象的に選択されるだろう。いや、多様な推論が可能になるし、そうすべきだろう。人の気持ちとか感情とかになると、ヘーゲル論理学における判断は適用不能になる。論理学はことばになったものを思考するからである。「ことばは一般的なものしか表現しないから、わたしはわたしの思いをそのまま表現することはできない」[28]。そして「表現できない感情や感覚は、それこそがもっともすぐれたもの、もっとも真なるものかといえば、そんなことはな」いと。ことばは「わたし」のものだが、ことばとして現れるわたしは、わたしであってわたしではない、だれにでもあてはまるわたしだからである。

Ⅱ　教育としての問題

1　実物教授と経験

概念的思考のヘーゲルに対して、教育という立場からは、どう考えたらよいのだろうか。誰にでもわかる教授法という思想を打ち立てたコメニウス、実践的にその思想を開拓して、直観教授法にまで高めたペスタロッチの系譜からすればどうなるだろうか。意義としては、学問的手法とは区別される教育的観点の立場である。

もっとも、ペスタロッチの実物教授法は、すでにデューイによって、帽子を例に、ボウシという音声が帽子という物の意味になるのは、子どもが生活経験のなかで帽子の使い方を知っているからであると喝破されている[29]。言語——ことばの、知識獲得における役割を、デューイは感覚と思考の二つの働き、経験の「再組織」あるいは「連続」という立場から意義づけた。

デューイによれば、ペスタロッチは実物教授という「企て」を世に残したとしつつ、それは誤りであって、「物を理知的に使用することができるためには、前もって、それらの物の性質を知っていなければならない、ということが前提されている」[30]と批判する。爪づくりを例に上げて、デューイは作っているときの木についての子どもの態度は、実物教授を受けているときの態度とは違うとし、後者の場合は、木が授業の教材として役立っているだけであると、皮肉交じりに論難している。

コメニウスが「世界における主要な事物のすべてと、人生における人間の諸活動を絵で表し、命名する」という意図で編集した『世界図絵』[31]は、近代教育の父といわれるように偉大な業績であった。一方で、神を絵で示したことに無理があるように、デューイのことばに耳を傾けるならば、経験を通じて物の本質がわかってくるのであって、物の性質のとらえ方も違ってくる。知識としてのみ物を獲得しても意味がないのである。

デューイの指摘を受けて、なおコメニウスの観点を生かすとすれば、生活経験のないものを絵で示しても、それは子どもには理解不能であるし、また、絵の示し方でこどもの反応は違ってくるから、適切な絵の選択と提示方法とが重要になる。

現在使われている、ある英語の教科書は、パンダがパイナップルの書かれた表紙の楽譜を前に、ピアノに向かっていて、背後にピラミッドが描かれている絵を示して、〈P piano〉ということばを理解させようとしている。〈piano〉そのうえで、〈panda〉〈pyramid〉〈pineapple〉というように、絵と単語を対応させている。

ただし、その教科書は現代風であって、listen の学習である。英語を聞いて、聞こえた単語の絵を指さそうという指示がある。絵だけを見せてその名前を言わせようとしているわけではない。同じ〈音〉で始まる多数の絵を見せるという工夫は、現代の絵本にも共通してみられる、凝ったことば遊びである。コメニウスの世界図絵で開発した手法は、現代の教科書のなかに脈々と生きている。ただしデューイが指摘したように、子どもの経験がない事柄は、子どもには理解できないこともまた確かである。

行為を通じて、物を認識するというプラグマティズムの考え方は、デューイの初期にあってすでに表明されていることであった。『論理学』のなかで、「経験のおかげで、見ただけで対象が分かるようになる。これはタイプライターであり、あれは本であり、またあれは暖房器であることが直接分かる、あるいは直接気がつく」[32]、とデューイは書いている。こういう直接的な知識をデューイは「了解」と名づけている。そしてこのような結論は、直接的で外面的な反応なのか、知識に向かう探求行為の一部なのかという留保をつける。*

＊以下、邦訳を引用する場合、原文にあるイタリック体について、訳文は傍点を付けている。しかし、いちいちそれに倣っていると煩雑なので、原文を直接引用したときに限って、イタリック体があるとき、引用した訳文に傍点を打つ。

2　デューイにおける判断の論理学——探求の理論

デューイは、第一次世界大戦後の二〇世紀世界におけるアメリカの存在の優位性、アメリカ民主主義の健全さを反映しているものであって、社会における相互依存の限りない信頼性がある。社会の支配—従属関係についての疑いが少しもない。人間と環境の相互関係を教育の基点に置いているように、事物と経験の相互性が認識の基本的立脚点である。

まずなによりも、デューイにあっては、思考 thought という概念を論理学において使用せず、代わりに探求 inquiry という用語を用いる。なぜならば、探求ということは連続した過程であり、探求によってある状態を固定することを避けるためである。信念や知識というものは、連続した探求の積み重なった結果であるとしても、それらは、つぎの探求の手段として利用できる程度にしか確定していないし、つぎの探求で改訂されるからである。別の言い方をすれば、探求は操作であり、道具であり、経験だからである。

正確にいえば、デューイは「厳密に心的な存在として思考とよばれるものがあるかどうかを疑っている」[33]。代りに使用される概念が「探求」である。「『思考』ということばが、論理学にとってまったく無用であるかどうかはともかく、それは『探求』の同義語であって、その意味は、探求とは何かによって決定される。探求は、思考に代わる合理的なことばである」[34]。

この立場を明確にするために、デューイは、反省的思考ということばを使うのを避けている。「探求の探求によって発見する以外には、『反省的思考 reflective thought』にいかなる意味をもたせるべきかはわからない」と、言明している。[35] デューイ『論理学——探求の理論』の立場である。

ヘーゲルの『精神現象学』で挙げられている、種からつぼみへ、そして花へ、そして果実へ、そして種子となって戻るという、否定の積み重ねによる自己回帰の哲学を意識しているかのように、論理学の前提は、「種子から成熟へという生きた有機体の成長と発達は、連続性の意味の例証である」と言い、連続性というキーワードを提出しているのである。この場合の連続ということは、完全な断絶 rupture を排除しつつ、同じものの繰り返し repetition も排除する。そして、「完全な割れ目や間隔 breaks and gaps を排除する」[36]。破線でもなく回旋でもなく、一直線という意味の連続ということになる。ヘーゲルという注記は一切この著述のなかで挙げていないほど、かえってその対立性が明白である。

ヘーゲルがこだわった概念という世界を論じるのではなく、常識的環境——世界のなかでの経験に始まり、経験に帰ることがデューイの真髄である。ヘーゲルが思考は述語で表されると論じたことに対応するかのように、主語と述語は、思考すなわち探求という過程のなかで、互いに対応するよう決定されると、デューイはいう。主語と述語との結合は、述語づけという行為を表すと同時に主語づけという行為もしくは操作を表す。彼の言を引いておこう、「判断自体が主語—述語の構造をもち、この構造のなかで、主語内容と述語内容が区別されると同時に関係しているという事実は、判断が本来自己矛盾的な性格をもつことを主張するための根拠とされてきた」としたうえで、主語内容と述語内容は、かりそめのものであり、「機能的であり操作的であるからこそ、そこに矛盾がない」[37]と、観察と観念の結果についいては操作的であることを隠さない。

3　ヘーゲルの「いま」論とデューイの判断の時間—連続性

そして、経験の再構成、連続性の立場から、「判断は、探求と同様時間的なものであること」と、ヘーゲルに対する第二の反駁点を提示する。判断に時間がかかるという意味ではなく、「判断を支配する目標である、明確な解決と統一という最終状態に達するときに題材が再構成されるという意味で、時間的なのである」。[38]*

＊デューイがここで言う題材とは、こう説明されている。「探求を受ける素材は、探求の結果とはちがった論理的重要性をもっている。探求を受ける能力と身分をもつという点で、それは『題材』subject-matter という一般的な名称でよばれる」。[39]

「述語の概念的『合理的』な内容は、仮説である」。[40] ヘーゲルの判断は述語によって示され、それはほかの要素を捨象したもの、という考え方に真っ向立ち向かう思想である。

こうして、「主語の題材と述語の題材は、『思考』すなわち探求という過程のなかで、あるいは過程によって、たがいに対応するよう決定される」。なぜならば、「述語づけとしての判断、すなわちまさにその現実の素材が問題となる時点で立てられた判断を、たまたまあらわれた対象の偶然の流れにすっかりまかせきりにしてしまって……『思考』における連続性の可能性をこわしてしまう」[41] からである。

さらにこの論理展開として、「である」が判断にあらわれるとき、と論じている部分に至ると、[42] ヘーゲルを十分に意識しているデューイの力みが読み手に伝わってくる。なぜならば、ヘーゲルの『小論理学』における著名な、このバラは赤いという例示を批判するかのような展開をしているのだから。つまり「これは赤い」というときには時間への言及が隠されているとデューイは言っている。この言い方は、「これは本来赤い」とも、「これはつねに赤い」という意味でもないと言う。光の当たり方とか、観察者の位置とかもある、一連の結果としてのみ赤いのであって、もたらされた変化、さもなければ変化をもたらす能力を示している。

このようにデューイにあっては、「である」は、「であった」、「であるだろう」とは違った時間的な力をもっているわけである。他方でそれは、意味間の、非時間的な――論理的な関係をさしている命題の「である」とも違っていると言う。それに対して、「少年が走っている」というときは、変化や時間や空間への言及が表面に出ているという。

時間論については、ヘーゲルの『精神現象学』における「いま」をめぐる著名な議論がある。要約すれば、夜であるときに、紙に「いまは夜」と書きつけておく。それは時が経って昼になっても、保存されて残っている。「いま」は過ぎ去っているとしても、書きつけた「いま」は残っている。

「いま」というのは、昼にもなり夜にもなる、あるいは昼でもない夜でもない、それにかかずらうことのないものとして、ある、存在である。そういう、例えば、夜であるいまは、昼ではないものという否定を含むものとして持続する、一般的存在が「いま」である。「いま」は「いま」であったものであり、それが「いま」の真理である。いまあることが真理なのではなく、いまであったことが真理なのである。しかし、いまであったものは、いまの本質ではない。それはもうないものだから、「いま」の本質は「ある」ことにある。したがって、直接の存在ではなく、媒介を経た存在である。

もし「いま」だと示されても、示されるものは「いま」だったもの、もう「いま」ではないものであるから、それは否定される。それでは、「いま」とは「いま」であったものと主張してみても、「いま」であったものはもう「いま」ではないのだから、これまた否定されて、やはり「いま」は「いま」なのだと、最初にもどる。否定の否定を通じて、自己に還帰する。こうして「いま」が連続して進んでゆく。換言すれば、「いま」とは、真の「いま」がなんであるのかを表現する運動なのであり、多くの「いま」をまとめあげた結果が真の「いま」である。[43]*

＊わたしの大学院時代、唐沢富太郎先生のゼミで、なんの脈絡もなく突然に、ヘーゲルは、いまはいまにしていまならず、いまはいまにしていまと言っているのだが、どういう意味かね花井君と、先生は尋ねてこられた。わたしが修士論文で『法の哲学』を引用していたから、とうぜんに『精神現象学』も読んでいるはずだと、お考えになったのであろう。当時はまだ『精神現象学』

は読んでいなかったから、いまと思ったときにはもういまは過ぎてしまっているから、いまではないと、なんの面白みもない常識的な答えに窮してしまった。先生はふーんとおっしゃったきり、それ以上の追及はなさらなかった。否定の否定の論理でいまを考えられなかった不勉強を恥じる。

ヘーゲルの「いま」論を愚考すれば、列車に乗っていて、いま川が流れている風景であったものが、いつのまにか山の風景に変わっている。川の風景が否定されて山の風景になる。さらに、山の風景が否定されて、田畑の風景が広がる。外が動き、わたしも動き、しかし、わたしが、いま、ここの列車のなかにいることは変わらない。太陽の日を浴びて走っていた列車が急に暗くなった。トンネルに入ったのだ。数秒後にまた明るくなった。太陽の光が否定されて闇になり、しかしまた否定され明るくなって元に戻る。外が動き、わたしも動き、しかし、いまわたしが列車にいることは変わらない。愚考すると、こういうことだろう。

外に時間が流れ、内にも時間が流れ、しかしそれとかかずらうことのない、わたしのいる「いま」がある。

こうしたヘーゲルとは違って、先のデューイの考え方は、判断は「相互作用の一時的均衡」を示しているという理解である。思考――デューイによれば探求は、連続性のなかにあり、探求の探求である。その途中に仮説が立てられ、その仮説の真偽が確かめられつつ、探求が連続する。仮説は、「最終判断の設定にいたるまでの、判断内容の機能的、操作的な身分」であり、「判断の事実的なあるいは概念的な内容」である。[44]

「経験」を正当に理解するかぎり、推理や推論や概念構造は、観察と同様に経験的であるというデューイの立場からすれば、知識について、伝統的なとらえ方は否定される。探求は連続的に行われるから、探求の過程で設定され確認された、概念的な対象や知覚経験の対象については、その都度、媒介的認識として利用される。過程における「中間段階の部分的判断（見積りまたは査定）*の連続」が、最終判断を構成するから、[45]中間判断における内容は命題としてもちこまれるが、その価値は操作的な手段としての有効性であり、知識に達するための手段であって、知識の対象あるいは行為と見誤ってはならないと。

だから、知識は「了解」**である。[46]

*原文は estimates and appraisals。河村望氏の訳文では、「推定または評価」。（河村望訳『行動の論理学』二〇一三年、人間の科学新社、一三九ページ。）

**原語は apprehension。河村望氏の訳では、「見解」（河村訳『行動の論理学』一四九ページ。ただし同じパラグラフの冒頭では「了解」と訳している）。

Ⅲ　デューイにおける経験と教育

1　経験と状況

連続性というとらえ方からまた、状況という考え方もデューイにとっては重要な点である。「われわれはけっして対象や出来事を切り離して経験したり判断したりすることはなく、つながりのある全体のなかでしかそうしない」。[47]こうしたつながりのある全体が、「状況 situation」である。「現実の経験には、けっしてそのような個々ばらばらの対象や出来事はない。ひとつの対象なり出来事なりは、つねにまわりの経験された世界――すなわち状況――の特定部分であり、一面である」〝In actual experience, there is never any such isolated singular object or event ; *an* object or event is always a special part , phase , or aspect, of an environing experienced world ――a situation.〟[48]

デューイは自分の判断の「文字どおりの例」として、法廷の判断、判決を例に上げている。[49]裁判の発生、事実についての意義づけ、そして判決。その過程での証拠―観察結果の事実の呈示、法規による事実の意義づけ、判決による決着。しかし、これらの過程をまとめると、「判断がつぎの探求行為のなかで生み出す結果が、その判断の価値の基準となる。判決は、中間段階の判断である」わけであって、「そのかぎりひとつの判断」である、となる。

ヘーゲルの論理学における判断について考え、それと対比させて、デューイの論理学――探求の理論における判断を見てきた。追加的に、デューイの倫理学における判断について一言触れておこう。なぜならば、ヘーゲルの『大論理学』の向こうを張って『大倫理学』をデューイは著しているからである。デューイによれば道徳としての判断は、二重の意味をもつという。論理学にあっては、唯一「思考の中でプラスとマイナスを見つもり、証拠がどちらかにかたむくかによって、決定すること」であるのに対して、人間的関係においては、「ほめたり、けなしたりすること、賛否を表現することである」という判断が働く。この場合、判断は「知的命題ではない」[50]。当然と言えば当然である。

概念的に判断を考えるヘーゲルに対して、デューイは実践的姿勢が強いということになろう。操作的、機能的、道具的であることによって、概念としての、あるいは命題としての判断に異を唱えるのがデューイである。

＊デューイの哲学を魚津郁夫氏の訳文で読んで、ドイツ哲学の翻訳に慣らされてきた人間にとっては、平明な文章に驚いてしまう。久野収氏の訳文もわかりやすかった。おそらくその理由は、ドイツ哲学は概念の展開であったのに対して、デューイ哲学は実用生活の哲学という性格そのものによるのであろう。その意味では、ヘーゲルの長谷川宏氏の訳業にわたしは衝撃を受けた。明治以来のドイツ哲学受容史を塗り替える、その意味で革命的な訳業であると思う。なぜならば、an sich を即自とは訳さない。für sich も対自あるいは向自という訳から自由である（Ⅰの3の末尾の弁証法的三段階の原語を参照のこと）。Aufheben は基本的に克服と訳し、時には破棄とも。従来の止揚などとは訳さない。伝統的な哲学用語が消えうせたからである。

2　経験の相互作用と連続性

デューイの論理学を追いかけてきた。ただし、「デューイの論理学は、はたして論理学かという問題がはじめにある」と、プラグマチスト鶴見俊輔氏は言う。「経験内容ぬきの形式だけの推論を論理学と呼ぶことにし、それ以外のものを論理学とは呼ばないということにするならば、デューイの論理学は論理学ではない」と鶴見氏は言っている[51]。そして、デューイの論理学は考え方についての見方、探求という問題解決の過程であるとみる。となれば、経験がどう意味づくかが重要になるだろう。経験と教育――その問題に移ることにしよう。

文字どおりのテーマを論じた、デューイの『経験と教育』は、『学校と社会』以後に実験されてきた、デューイの教育哲学に基づいた新学校がうまく展開されていないという批判あるいは危機意識に立っている状況に応じた思考の産物である。実践がうまくいっていないと、一般に、その運動の行く手は「その運動それ自体の哲学の構成上の展開から得られる」と考えるものであるのに対して、デューイは、「拒否されるものから、新しい運動の実践上の手がかりが得られる」[52]と、経験の相互作用と連続性（of interaction and of continuity）[53]の立場から問題に取り組む。ヘーゲルであれば、概念のうちの、あるいは存在の内の矛盾――否定的されるべき規定のうちに肯定的な要素を見いだし、第二の段階へとアウフヘーベンするのであるが。

経験の連続性がもっている意味は、デューイによれば、「以前の過ぎ去った経験からなんらかのものを受け取り、その後にやってくる経験の質をなんらかの仕方で修正するという両方の経験すべてを意味する」[54]。この両方ということばは、この部分の前では別の意味を担っている。「すべておこなわれ受け止められた経験が、それをおこない受け止めている当事者本人を修正する一方、その修正が他方ではそれを望もうが望むまいがにかかわらず、引き続き起こる後の経験の質に影響を及ぼす」[55]。要点は、後の経験に入ってくる人間自体が前の経験によって変化しているからである。この相互作用関係がデューイ哲学の真髄であった。デューイの『論理学』における探求の連続性を論じたところ、そのままである。[56]

この経験の連続性という哲学に則った教育の例として、デューイはこう述べる。「話すことを学ぶ子どもは、新しい能力と新しい願望をもつ。しかもその子どもはまた、ひきつづき展開する学習がなされるための外的条件を拡充したことになる」[57]と。

他方でデューイは、第一に、年長の子どもにこのような実践を当てはめようとすることは難しいと、告白する。「年長の子ども個人の経験の背景を見いだすことは困難なことであり、また経験のなかにすでに含まれている教材がどうしたらさらに拡大され、より適切に組織立てられた領域へと導かれるよう、指導されるかを見つけ出すこともまた困難なことである」[58]。すでに『学校と社会』のなかで、8歳が子ども活動の分岐点と認識されていたことを思い出す[59]。

この困難さは第二に、経験の価値づけという問題を生む。経験の連続性は、「のちの成長のための能力に制約を加えるというやり方で、発達上低次の前段階のままに人を留め置く」という作用だってあるからである。では経験としてどういうものが奨励されるのか。経験は動きゆく「動力」なのであるから、「経験の価値は、経験が向かっていき、そこにはいり込んでいくという動きに基づいてのみ判断されうる」と[60]。

こう言い切ることによって、デューイは子どもの自由な経験という立場は否認する。組織された「生活経験」が教育だということになるからである。経験の種類とか、質とか、選択すべき経験という議論にならざるを得ない。経験は快適さという面と将来の望ましい経験をもたらすという二面があるとしつつも、最終的には、後者のために前者を越えることが必要だと、経験の選択、質の吟味を論じている[61]。

その論点から第三に、教育者の役割、責任が引き出されることになる。成人としての成熟さ、組織する経験についての洞察力が教育者の課題として登場する。教育は子ども中心とは主張しても、未成熟な子どもは別にして、「生徒」には、あるいは「年長の子ども」には、経験の組織化が必要になる。

3　教育者による経験の大いなる成熟

進歩主義教育における弱点の元について、「状況を創り出す作業……を前もって用意することに失敗したこと」、あるいは「前もっての活動計画が十分に思慮深く立てられていないこと」をデューイは指摘し、教師の、「押しつけとしての準備された教育計画」が必要であることを隠さない[62]。

状況についての、つながりのある全体というデューイの思想については、すでに見た。転じて、進歩主義の学校は子どもと、あるいは生徒と教育者との共同体だから、共同企画、共同体活動、組織づくりに資する状況だとなるわけである。デューイは楽観的で、一つの状況から他の状況に移ることとは、一つの状況で学んだ知識や技能が、次の状況を理解し、処理する道具になっていると確信している。「環境は拡張したり収縮したりする。その個人は別の世界に生きている自分を見いだすのではなく、一つの同じ世界で、これまでと異なった部分あるいは側面で生きている自分に気づく」[63]。

これが、環境と個人の能力との「相互作用 interaction」なのである。相互作用ということばは、状況と並んで、デューイ哲学のキー概念である。彼の哲学的表現を使えば、「経験における両方の要素——すなわち客観的条件と内的条件——に同等の権利を割り当てている」[64]のが正常な経験であり、特に個人の内的要素に注意を払うことによって、伝統的な旧教育と新教育の区別が生じると言う。

とは言っても、教育者の役割は重大視される。「教育者としての成人に属すべき非常に成熟した経験により、成熟した経験をもたない年少者にはできない方法で、年少者それぞれの経験を評価するにふさわしい地位が、成人には与えられている」。そこで、「経験がどのような方向をとっているのかを知ることが、教育者の仕事になる。教育者が、未成熟な者が経験するうえでの条件を組織するのに力を貸さないようでは、その教育者のもつすぐれた洞察力を投げ捨ててしまう」[65]。

経験という動力の価値についてはすでに触れた。その動力の価値を経験から獲得していない教育者は「不誠実な」と、烙印を押される。共同体の一員としての教育者には、「未成熟者より決定的にすぐれて成熟しているという特質」[66]が前提的に期待されているのである。

教育者の「大いなる成熟度」・「大いなる知識」によって、「前もっての活動計画が十分に思慮深く立て」られる。[67]それに失敗するのは、共同体としての一員である教育者が子どもを統制できていないからである。教育者は共同体集団のなかで最も成熟した一員として、「特別の責任をもっている」[68]。

こうして、経験の再構成あるいは連続性とは、最後に教材の発展性、段階に求められることになる。「経験されたものをより豊かに一段と組織化された形態へと進展させること」、つまり「教材が熟練し成熟した人に提供されるかたちに、次第に近づいていく形態」へという「進歩主義的発展」である。[69] 環境と個人との相互作用の間には成熟した教育者が媒介者として存在しなければならない。

ただし、愚考すれば、『民主主義と教育』に上げられている、水たまりと蚊の発生という事例は、[70] 子どもの経験値ではない。公衆衛生学による社会実験から得られた知見であり、生活衛生上の行動である。水たまりにボウフラが発生し、その成虫である蚊が、病気を伝染するから、予防処置をするという一連の予見は、子どもの経験でもなく、発見でもない。衛生学の知識であり、子どもの経験以前の科学者から指示された処置行動になる。いったいこの例は教科としてどこに位置づくのだろうか。あるいは、教材 subject- matter としての目的は何なのだろうか。*

＊現代の社会科でも見られるあいまいな学習がある。小学校社会科三年生の、学校の周りを観察するという題材では、危険な場所を見つけるという課題がある。事故の起きやすい場所、事故が起きたらどうするか、警察への連絡、地域での取り組みなどを考え、危険な場所を地図にするというのが想定される流れである。ところが、実際の授業では、事故が起きないようにどうしたらいいですかという教師の問いかけには、近づかない、注意して歩こうという道徳的な結論で終わる、という具合である。

教育者の役割については、第六章「目的 purpose の意味」との関係でも論じられている。よく知られているデューイの教育目的は、「教育の過程はそれ自体を越えるいかなる目的**ももっていない、すなわち、それはそれ自体の目的なのだ」[71] という有名なテーゼがある。学ぶこと、好奇心に応じて活動をすること自体が、教育の目的として考えられているから、教育の外部から目的を持ち込むことは否定される。カントによって、教育はなぜ人間にとって必要なのかという本質論から、ヘルバルトによって、何のために教育は行われるのかと継承された目的論は、デューイによって、教育は教育する過程それ自体が目的であるとされたのである。

＊＊原語は end である。『経験と教育』第八章「経験――教育の手段と目的」の原題にあっては、〝goal of education〟となっている。その章では、ends が用いられていたり、aims であったりするが、市村氏は目的と一様に訳されており、河村氏の訳

でも目的である。[72] その章中に、〝the standards, aims, and methods of the newer education〟とあれば、[73] aimsは、目標と訳する方が、伝統的な教育学的思考様式に合致する訳かなと考えるが、市村氏の訳は、「新教育の標準、目的、方法」とぶれていない。[74]

目的の、経験のなかでの機能について、第六章でも論じている。そこで、目的は「複雑な知的作用としてなされる」として、知的作用の内容を三点にまとめ、⑴周囲の状況の観察observation、⑵過去の似たような状況で起こったことについての知識knowledge、⑶観察されたものと回想されたものとを結合する判断力judgment、といった「知識と能力」を挙げている。[75] 目的が行動の計画へと変換されるために観察され判断されなければならない。こうして、判断力についてのデューイの思想を見るときがきた。

以下に紹介する短編小説の一部は、アジア・太平洋戦争後のある山村での学校光景である。主人公はデューイ的学びをしていても、教員が洞察力を欠いた、成熟しない経験のまま、少年にふさわしい経験の再構成ができなかったということになるだろう。としても、日本で新学校が定着しなかった理由もわかろうというものである。

我がままで小心な少年に育っていった。／理科の時間に畑でトマトを植える実習があると、次の理科の時間も勝手に畑に行ってしまう。担任の若い女教師が呼びに来て、今日は教室で授業をするのよ、とやわらかく諭してくれても、おれはトマトの世話がしたいんだ、とかたくなに畑に坐り込んだままでいた。／……豆電球で信号機の模型を作る教材を与えられると、国語の時間も社会の時間も関係なく、給食すら食べずに一日中配線をいじりまわしていた。／放課後、完成した信号機に電池を入れ、点灯させているところに担任が来て、／「その根気は偉いわね。でも、あなたさえいなければ、私はこのクラスで理想の教育ができると思うのよね」／と、静かに涙を流したものだった。[76]

4　デューイにおける思考と判断

ここにいたって、デューイの思考と判断についてのまとめに入ろう。「教育者は、生徒がすでに獲得しているものに対し、固定されている所有物としてではなく、現有している観察能力と記憶の知的利用能力 existing powers of observation and of intelligent use of memory に、新たに要求される新しい領域を拓くような手段や道具として、絶えず注意を払わなければならない」[77]。観察能力や知的能力は道具である。知識は実用生活の道具であるから、デューイの立場を再現している。こうも言っている。「思考するということは、ある衝動が行動に移されるさい、他の行動もありうるという傾向に結びつけられて、一段と総合的で一貫した活動計画が形成されるまで、その最初の衝動を即時的に表明することを停止させることである」[78]。思考は即時的な行動の延期であるが、思考すること thinking は、「観察と記憶の結合 a union of observation and memory」[79]を通じて行動抑制をしているときである。思考とは、観察と記憶が結合して働く活動のこと。そしてこの結合こそが、「反省するということの精髄である the heart of reflection」と。観察していればいいわけではない。

他方、判断 judgment についてはこう述べている。「心の中で過去の経験を入念に調べることをしないでは、また過去の経験を反省して、そのなかに現在の経験に似ているものを見定めることによって、現在の状況において期待されうるものは何かについての判断力を形成していかないようでは」、経験の結果について語れない、と。[80] 経験の連続性とは、新たな経験の再構成に応じて判断力が働いているから生じる。すでに触れたように、過去の記憶の再生であろうと他人の回想や他人から得た知識であろうと。

子どもが「現有している観察能力と記憶の知的利用能力」、これがデューイにおける思考と判断の動力経路である。特段に思考と判断が区別されるわけではない。思考にも記憶が活用される。そうであれば、それぞれを別と考えるほうが例外となるだろう。

経験は選択されるものであって、子どもの好奇心にまかせた経験はデューイにあっても存在しない。子どもとともに共同体の一員としての教育者の洞察力にあふれた経験の誘導が肝心とみられる。そうなれば、経験は「螺旋状に連続している continuous spiral」[81]という相になる。初期の論理学や教育論には見られない、『経験と教育』に至って初めて現れた連続観である。

経験の再構成も経験を通じて人が修正されるという見方が登場した。あるいは、「判断力や理解力の成長 Growth in judgment and understanding は、本質的には目的 purposes を形成する能力と、それを実現させるための手段を選んだり、整理したりする能力が成長するということにほかならない」とも言い[82]、経験の中にそれを推進させる目的がある必要性を断じた。さらにはまた「知的活動には、現存している多様な活動の条件からの手段の選択――分析 analysis――と、意図的な目的や目標に到達するための手段の調整――総合 synthesis――が含まれるという事実」と述べることによって[83]、論理学の基本命題――分析と総合――の承認に『経験と教育』の最後は落ち着いてしまった。

Ⅳ　ヘーゲル哲学とデューイ哲学との差異

1　ヘーゲル弁証法の教育現象学

少年少女を主人公にした文学教材、特に自伝的小説を読むと、あのときの自分の気持ちは、行動はこうだったのだと、おとなになって理解した、おとなのことばで説明される。一三歳のことばでは小説にならないから、当然であるとしても、そのおとなのことばを今度は一三歳のこどもが判断することを教育では求められる。一三歳ではわからなかった気持ちや行動を一三歳に説明させるという逆転した作業が行われる。こうした教育における判断というものはどう理解したらいいのだろうか。ヘーゲルの語るところによれば、胎児はやがて人間になるはずだが、自分が人間であることを自覚してはいない。理性のあるおとなになったとき、はじめて自分が人間であることを自覚するので、そのとき、そうなるはずのものになったのである。[84]*

＊山本信氏の訳では、こうなっている。「胎児は、即自的には人間であるにしても、対自的にそうであるわけではない。理性が教養をうけて形成され、それが即自的にあるところのものに自分をならせたときに、はじめて人間は対自的に人間となる」[85]。理性

長谷川氏の訳文で、ヘーゲルがわたしには理解できたように思う。もちろん山本訳は原文に忠実な伝統的な訳である。"Wenn der Embryo wohl *an sich* Mensch ist, so ist er es aber nicht *für sich* ; für sich ist er es nur als gebildete Vernunft, die sich zu dem *gemacht* hat, was sie *an sich* ist."**

＊＊熊野純彦氏の訳では、「胎児はたしかにそれ自体としては人間である。胎児がしかしそれ自体として（*an sich*）人間であるからといって、じぶん自身にとって（*für sich*）人間であるというわけではない。自覚的《フュール・ジッヒ》に胎児が人間となるのはただみずからを形成し〔教養をへ〕て理性となったときである」[86]とされている。長谷川氏の方が分かりやすい。

愚考すれば、少年少女はもともとあった本質を、おとなの理性のことばで、はじめて現実のなかに出すことができ、自分自身というものに対することになる。その向き合いがなければ、みずからを捉えることができないのである。判断とはそういうものなのだろう。子どものことば（思考―判断）と大人のことば（思考―判断）とが往還して、子どもの思考―判断が上を向いて進むのだろう。

ヘーゲルはこの後に続けて、「自由を自覚した人間は、自分の足で立ち、以前の自分をどこかに置きざりにしてそれと対立するのではなく、以前の自分と和解しているのだ」と言う。おとなになってからの、小さいころの気持ちや行動の捉え方は、小さいころの本性と対立するものではなく、生成（の運動）を媒介にして、対立し否定しつつ、自分自身に還帰するものなのだろう。否定の否定の弁証法である。

ヘーゲルには、存在の内はたえず動いており、その動きが量的に増進して限度量を超えたときに質的変化が起こるという哲学がある。内的動きと外的動きが交差して、外が内になり、内が外になるという、結果、内にあったものが

否定されずに肯定されて、高次な段階へと移行して「成る」という哲学がある。

他方デューイは、『民主主義と教育』の第一章が、Education as a Necessity of Life とあるように、生物主義といえるかどうか、生命という具体的事物から入っている。そして、子どもは未熟だから、成長する可能性を持っている、特に、未熟の特性としての依存性と可塑性に依拠した教育の必要性を説く。人間以外の動物と比較するというカントの俗流教育学を少し残しながらも。あくまでも、実用主義の立場から人の成長を論じるのである。

またヘーゲルは経験から出発するものの、そこから離れて概念の展開に向かう。存在が運動するのに対応して、認識も弁証法的に発展する。あるいは、概念が別の概念に否定されても、その内に含む要素が肯定的に生きて高次の概念へと展開する。

しかし、デューイは経験が経験に戻る。低学年の生徒が生活のなかの活動に学習課題を求めるのはもちろんとしても、それは、「年長の生徒」にも当てはまる。いいまわしが面倒だが、こう書いている。

年長の生徒たちにとってさえも、社会科学は、それらが科学として扱われることが少なく（定式化された知識体系として扱われることが少なく）、その生徒たちが参加している社会集団の日々の生活において見出されるのと同じように直接的な問題として扱われることが多いならば、より具体的かつ実質的なものになるだろう。87

具体的に言えば、民主主義ということを社会科学的に教えることはしない。民主主義の原理だとか、内容だとか、形式・方法だとか。そうではなく、日本の場合を例にすると、学級会や児童会、生徒会で議論の仕方、議長の役割、発言の仕方、最終決定の判断とかを実際にやってみる。あるいは経済活動を理解するために学校購買部を作って、仕入れと販売の仕方、仕入れ価格と販売価格との差異、儲けについて、実際にやってみる。商品流通と消費との問題を実際に考える。これが、デューイである。

ヘーゲルとデューイの差を、ヘーゲルは教育の現象学を扱っただけで、後は教育学の問題だとしたこととは、別なものと考えなければいけない。

2　デューイの目的・目標論

ヘーゲルが経験から出発しながらも、その個別性から遠ざかる概念的思考を論じたのに対して、デューイは経験の再構成を力説した。経験から出発して経験に帰るのである。

発達を基礎とする、ある教育観に対して、デューイは、「発達を、連続的な成長過程とは考えないで、潜在的な能力がある一定の目標に向かって発現して行くことだと考える」と批判し、その立場を進めて、「ヘーゲルは、絶対的目標という考えにつきまとわれていたために、具体的に存在するままの諸制度を、絶対的目標に向かって次第に上昇し接近して行く諸段階に配列しなければならなかった」とヘーゲルの歴史社会哲学を批判する。[88] これにはわたしも首肯できる。

この論点を教育に当てはめて、ヘーゲルにあっては、「個人発達も、養育も、現存する諸制度の精神を従順に同化することにあるのである。それを変化させることではなく、それに同調することこそが教育の本質なのである」という批判も[89]、当を得ている。しかし、それ以上、ヘーゲル『法の哲学』における教育論についての筆者の言及は、前述したように保留しなければならない。

デューイの経験の連続性は、ヘーゲルの運動の思想と一致するようにみえるが、経験の再構成は途次の重なりである。『民主主義と教育』の第八章は「教育の諸目的」[90]——原題は〝Aims in Education〟——である。教育の過程が目的であることをデューイは同書の第一五章「教育課程における遊びと仕事」においても、「だが、目的は、その行動に本来備わっているものでなければならない、つまり目的はその行動自体の目的（終局）——それ自体の過程の一部——でなければならないのである But the end should be intrinsic to the action；it should be *its* end ——a part of its own course」[91]と述べているから、*目的—end—は絶えざる経験の再構成そのものとなり、目的—aim—はその途次における査定あるいは見積りになる。換言すれば、end が見果てぬまま、中途の状況仮判断が aim になるわけである。

「目的は、結末end、すなわち起こりうる終結を前もって予見すること」である。[92]

＊この部分で松野氏は訳語に苦心していて、endを「目的（終局）」と両義に日本語に置き換えた。

aimを目標と訳さずに、endと同じく一様に目的と訳しているから、ドイツ教育学（哲学）の伝統的思考に従えば、目標が近距離の達成可能な具体性を持つ一方、end（目的）は絶えず達成しようとしても届かぬ、見果てぬ、追求しつづける遠い存在であるという思考様式では、うまく追い付かない哲学になっている。松野氏の訳語の責任ではなく、デューイにあって、aimとendの区別があるのかないのかという哲学叙述の問題である。

というのは、デューイは『論理学』の初めのところで、endについて熟慮を加えているからである。〝That inquiry is related to doubt will, I suppose, be admitted. The admission carries with it an implication regarding the end of inquiry: ***end*** in both senses of the word, as end-in-view and as close or termination.〟[93] 魚津郁夫氏の訳によれば、「探求が疑念と関連をもつことは承認されると思う。この承認は探求の目的にかんするある含みを伴う。この場合、目的（end）には、もくろみと終了という二つの意味がある」[94]。つまり、ドイツ教育学（哲学）に伝統的な、目標と目的を区別するのではなく、両者ともにも含むのである。

この表現をデューイは大変お気に入りのようで、『論理学』第八章の末尾にも再掲している。そのところを魚津郁夫氏は洒落た訳文で披露している。「わたしがここで展開する理論全体の核心は、不確定な状況の解決は、もくろみという意味と終了という意味での the end であるということである」。〝The heart of the entire theory developed in this work is that resolution of an indeterminate situation is the end, in the sense in which 〝end〟 means *end-in-view* and in the sense in which it means *close*.〟[95]

ここに、デューイの哲学の真髄がある。仮説を呈示して、それに「保証つきの言明可能性」を与える、連続性が彼の言う認識だからである。単なる継起ではない連続、「完全な割れ目や間隔を排除する」連続性である。単なるくりかえしも排除する、筆者なりに言いかえれば、一直線で結ばれる連続である。

教育活動内部に aim があることをデューイは強調するとしても、活動は相互作用である――経験における客観的条件と内的条件との両方に同等の権利を割り当てる――のだから、連続性の動因が経験内部の矛盾――デューイは決して使わないことばである――にあるわけではなく、両者の状況における均衡にある。ヘーゲルは、存在自体の内にある対立要素を、運動が成立する要因とみなすから運動源は明確である。デューイが教育にあって、経験の外部からではなく内部から aim をと言っても、最終的には見通しを持った教育者によって経験が選び取られることなので、その当否が経験の再構成を決定するとなる。aim は必ずしも end にはつながらないのである。

『民主主義と教育』第八章では、目的と手段の入れ替わりが説かれる。「あらゆる手段は、それを手に入れてしまうまでは、当座の目的である。あらゆる目的は、それが達成されるやいなや、活動をさらに続けて行くための手段になる」と。[96] 目的と手段の操作性が強調される。道具として物事を考えるデューイにふさわしい。

おわりに

方向性のない連続性は目的も定まることがない。状況によって決まってゆくことがデューイの哲学である。新学校の実践がうまくゆかないというデューイの嘆きは、理論の再確定という作業でなくなるものではなく、理論そのものの内に含む結果かもしれないという論点提示の是非は、デューイ研究者にゆだねたい。

要するに、デューイにあっては、観察と記憶との結合力が思考することだから、過去の経験にあって解決した課題を記憶に残しておくことが必須である。知識は状況のなかで得られるとしても――知識は概念として、その概念の連絡としてというヘーゲルとは違うにしても――違った状況のなかで、以前の課題解決に果たしたものについて援用、あるいは転用しなければならない。事態が異なれば、異なった解決といっても、状況の共通性が見通せなければ、結合力は生きてこない。課題解決についての目的的・意識的な取り組みがあって、観察も生きてくるだろう。

観察・経験自体の課題解決が目的となった場合、そこに生じる思考力と判断力は、別な観察・経験に向けて援用あるいは転用できるかが問題になるのではなかろうか。

最後に、思考力・判断力について現代日本の教育が求める内容を、中学校国語に即して確かめておきたい。

中学校国語の学習指導要領に言及すれば、平成一〇年版は私見によれば、自分の考えや気持ちを書くことを目標にした指導内容が多い、〈自己表明の学力〉であるのに対して、平成二〇年版は、目的や意図・場面という状況が先につけられている、〈周囲を気遣う学力〉である。国語の技法としては後者の方が高度であることは間違いない。

判断が対象の明確化とともに他の属性を捨象するというヘーゲルの立場からすれば、判断には、選び取りかつ捨てる〈躊躇〉を振り切る勇気と意思が必要である。とすれば、自己を表明する意思を持った学力がそれにふさわしい。平成一〇年版が打ち出した指導内容はうまくその思想に沿っている。

学校教育法も再考しておきたい。第三一条には体験的学習の規定がある。ある一つの教育方法をとりたてて条文に定めることの異様さがあるうえに、三一条は二〇〇一年（平成一三）に規定されたものであるから、三〇条の目標規定（二〇〇七年に改定）より先に定められた。教育学の思考様式からすれば、目標があっての教授法であるから、逆転した法制定過程となる。思考力・判断力・表現力という目標抽出とともに、それら目標を実現するための教育方法を特殊化していることにも疑問の多い法規定である。体験あるいは経験が記憶と結合することが思考だ、というのがデューイの立場である。

目標があって教育内容が設定され、そして教育方法が編み出される。その順序が乱れて平成一〇年版学習指導要領に即して、体験的学習活動と思考力・判断力・表現力という目標が法定化されたから、〈自己表明の学力〉が後方に追いやられている平成二〇年版学習指導要領にはうまく合致しない。

平成二九年版になると、平成二〇年版の自分の立場や考えを明確にして相手を説得するという立場から、相手に分かりやすく、根拠を明確にという、〈伝え合う学力〉になっている。コミュニケーションという立場を優先した計画内容である。思考と判断があって、表現力が形成されるはずだから、三位一体性から表現力を突出させた意図になっている。学習指導要領の目標自体が分裂状態になってしまっていると、わたしなどは考えてしまう。

〔付記１〕

この論文で用いた原書は、以下のものです。

G.W.F.Hegel, *Enzyklopädie der philosophischen Wissenschaften im Grundrisse,* (1830) Gesammelte Werke, Bd.20. unter Mitarbeit von Udo Rameil herausgegeben von Worfgang Bonsiepen und Hans-Christian Lucas. In Verbindung mit der Deutschen Forschungsgemeinscaft herausgegeben von der Rheinisch-Westfälische Akademie der Wissenschaften, Düsseldorf, 1992. Felix Meiner Verlag Hamburg.

G.W.F.Hegel, *Phänomenologie des Geistes,* Georg Wilhelm Friedrich Hegel WERKE 3. Auf der Grundlage der Werke von 1832-1845. neu edierte Ausgabe, Redaktion Eva Moldenhauer und Karl Markus Michel, Suhrkamp Verlag Frankfurt am Main, 1970.

John Dewey, *Democracy and Education, The Middle Works of John Dewey 1899-1924,* Volume 9. Edited by Jo Ann Boydston, Associate Textual Editors Patricia R.Baysinger and Barbara Levine with an Introduction by Sidney Hook, Southern Illinois University Press,1985.

John Dewey, *Logic: The Theory of Inquiry,* New York, Henry Holt and Company, Inc, 1938.

John Dewey, *Experience and Education,* New York, The Macmillan Company, 1950.

また、ヘーゲルとデューイとの関係を論じた最近の日本の論文で、わたしが読んだものは以下のとおりです。

小柳正司「デューイ哲学の形成と原理」『名古屋大学教育学部紀要（教育学科）』第三三巻、一九八六年。

苫野一徳「教育的経験＝『成長』の指針の解明素描」『日本デューイ学会紀要』五〇巻、二〇〇九年。

松下晴彦「『統一性』の希求と『方向性なき成長』不安」『日本デューイ学会紀要』五〇巻、二〇〇九年。

松下晴彦「デューイ哲学における『永遠のヘーゲル的残滓』」『名古屋大学大学院教育発達研究科紀要（教育科学）』第五七巻二号、二〇一〇年。

松下晴彦「ジョン・デューイの哲学的方法とヘーゲルの痕跡」『名古屋大学大学院教育発達科学研究科紀要（教育科学）』第六三巻一号、二〇一六年。

わたしは、ヘーゲルとデューイの違いに着目してこの論文を書いたものですから、デューイがいかにヘーゲルから離脱しようとしているかには言及しましたが、上記の論文群は、デューイにはヘーゲルの残りかすがあるという話ですから、わたしの論文の文脈とは相当な違いがあります。


〔付記2〕この論文を書くための文献収集には、常葉大学富士キャンパス図書館のお二人の職員の方にお世話になりました。記してお礼申し上げます。


〈追　補〉

新井紀子氏の『ＡＩ vs. 教科書が読めない子どもたち』（東洋経済新報社、二〇一八年）は、わたしに衝撃を与える検査報告だった。

現行の国語教科書では、それでも小学校で、「しゅ語とじゅつ語」（二年生）、「こそあど言葉」（三年生）、「文と文をつなぐ言葉」（四年生）、「言葉の構成」「文の種類」（五年生）と学ぶものの、本格的には中学校一年生で、文の構成を学ぶ。主語・述語（主部・述部）はもちろん、修飾部・接続部、並立の関係、補助の関係など、文のかたまりについて深く学ぶ。

としても、国語が教科として教える範囲が広く、スピーチの仕方、討論の仕方、アンケートの取り方まとめ方、図表の作製の仕方など、読む・書くのほかに、話す・聞くが入っているから、多方面に及ぶ。説明文以外になると、登場人物の気持ちを考えようとか、想像しようとかが学習内容として重点が置かれるから、文意を正確に理解するという学びの影が薄くなる。

思考の方法を教えようという配慮の下で、思考そのものがおろそかになっているように思われる。

思考については、心理学者ブルームが六段階にわけて考えた。その考えに基づき、実践家としての知見を加えて、覚える、理解する、応用する、分析する、まとめる、評価するという分類が見られる。新しい学びやワークショップなどについて、英語圏の実践を多く翻訳、紹介している人に、吉田新一郎氏がいる。吉田氏が紹介している実践、例えば『「考える力」はこうしてつける』（新評論、二〇〇四年）では、思考の働きとして子どもに見られる力を、この六分類に上乗せして、あるいは細分化させて、仮説を立てる、振り返る、理由づけをする、一般化するなどが、実践のなかで押さえるべき重要な中身になっている。他方で別の『イン・ザ・ミドル』（三省堂、二〇一八年）のなかでは、予想する、合意形成、明らかにする、計画を立てるなどが、思考の分類が実際化される働きの、分枝項目のように示されている。

実践はたえず流れているから、子どもにみられる思考に気づけば、ただちにそれを教師はチェックする。こうして思考の多様性が見届けられる反面として、思考の表れが拡散的になりはしまいか。他方、思想研究としては、おそらく思考の流れを止めてみる必要があり、貯まった流れを分類し、関係づけ、比重が軽いか重いかの質を見分けたりしないといけないだろう。思考の一般化、概念化、類型化をすることが思想研究としては求められるのではあるまいか。実践家と研究者との違いがそこにある。

こうした思考の原点、土台が揺らいでいることを新井氏の検査は明らかにした。新しい学びどころではない。高い学力・低い学力ではなく、礎石としての学力である。新井氏の報告でなお驚いたことは、とある問題の正答率が五七％であったことについて、ある新聞記者が、一〇〇点満点で五七点ということは、平均点としては悪くないのではないですかと、尋ねたという。その記者を新井氏が叱正していることは重要である。学校教育が国民に及ぼした悪しき影響に平均点という思考がある。平均点が六割前後であれば試験として良し、という思想である。すべての子どもが理解できなければいけない問題をも蹴散らす考えである。文科省の全国学力テストも、都道府県の成績が全国平均点以上であればお咎めがないという現実がある。すべての子どもが理解できない問題は、平均点が良ければすむことではない。一〇〇点しかないのである。

戦後の文部省による教育評価の指示があった。普通にできる生徒を3、この点を基軸に、それより特に優れている生徒は5、それよりはるかに劣っている生徒が1、それらの中間が4と2とするようにという指導要録の記載指示があった。ガウス曲線を科学的と信じた施策だった。成績人数の多さが中間部分にあるというわけだから、平均点が普通のできとみなされた。こんにち、学力の二極化といわれる現状では、山が二つできるわけだからガウス曲線の妥当性が失われた危機だった。しかし、それは指導法の問題として考えるのだろうか。

いまから四〇年くらい前に、試験問題が理解できない子どもが増えてきたという実践家からの声が上がっていた。その懸念が新井氏によって、白日の下にあらわにされたのである。読解力は思考モデルのどこに位置するのだろうか。心理学者が考える思考とは、実践家が考える思考とは、研究者が考える思考とは、ＡＩが考える思考とは。活版印刷が革命的に発達したから、コメニウスの世界図絵も教育の世界で常識になった。ＩＴ時代になって急速な革命が起こっているいま、教育の方法と内容で新しい世界が開かれるに違いない。新井氏の提起に実践家とともに、思想家も思考を深めなければならない。心身一元論の世界から考えれば、ＡＩが考えることに肉体はどう反応するのか、しなくていいのか。

註

1　長谷川宏訳『論理学』二〇〇二年、作品社、三五五ページ。

2　長谷川訳、同右、〇七六ページ。
3　同右、〇七八ページ。
4　樫山欽四郎・川原栄峰・塩屋竹男訳『エンチュクロペディー』「世界の大思想」第一五巻、一九七四年、河出書房新社、六三ページ。
5　長谷川訳、前掲書、〇七九ページ。
6　長谷川訳、同右、三五三ページ。
7　真下信一『小論理学』ヘーゲル全集第一巻、一九九六年、岩波書店、四二〇ページ。ここでは長谷川宏訳版をとらない。
8　長谷川訳、前掲書、三五七ページ。
9　同、〇四六ページ。
10　同、〇五〇ページ。
11　同、〇五九ページ。
12　同、〇八六ページ。
13　同、三四七ページ。
14　樫山欽四郎訳版、前掲書、一〇六ページ。
15　長谷川訳、前掲書、一八〇ページ。
16　G.W.F. Hegel.*Enzyklopädie der philosophischen Wissenschaften im Grundrisse,*（1830）Gesammelte Werke, Bd.20. Düsseldorf 1992. Felix Meiner Verlag Hamburg. S.119.
17　長谷川訳、前掲書、一九二ページ。G.W.F.Hegel, *ibid.,* S.120.
18　岩崎武雄編解説『ヘーゲル』「世界の名著」第四四巻、一九九七年、中央公論社、三九ページ以降。
19　G.W.F.Hegel.*Enzyklopädie der philosophischen Wissenschaften im Grundrisse,* S.131.
20　藤野渉・赤沢正敏訳「法の哲学」前掲岩崎武雄編『ヘーゲル』所収。論策は、エンチクロペディアの「第二部客観的精神」の「C人倫」のなかでも展開されている。

21 山本信訳「精神現象学序論」前掲岩崎武雄編『ヘーゲル』所収、九〇ページ。また樫山欽四郎訳『精神現象学』「世界の大思想」第一四巻、一九七四年、河出書房新社、一五—一六ページ、参照。
22 長谷川宏訳『精神現象学』「まえがき」（通常「序論」と解されていた部分）一九九八年、作品社、〇〇三ページ。*Phänomenologie des Geistes*, Georg Wilhelm Friedrich Hegel WERKE 3. Suhrkamp Verlag Frankfurt am Main, 1970. S.12.
23 熊野純彦訳『精神現象学』上、ちくま学芸文庫、筑摩書房、二〇一八年、〇一二ページ。
24 長谷川宏訳『法哲学講義』作品社、二〇〇〇年、〇八一—〇八二ページ。なおこの説明は藤野渉・赤沢正敏訳の『法の哲学』「世界の名著 ヘーゲル」第四四巻（中央公論社、一九九七年）には「もろもろの枝や果実を生じる」とある（二二二ページ）。
25 長谷川訳、前掲『精神現象学』「はじめに」〇六二ページ。
26 ここでは、三省堂四年生の国語教科書、二〇一七年版から引用する。原文は、『校定 新美南吉全集』第三巻、大日本図書、一九八〇年。
27 『校定 新美南吉全集』第十巻、大日本図書、一九八一年、六五六ページ。
28 長谷川訳、前掲『論理学』〇七八—〇七九ページ。
29 デューイ『民主主義と教育』第二章、松野安男訳、岩波文庫上巻、三二—三三ページ。
30 同右、第一五章、岩波文庫下巻、一四ページ。
31 コメニウス『世界図絵』井ノ口淳三訳、一九八八年、ミネルヴァ書房。
32 デューイ『論理学』魚津郁夫訳、上山春平編「世界の名著」五九巻、一九八〇年、中央公論社、五三〇ページ。
33 同右、四一二ページ。
34 同右、四一二ページ。
35 同右、四一一ページ。John Dewey, *Logic : The Theory of Inquiry* , New York Henry Holt and Company, Inc. 1938. p.21.
36 同右、四一三ページ。John Dewey, *ibid.*, p.23.
37 同右、五二〇ページ。
38 同右、五二一ページ。

39 同右、五〇五ページ。John Dewey, *ibid.*, p.119.

40 同右、五一九ページ。

41 同右、五一一—五一二ページ。

42 同右、五二一ページ。

43 長谷川宏訳、前掲『精神現象学』〇六八—〇七四ページ。樫山欽四郎訳『精神現象学』「世界の大思想」第一四巻、河出書房新社、一九七四年、六八—七三ページ。熊野純彦訳『精神現象学』上、ちくま学芸文庫、筑摩書房、二〇一八年、一六二—一七四ページ。

44 魚津郁夫訳、前掲書、五二八—五二九ページ。

45 同右、五二七ページ。John Dewey, *ibid.*, p.140.

46 同右、五三〇ページ。John Dewey, *ibid.*, p.143.

47 同右、四五五ページ。

48 同右。John Dewey, *ibid.*, p.67.

49 同右、五〇七—五〇九ページ。

50 デューイ『社会倫理学』久野収訳「世界の大思想」第三八巻、河出書房新社、一九七四年、二二四ページ。

51 鶴見俊輔『デューイ』「人類の知的遺産」第六〇巻、一九八四年、講談社、一八二ページ。

52 デューイ『経験と教育』市村尚久訳、二〇〇四年、講談社学術文庫、一二一—一二三ページ。

53 John Dewey, *Experience and Education*, New York The Macmillan Company, 1950. p.53.

54 デューイ『経験と教育』市村尚久訳、四七ページ。

55 同右、四六ページ。

56 魚津郁夫訳『論理学』「世界の名著」第五九巻、一九八〇年、中央公論社、五二六ページ以降。

57 市村尚久訳、前掲『経験と教育』五〇ページ。

58 同右『経験と教育』一二〇ページ。

59　デューイ『学校と社会』宮原誠一訳、岩波文庫、一一〇―一一一ページ。
60　市村尚久訳、前掲『経験と教育』五二ページ。
61　同右、三四ページ。
62　同右、九〇―九一ページ。
63　同右、六五ページ。
64　同右、六〇―六一ページ。
65　同右、五二―五三ページ。
66　同右、五三ページ。
67　同右、九〇―九一ページ。
68　同右、九三ページ。
69　同右、一一七ページ。
70　デューイ『民主主義と教育』松野安男訳、岩波文庫上巻、一六五ページ。
71　同右、八七ページ。
72　河村望訳『経験と教育』「デューイ・ミード著作集」7、人間の科学新社、二〇〇〇年、二一二ページ。
73　John Dewey, *Experience and Education*, *ibid.*, p.114.
74　市村尚久訳、前掲『経験と教育』一四七ページ。
75　同右、一〇八ページ。ibid., p.80.
76　南木佳士「ウサギ」『冬物語』一九九七年、文藝春秋、一一一ページ。
77　市村尚久訳、前掲『経験と教育』一二一ページ。
78　同右、一〇三ページ。
79　同右、一〇三ページ。John Dewey, *ibid. Experience and Education*, p.75.
80　同右、一〇八ページ。

81　同右、一二八ページ。John Dewey, *ibid.*, p.97.
82　同右、一三六ページ。John Dewey, *ibid.*, p.104.
83　同右、一三七ページ。John Dewey, *ibid.*, p.105.
84　ヘーゲル『精神現象学』「まえがき」長谷川宏訳、〇一三ページ。
85　ヘーゲル「精神現象学序論」山本信訳、岩崎武雄編『ヘーゲル　世界の名著　四四』一九七八年、中央公論社、一〇三―一〇四ページ。G.W.F. Hegel, *Phänomenologie des Geistes*, Georg Wilhelm Friedrich Hegel WERKE 3. Suhrkamp Verlag Frankfurt am Main, 1970. S.25.
86　熊野純彦訳『精神現象学』上、ちくま学芸文庫、筑摩書房、二〇一八年、〇三九ページ。
87　デューイ『民主主義と教育』第一五章、松野安男訳、岩波文庫下巻、一九ページ。
88　デューイ『民主主義と教育』第五章、松野安男訳、岩波文庫上巻、九七―一〇一ページ。
89　同右、一〇一ページ。
90　同右、一六二ページ。
91　同右、下巻、二三ページ。John Dewey, *Democracy and Education*, The Middle Works of John Dewey 1899-1924, Volume 9. Southern Illinois University Press, 1985. p.212.
92　同右、上巻、一六五ページ。
93　John Dewey, *Logic : The Theory of Inquiry* : New York Henry Holt and Company, Inc. 1938, p.7.
94　魚津郁夫訳、前掲書『論理学』三九七ページ。
95　同右、五四五―五四六ページ。Jhon Dewey, *Logic : The Theory of Inquiry*, *ibid.*, pp.157-158.
96　松野安男訳、前掲『民主主義と教育』上巻、一七一―一七二ページ。

第二章　ヘーゲル哲学における教育の現象学

はじめに

この小稿は、「教育目標としての思考力・判断力・表現力――ヘーゲルとデューイとを対照させながら――」[1]の補遺である。前稿がヘーゲル論理学における思考と判断について考えたから、ヘーゲル哲学全体に考察が及ばなかった。そこで、小稿はヘーゲル哲学全体を見ながら、ヘーゲルの教育についての見解がどうそのなかに落ち着くのかを見ようとするものである。取り出した論点は、筆者なりのヘーゲル哲学の要点である。膨大なヘーゲル研究があるなかで、筆者の小さな考えをまとめるだけにすぎないものであるから、先行研究につながるものは何もないことを断っておく。

1　ヘーゲル哲学の基本概念

（1）生成（なる）

「生成（なる）」Werdenという思考がヘーゲル哲学の基本にある。まずは、「存在と無の真理は両者の統一であり、この統一が『生成』（なる）である」という命題から始まる（§88）。[2]これは、すべてのものが運動、変化する、あるいは生成、消滅するというヘーゲルの基本命題である、そして、有るという肯定面と無という否定面の統一が、生成

（なる）ということである。何ものかは、対立物の統一体としてある。

この命題の手近な例として、「はじまり」というものを上げ、「ものごとははじまるときにはまだないが、はじまりはたんなる『無』ではなく、すでに『存在』もそのうちにある」と説明し、「はじまりは、それ自体が生成でもあり、さらなる前進が期待されてもいるのだ」と続ける（§88）。[3]

この考え方を、後述する目的論と重ねれば、「目的が展開されて現実の存在となるのが運動であり、外へと広がる生成である。そして、このように動きつづけるのが自己なのである」。[4] さらにまた、後述する外的・内的論と重ねれば、「外的なものは、第一に内的なものと内容が同じである。内的なものが外的にも存在し、その逆もまたなりたつ」（§139）。[5]

生成（なる）という場合、何かが、他のものになることであるにしても、他のものは、まったく別な何かになるのではない。何かを持続したまま他のものになるのである。ヘーゲルの用語でいえば、否定されても、何かのなかの肯定的なものが残されて、より高次な段階でその肯定的なものが再現されているのである。

（2）　否定の否定

「弁証法の結果として否定的なものが出てくるとき、この否定的な結果は同時に肯定的なものでもある。否定の対象となった当の存在が、克服されたものとして結果のうちに必然的にふくまれるのですから」（§81）。[6] こうして否定の否定によって存在が回復され、für sich な存在になる。アウフヘーベン aufheben というドイツ語の意味については、ヘーゲル自身が『論理学』のなかで説明している（§96）。[7] 再現すれば、ドイツ語の aufheben には二重の意味がある。「廃止する」・「否定する」という意味と、「保存する」という意味である。なお、Fürsichsein は自分とむきあう存在と訳されている（§95）。*

＊同様な説明が『精神現象学』でもなされている。[8]

したがって、否定はたんなる反省的思考ではない。形式的思考についてのヘーゲルの批判を見ておこう。

> 反省は空虚な自我へとむかうし、知そのものは空虚なのだから。ここにいう空虚は、知の内容が空虚だというだけでなく、認識そのものが空虚だということでもあって、実際、なにかを否定するだけの認識は肯定的なものに目が行かないのである。そこに働く反省力は否定を内容へと組みこむことがないから、否定は事柄のなかに定着せず、いつも上すべりしてしまう。……それにたいして、以前にいったように、概念的な思考においては、否定が内容そのものに由来するので、内容の内在的な運動ないし性質という点からしても、それを全体として見ても、肯定的なものをふくむのだ。結果として出てくるのは、運動から生じた限定つきの否定であり、視点を変えれば、肯定的な内容ともいえるものなのである。[9]

そう考えると、子どもが成人になるということのなかに、子どもが第二の誕生として精神的に誕生したばあいにも、子どもの素質や天賦が失われるものではなく、それを保持したまま、より量的・質的に高次な生成をなしたということになる。否定の否定を通じて子どもはおとなになってゆく。自己同一性は失われていない。だから、「生成（なる）」である。

（3）量から質への変化

ヘーゲル弁証法のもう一つの考え方に、量から質への転換がある。『論理学』のなかで示された、質は量との統一体というものである。量の増減が質の変化をもたらす。その段階が限度量といわれる（§107、§108）。ヘーゲルは水を例に上げて説明している。水の温度はさしあたり水の液体性とは無関係である。しかし、水の温度を増減してゆくと、水の凝集度が質的に変化し、一方で水蒸気に他方で氷に転化する（§108）。[10]*

＊この考えに基づいて、わたしは、ある本の中で、大学生が大量に増えたから、大学の質が変わったと書いた。それを読んだある人から、花井のような唯物論の立場には立たないよ、といわれた。この考えはしかし唯物論ではなく、ヘーゲルの弁証法

の立場であるのだが。

この量から質への転化について、『論理学』ではなく『精神現象学』から引いておくことが、教育学には親しみやすいかもしれない。熊野純彦氏の訳はヘーゲルの思想を内に含んでの訳だから、それを。

子どもは、ながいあいだ静かに〔胎内で〕養われたのちに、〔胎外で〕最初の息を吸い、それまでのただしだいに量を増してゆくだけの進展がとつぜん途切れる。ここに質的な飛躍が生まれ、いまや子どもが誕生する。[11]

原文は、〝Aber wie beim Kinde nach langer stiller Ernährung der erste Atemzug jene Allmählichkeit des nur vermehrenden Fortgangs abbricht—ein qualitativer Sprung—und jetzt das Kind geboren ist,〞である。この原文を、まことに見事に日本語として訳出している他の邦訳者——長谷川宏氏、山本信氏、樫山欽四郎氏——たちも。

量から質への転換を歴史学研究に当てはめると、時代区分論、時期区分論となる。ある特定の要素に注目し、その要素が変化する様から、時代区分、時期区分をする。しかし、教育史研究では、あまり時期区分について、活発な議論が戦わされているとは思えない。大きくは中内敏夫氏による、教育概念規定から、教育は近代になって成立するという時代区分論がある。それをめぐって議論が起こっているようには見えない。わたしの日本義務教育制度成立史論も捨て置かれている感がする。学級が教授の組織から訓育の組織へいつから合わせ持つようになったのかも、若い人の関心をよんでいない。寺子屋出身の教員が明治一六年頃、残存したかそれとも消え去ったかという議論も継続されていない。これらの論点は、学校に多くの生徒が通うようになったという、量がもたらす質についての教育史的考察である。

この量的な変化が質的な変化に転化するという歴史哲学について、丸山真男は、「近代的にいいかえれば」という注釈を入れている。[12]

＊合わせて丸山真男は、この論文の中で、「いま」についての考察をしている。

2　ヘーゲル的思考の論理

（1）　反省的思考

ヘーゲルは論理学の三つの構成部分を上げている（§83）。すなわち、[13]

一、存在の論。

二、本質の論。

三、概念と理念の論。

それを思考のありかたとしては三つ。

一、直接的な思考、――単純な概念。

二、反省的ないし媒介的思考。――自分とむきあう概念、およびなにかに映しだされる概念。

三、自分に還帰する思考、ないし、自分のもとで発展する思考、――完全無欠の概念。

ここで言われている「反省的」の原文は Reflexion である。樫山欽四郎氏は「反照」と訳されている。[14] 独和辞書を開くと、「反射」「反照」という意味と「反省」「省察」という二種類の意味が載っている。*

*なおついでに、「自分とむきあう」ということばの原文は Fürsichseyn である。これもまた伝統的には「向自」[15] あるいは、「対自有」[16] と訳されてきた。同じく「完全無欠」は an und für sich であり、伝統的には「即且向自」あるいは、「即自かつ対自的」と訳されてきた。[17] さらに追加すれば、「単純な概念」は dem Begriffe an sich の訳であり、樫山氏は「概念自体」、松村氏は「即自的概念」と訳してきた。[18]

反省的思考について、ヘーゲルの説明は、こうなっている（§112）。

反射（反省）という表現はもともと光についていわれたもので、直進する光が鏡面に当たってはねかえされるのが反射です。ここには二重の動きがあって、一つが直接にあるもの、もう一つが媒介され、仕掛けられたものです。対象を反省する、あるいは「じっくり考える」場合にも、同じ動きがあって、対象を直接そのままに受けいれるのではなく、媒介されたものとして知ろうとするのです。[19]＊＊

＊＊Reflexion については、松村氏の訳著が、訳者註という形でヘーゲルの用語の意味を説明している。[20] また、長谷川氏の訳「対象を反省する」は reflektieren であるが、「じっくり考える」は nachdenken である。松村氏は訳し分けずに「反省」としている。[21] ただし、原語を引いて、両者の区別を注記している。

松村一人氏の「訳者註」は、「ヘーゲルは相関関係のうちにある二つのものを、その一方から出発して考察するとき、Reflexion という言葉を使う」[22] と説明される。松村氏の例を参考に愚考すれば、近代日本にあって、天皇というものは、臣民なしには存在しないし、考えられない。天皇のことだけから天皇のことを考えることはできない。臣民に照らして天皇というものを理解しなければならない。ことばとして考えてみても、「臣民」は天皇に対する語としてあるからである。

この点を敷衍して愚考すれば、教師は生徒の在り方に照らし返され、反省的に思考されて、みずからの指導方法と態度のありかたが考察される。教師の面から考えるだけでは教師論は考察されない、ということになる。相関関係の間で行き交うことが、反省的思考のありかたである。＊＊＊

＊＊＊他方で、熊野純彦氏は、Reflexion について、「ヘーゲルが固有の意味で語りだす Reflexion は、たんなる主観的・認識論的ないとなみではなく、存在の構造をあらわす客観的・存在論的概念としても使用され、「反照」あるいは「反照的回帰」とも訳される場合がある」と訳注で説明している。[23]

この考えのもとには、存在 Seyn はいくつもあり、そこに動きが生ずると存在は他のものに移行する、この動きは外へと出てゆく過程、萌芽としてある概念が生長していく過程であると同時に、存在が内へと向かう、内部に深まってゆく過程でもあるという、ヘーゲルの存在規定がある（§84）。

あるいは、「実際に存在するのは、なにかが他のものになることであり、他のものが他のものになることであ」る（§95）[24]ともいう。存在は絶えず動いて存在するのである。その動きが否定である。「否定の否定 als Negation der Negation によって存在が回復され、『自分とむきあう存在』Fürsichsein があらわれる」[25]。

さらに、「本質は自己内存在であり、本質的といえるのは、自分の否定体を自分のうちにもち、自分のうちで他と関係し、媒介の関係をもつからこそである。……一切が反省の働き（立ちかえる働き）をもつ存在であって、他が映しだされるとともに他に映しだされる存在である」（§114）[26]。

このことを卑近な例を上げて考えてみる。自分については、他者にどう見られているかによって、自分を見ることができるし、他者がどう考えているかによって、自分を考えることができる。自分の容姿、姿形については、鏡を見なければ自分というものを見ることができない。目が細いとか口が大きいとか鼻が高いとかは、鏡を見ることによって分かる。反射されている自分で自分を認める。

自分ひとりでは分からない。あるいは他人から言われて目が細いとか口が大きいとか鼻が高いと認識する。他者によって自分が認識できる。まさに、鏡への反射・反照であり、他者による媒介である。

声も同じである。自分の声については、自分の外にある、例えばテープに録音した声によって自分の声だと認識することができる。それがあなたの声だと言われなければ、自分の声は自分では分からない。自分が聞いている声は、耳から鼓膜を通じて伝わってくるのではなく、口の中の音が頭蓋骨から伝わってくる骨導音として耳に入るものだからだろう。

以上で、反省と反照との同時意義が納得されるだろう。存在についてと本質についてとから反省的思考のヘーゲル理解を考えてきた。しかしなお弁証法の各論に及んで追加しなければ、ヘーゲル理解は十分ではない。

（2） 内的なものと外的なもの

それはまず、内的と外的との矛盾・対立の問題である。内的に矛盾があり、かつ外的にも矛盾があり、さらに内的と外的との間に矛盾がある、それらの総体として全体が存在している。

内には運動する作用があり、それが内に止まらない状態に達すると外へと発現する。その際、外からの作用も加えられることによることもあるが、外からの作用に応じる内のなかの要素があるのであって、内にない何かが、外から入り込むものではない。内なる力が外へと発現するのである。内と外との出入り作用が、そのものの全体をなす。ヘーゲルのことばによれば、[27]

外的なものは、第一に、内的なものと内容が同じである。内的なものが外的にも存在し、その逆もまたなりたつ。現象は本質のうちにないものを示すことがなく、本質のうちには、あらわれでないものはなにもない。（§139）
第二に、内的なものと外的なものは、形式的規定としては、たがいに、きっぱりと対立する。……が、内的なものと外的なものは、同一の形式の要素であるという点では、本質的に同一化されるから、最初に一方の側にしか設定されていないものは、直接にまた他方の側にしかない。たんに内的なものは、たんに外的なものでもあり、たんに外的なものは、まずはたんに内的なものでもあるのだ。（§140）

こうした見地から、「本質をたんに『内的なもの』ととらえるのは、反省的思考によくある誤りだ」と説明する。[28]

この内的・外的関係の例として、ヘーゲルは子どもの教育の例を上げている。

内田義彦氏は、『資本論の世界』のなかで、Erziehungというドイツ語のツィーングは引き出すことと説明しながら、続けて、「子供自身まだもやもやしていて自分でも解らないものをひき出すことによって、言われて見れば当然そうだったとか、ああ、まさしくこういうものを私は望んでいたと（子ども自身が成果をみて）自覚する、そういう作業をする。それが本来の教育だと」述べる。[29] 子どものなかの不明瞭なものを明確にする。余分なものを捨象して判断する、それが教育だということだろう。

ヘーゲルに即してみよう。『論理学』のなかの、内的・外的関係の例として、子どもの教育の例を上げているので、長いが引用しておく。

子どもを例にとると、人間であるからには子どもも理性的存在だが、子どもの理性は、さしあたり、内的なものとして――素質や天賦として――存在するにすぎず、この内的なものが、子どもにとっては、両親の意志や教師の知識など、一般化していうと、自分の周囲の理性的世界という外的な形をとります。子どもの教育と成長は、最初はただ潜在的で、他人（おとな）にしか見えなかったものが、自分でも自覚されてくることにある。子どものうちに最初は内的な可能性としてしか存在しない理性が、教育によって現実のものとなるわけで、逆にいうと、最初は外的な権威と見なされた共同体の倫理や宗教や学問を、子どもは、自分本来の内的なものとして意識するようになります。[30]*

これは、内的なものは外的なものであり、外的なものは内的なものであるという本質の内的性格と外的性格、対立しつつ同一であるという例に挙げられているところである。

＊この子どもの教育の例は、樫山欽四郎氏の訳書には載っていない。

子どもの内的な存在としての理性は、はじめは素質や天賦のものとしてあるから、子どもには見えないし、自覚されない。その理性は外的な存在として親の意志とか教師の知識としてある。その親の意志や教師の知識を内的に獲得することによって、あるいは教育されて子どもは内化する。同時にそれは外化されることでもある。内と外は対立しながら媒介規定を経て、同一になる。

ヘーゲルの論理をさかのぼれば、力とその発現という思考、力の個々の発現は多様だが、力の内面的な統一体へ還元すれば、そこには法則性が働いている、力を規定するものを認識できるというヘーゲルの考え方がある。

（3）全体と部分

この内と外の関係をさらにさかのぼれば、全体と部分という論題がある。全体があって部分があるし部分があって全体はある、したがって、部分は全体に解消されない――柱は家のなかで柱としての意味があるのであって、その家がなければただの木材にとどまる。他方で家から見れば、柱がなければ家として成り立たない。柱があって家であり家があって柱である[31]――という考え方に至る。

部分はたがいに別々であり、自立した存在である。しかし、部分は相互に一体化するような関係のなかで、いいかえれば、まとめあげられて全体をなすかぎりで、はじめて部分だといえる。[32]（§135）*

愚考すれば、ひとりの人間が持っている多様な個別能力は、その人間の全体のなかで生きて発現してゆくものであって、個別能力だけが取り出されるわけではない。個別能力のアンサンブルとして発揮される。知的能力や技能的能力は、気持ちや感情と切り離されているわけではない。意欲や感情が高まれば知的能力と技能的能力も高度に発揮される。知的能力と技能的能力が向上すれば気持ちや感情も高ぶる。知力と意欲は別々にあるのと同時に、全体としてある。全体があって部分がある。

*この全体と部分という思考に関連して、たまたま読んでいた、大野晋氏の『日本語練習帳』にある次のような文章が目についた。「文章を建物にたとえると、単語・語彙は建物をつくる一個一個の煉瓦です。文章を読むとは、書き手の意図・内容の全体を理解すること。書くとは、書こうとする意図・内容の全体を表現すること。だから、建物の部品に注意するだけでは足りない。建物全体の構成を考える必要があります」[33]。全体は部分で成り立つが、同時に部分は全体があって、部分になるという、ヘーゲルの思想と同義だろう。

さらには二項対立と同時存在の解釈に至る。本質は必ず現象するのであって、しかし、それは諸関係を媒介にして、諸規定を媒介とする。

他方で、多くの性質を有する単一体であっても、それぞれの性質がたがいに無関係という物がある。例えば塩は、立方体で、白く、辛い性質を持っていても、たがいの性質は他に影響を与えることはない。こういう性質も、こういう性質もと、「も」が続くだけである。[34]

性質の特殊性は、他と区別され、自分の対立物と関係するときに限って現われる。

全体と部分にかかわる教育の発現について愚見を述べれば、ルソーは、教育は自然、人間、事物によってなされると、カント流の、教育は教育を受けた人間によってのみなされるという見方を喝破し、まさに新教育の到来を告げた。ただし、ヘーゲルに即して愚考すれば、天賦の才能・素質を受けた人間の教育は、諸関係のなかでしか生かされないのだから、ルソーのような要因の並列ではなく、力の動因をこそ見極めなければならないだろう。

ヘーゲルによれば、目的活動は、外部からの誘発ではなくてそれ自体のなかで自分を規定するのだから、動因は存在のなかにある。他方で、自体の中に目的があり、それが顕現する過程ということ、まさにこの点にこそ、デューイからの批判があるところだろう。

このヘーゲルの教育理解について、内的なもの——素質や天賦が外に出てくる主動因になるのか、それとも外的なものによる引き出しになるのかという議論は、しかし成立しない。内的なものと外的なものとは同時存在なのだから。内的なものがあって、外的なものがある。外的なものがあって、内的なものがある。両者は移行するのだから。「否定の力は存在の外にあるのではなく、存在そのものの弁証法運動であって」[35]という理解がヘーゲル論理学の基礎である。

教育に関する、ヘーゲルのこの説明をさらに敷衍するためには、可能性と現実性との弁証法的関係を理解しなければならないが、いまの筆者にはむずかしい。

ただし愚見を補足しておけば、事物がただ外部にあるだけでは教育的作用は働かない。事実に接した個人の内部に、それから学ぼうとか、それから得ようとか、それを見つめようとかの意欲、目的的意識がないと、事実はただ存在するだけ、あるいは個人の目の前を通り過ぎて行くだけのものにとどまる。個人の内部に取り込まれないのである。注意して事物に正対しないと、事物から教育は生れない。同じ事物を見ても反応する主体の働きによって、事物の存在意味が変わってくる。ということは、外部と内部の関係に即せば、内部からの外部への働きかけがないと、外部は内部に作用しないということになる。

（4）対立物の存在

ヘーゲル弁証法の基本は、存在は対立としてある、なにかは他があってある、ということである。この点はヘーゲル弁証法の真髄に当るから、ヘーゲルの説くところを、そのまま引用する。

本来の区別は本質的な区別であり、「陽」と「陰」の区別である。「陽」は、「陰」ではないという意味で、自己との同一的な関係であり、「陰」は、「陽」ではないという意味で、それ自体が区別されたものである。それぞれが、他ではないという形で自分にむきあうのだから、それぞれは、他を映しだすものであり、他が存在するかぎりで、みずからも存在する。したがって、本質のうちに生じる区別は、区別されたものが他のもの一般としてあるのではなく、自分の他者として対極にあるような、そういう対立の関係である。それぞれは他との関係のなかでしかおのれ自身の規定をもたず、他のうちに映しだされるかぎりで、自分で自分を映しだす。他のものも同様である。それぞれは、対極にある他者のその他者である（§119）。[36]*

*樫山欽四郎版訳では、「陽」が「積極的なもの」、「陰」が「消極的なもの」となっている。[37]

対立的存在の例として、磁力のN極とS極、電極の＋極と－極といったものをヘーゲルは上げている。磁力のN極はS極があって存在するように、S極もN極があって存在する。他方がなければなにかはない。そうした対立をヘーゲルは矛盾という。光と闇も同様な関係で、光は闇があって存在するように、闇は光があって存在する。それぞれが独立してあるわけではない。対立するそれぞれは、なんらかの他をもつだけではなく、自分の他者を相手にして自分がある。

しかし、俗にいう、メダルの表と裏は、こういう対立・矛盾ではない。同一量の連続だから。右と左も同様で、地球の上では右は延長すれば左に行き着く。決して対立するものではない。

いっとき、教育方法論として、子どもの答えのなかの矛盾に気づかせ、それを発展させる授業のありかたが議論された。しかし、そこでいう矛盾は、ヘーゲルの意味する矛盾ではなく、論理矛盾であって、形式論理学の思考である。

また、人間社会には光と影があるという言い方はよくなされるが、それは、支配するものと支配されるものという、支配―服従関係、社会の機構の反映として捉えていないと、矛盾的認識ではない。生産手段を持つものと、それを持たずに自分の労働力を売らなければ生活できないものがいる、という資本主義の生産様式のなかで生まれる二者対立関係、そこから生まれる光と影が矛盾的なのである。

ヘーゲルの『精神現象学』序論における有名な花とつぼみとの関係について、対立・矛盾として存在する統一体としての全体という考え方が示されている。（以下、邦訳は原文のイタリック体部分に傍点を付けているが、本稿の引用では煩雑なのでそれを取る。）

人々は、哲学説のあいだに差異があるのを、真理が進歩してゆく発展過程としてとらえることなく、差異のなかに矛盾しか見ない。……〔花とつぼみの例が挙げられて〕……植物のこれらの諸形態は、それぞれ異なっているばかりでなく、たがいに両立しないものとして排斥しあっている。しかし同時に、その流動的な本性によって、諸形態は有機的統一の諸契機となっており、この統一においては、それらはたがいに争いあわないばかりでなく、どの一つも他と同じく必然的である。そして、同じく必然的であるということが、全体としての生命を成り立たせているのである。[38]

ヘーゲルの対立物の統一という思考から、資本主義経済にあって、資本家と労働者は、他者があって自分があるという、対立物の統一、存在という理論を導き出したマルクスの偉業は讃えられなければならない。ヘーゲルが『法の哲学』のなかで、市民社会における貧困や頽廃を嘆くにとどまったのに対して、マルクスはその対立の克服の道筋を展望した。

存在するなにかは、同時に有限であり、変化する。

「なにか」は他のものになる。が、この他のものがそれ自体「なにか」だから、それがまた他のものになる。こうして無限に続く。[39]（§93）

「無限につづく」といっても、an sich、für sich、an und für sich、という段階を経て、自己に還帰するのがヘーゲルの思想である。『法の哲学』でヘーゲルが展開したように、家族―市民社会―国家という精神の展開である。念を押せば、この展開はあくまでも概念の順序であって――長谷川氏の訳文では「概念的な理路」[40]――、概念の形態の歴史的発展、時間的には、国家が最初であり、家族と市民社会は国家を前提としている。

家族の倫理が統一性を失い、分裂して市民社会が登場する。そこでは自立した個人としてつながっている。媒介となるのは個々人の欲望とそれを調整する法制度、外的秩序である。個人にとっては、市民社会は、外在的あるいは外面的国家になる。その外在的あるいは外面的国家は、国家体制（憲法）が現われるなかで内在的になる。あるいは、おのれをとりもどす。

家族が家族の統一性を目的とするのに対して、国家体制のもとでは、市民社会における個人が自立した法的人格が成り立っているから、この自立が同時に統一性として意識される。

3　『法の哲学』における教育

（1）市民社会の教育

倫理的実体[41]、あるいは共同体の倫理[42]の自然な（単純あるいは素朴な）倫理である家族は、婚姻によって始まり、資産を所有し子どもを教育し、最後に子どもが成年に達すること及び両親ことに父親の死によって解体する（前者が倫理的解体、後者が自然的解体）。

『法の哲学』に触れたから、そのなかで言われている教育なるものに、言及しなくてはならないだろう。家族を論じた章で、ヘーゲルはこうテーゼを掲げている。伝統的な訳に従えば、

子供は即自的に自由な者であり、その生命はひとえにこの自由の直接的現存在にほかならない。だから子供は他人にも両親にも、物件として所属するのではない[43]。（§175）

この部分、長谷川宏氏の新しい訳文では、

子どもは、自由人になる可能性をもつ存在であり、その人生は、自由が目に見える形をとったものだから、子どもが物として他人や両親に帰属することはない[44]。（§175）

このように言いつつ、自由になりたいという主体的使命が達成されるのは、「倫理的な現実世界に所属することによって」であり[45]、「個々人が共同体の現実を受けいれることによって」である[46]。この立場から、ヘーゲルはルソーの「エミール」を批判する。

人間を現代の世間一般の生活から遠ざけて田舎で陶冶育成しようという教育学上の試み〔ルソーの『エミール』における〕がだめだったのは、人間を世間の掟に背かせるようなことはうまくゆくはずがないからである。たとえ青年の陶冶が孤独に行なわれなければならないとしても、精神界のいぶきがこの孤独のなかに吹き渡ってくることは所詮あるまいと思ってはいけないし、この遠隔の地を占領するには世界精神の権力は弱すぎると信じてはならない。／よい国家の公民たることにおいてはじめて個人は、おのれの権利を得るのである[47]。（§153）

ヘーゲルにあって、自由の使命は客体性（あるいは共同体の倫理）のうちに体現される。家族のなかの否定的な側面の教育は、「その生来の状態である自然的直接性から抜け出させて、独立性と自由な人格性へと高め、こうして子供に家族の自然的一体性から出てゆく能力を獲得させるという使命」[48]を持つ（§175）。*

*この部分長谷川氏の訳文は、「（教育は）子どもの原初の境遇である素朴な自然状態から子どもを切り離し、自立した自由な人格たらしめ、家族の自然な統一の外に出て向上していく能力を養う」[49]。

ここで、国家の公民となることが期待され、市民社会が排除されているところに、ヘーゲル弁証法の思考がある。なぜか。同一文の二つの訳文を紹介しておく。まずひとつめ。藤野・赤沢訳[50]。

倫理的実体は、対自的に存在する自己意識を自己意識の概念と一つになったかたちで含むものとしては、家族および民族という現実的精神である。（§156）

ついでふたつめ。長谷川訳[51]。

共同体の倫理が、その概念にふさわしい形で自己を意識した自己意識としてあらわれるとき、それは、一家族をなす現実の精神であり、一民族をなす現実の精神である。（§156）

いずれも現実精神の形態には、市民社会が外れているというところに、注目したい。

その理由は、藤野・赤沢訳の注に従えば、特殊性（対自的に存在する自己意識）と普遍性——長谷川氏の訳では一般性——（自己意識の概念）という両契機が分裂している状態が市民社会であるから。個別性と普遍性との感情による直接的統一態が家族。反省ないし悟性によるこの統一態の分裂態が市民社会。ただし市民社会では各個人は特殊対特殊として対立するものの、対立しながら関係せざるをえないから、そこに形式的普遍性が自覚される。そして、最後に理性による即自かつ対自的な自由の実現としての国家が登場する。国家において特殊性と普遍性とはその統一を個体性として回復する。[52]

つまり、普遍性と特殊性という自己意識の在り方が分裂している市民社会は、過渡期の、あるいは倫理的なものを欠く現実態、共同体だからである。

市民社会はヘーゲルにあって、いちじるしく評価が低い。「共同体の倫理」あるいは「倫理的実体」[53]において、市民社会は「倫理の喪失」であると同時に「倫理的なものの現象界」である。そして、有名な「欲求の体系」という規定がある。欲求の体系は同時に倫理（伝統的には人倫と訳されてきた）の喪失態でもある。

だれもが特殊な目的を追求する市民社会は、あらゆる方面にわたって、特殊な欲求や、思いつきのわがままや、主観的な好みを満足させようとするものだから、その享楽のなかで、共同体としての社会をみずから破壊する。他方、欲求は限りなくかきたてられ、外的な偶然やわがままに徹底的に依存し、共同性（一般性）の力に制約されるから、必然の欲求も偶然の欲求も、それが満たされるかどうかは偶然に左右される。市民社会は、こうした欲求の対立とからみあいのなかで、過剰および貧困の舞台と化し、両者に共通の、肉体的・精神的な頽廃の光景を示すことになる（§185）。[54]

この特殊性と普遍性（一般性）の対立を克服するのが、国家―正義（法）である。なおヘーゲルが想定している市民とは、フランス語でいうブルジョアとシトワイアンのふたつのうちの、ブルジョアの方であると断っている。[55]私人としての個人である。もちろん、マルクスが経済機構として分類したプロレタリアートに対するブルジョアジーではない。

かといって、ヘーゲルにとって市民は全然価値なき存在ではない。

（絶対精神は）個々人と対峙する位置にあるときは、それとして自覚された精神であり、個々人を包みこむかぎりでは、潜在的な秩序である。現実の共同体としてとらえれば、「民族」であり、現実の意識としてとらえれば、「市民」である。市民としての意識は、単一の民族精神を本質とし、この精神の現実体たる民族全体のうちに自分の存在を確信し、そこにそのまま自分の真理があると考える。[56]

高度な志、有徳者になるために、家族を否定し、家族から追放される個人は、「市民となってはじめて現実の共同体にかかわるのだから、市民ならざる家族員としての個人は、非現実の、力なき影なのである」[57]と強い口調でヘーゲルは言う。

（2）普遍性と特殊性

ヘーゲル哲学にあって、普遍性という概念は、単に共通のもの、一般的なものを意味しない。

特殊なものをそのままに放置して、共通なものだけをとりだしてきたというものではなく、みずからを特殊化していくものであり、異質なものをとりこみながら濁りのない明晰さのうちにおのれを保つものです。[58]（§163）

この、共通なものと普遍的なものとの区別をヘーゲルはルソーの『社会契約論』を例に上げて説明している。国家の法律は普遍意志から生じなければならないが、万人の意志である必要はない、と。ルソーを見事と讃えつつ、ヘーゲルの補足するところは、この普遍意志こそが意志の概念であり、法律はこの概念に根をおろした、意志の特殊な規定だと。[59]

例えば、教育の機会均等という普遍的命題がある。日本国憲法第二六条に、「ひとしく教育を受ける権利を有する」とある部分、英語正文では、〝have the right to receive an equal education〟となっている。このequalという意味をどう理解するか。形容詞的な語が、日本語正文では副詞的に訳出された。としても、equalについての個々の意思は多様である。普遍性は万人の意思に即しつつ、万人の意思ではないというヘーゲルの理解である。法律の概念は、まさしく普遍意思の特殊な意思である。マルクス流にいえば、階級対立のある社会では対立のその時点での特殊的決着である。

ついでに、普遍性と特殊性の規定が自己へと立ちかえるのが個別性である。そして個別的なものとは現実的なものである。ただし、個別的なものは概念から生じたものだから、普遍的なもの——否定的な自己同一体——として設定されている。

そうすると、自己同一な普遍性には、同時に特殊なものと個別的なものが含まれる。ヘーゲルは、概念の操作によって思考を展開していて、具体例を上げることはまれである。そこで、愚者なりの例示をすれば、普遍性は花として現れ、その普遍的な花のなかに特殊なバラというものがある。その特殊なバラのなかで、「このバラ」が個別である。したがって個別なものは現実的なものとなる。つまり、個別は普遍性と特殊性を現している。逆に、普遍も特殊も個別を離れては存在しない。動物という存在はなくて、この犬とかこの馬という個別として現れ出るのである。

『法の哲学』に照らせば、共同体の倫理は家族と国家である。家族は個別性と普遍性の直接的一体性である。その個別性と普遍性の分離としての特殊性が市民社会である。この分離を否定的媒介として特殊性と普遍性との絶対的一体性が国家となる。[60]概念の記述順序とは違い、形態としては、時間的には、市民社会は国家の形成より後になる。市民社会は国家を前提とし、「市民社会の創造は現代世界に属する」（§182）[61]というのがヘーゲルの哲学である。

（3）教育学の課題

『法の哲学』を扱った以上避けられない、教育学上の課題がある。ヘーゲルの問いかけを聞こう。

個人がいかにして共同体の倫理を身につけるか、共同体の倫理がいかにして各人にとって習俗となるか、といった問題は、わたしたちの考察の範囲外にある、教育学の問題です。* 教育学は、人間を自然のままのものととらえ、人間の再生の道を、つまり、人間の第一の自然が第二の自然へと進み、精神が自然に似た習慣の形へとむかう道を、示すものです。人間はもともと精神的な存在だが、そのことを自覚する過程が教育学の対象です。[62]

＊原文は、"Das was in unsere Betrachtung nicht gehört ist wie die Individuen　sittlich ewrden, oder das Sittliche einem Jedem zur Sitte wird, dieß gehört der Pädagogik an."

つまり、an sich、für sich 、an und für sich、へと人間が向かう道筋をつけるのが教育学の使命だと言っている。

生まれたままの自然状態から理性ある存在状態へと、さらに理性と自然が一体化・統一化した状態へと導く方途が教育学の対象になる（藤野渉・赤沢正敏氏訳版では、「考察の範囲外」という部分はない）。*

＊『エンチクロペディア』では、こういう言い方をしている。
子供が自然に生まれることに結びついている人倫関係、結婚するときにまず本源的な形でつくられた人倫関係は、子供の第二の誕生、精神的な誕生、言いかえれば子供を独立な人格に教育することとなって実現される。[63]（§521）

自然の誕生が、精神的な誕生になること――船山信一氏の訳文では「子供の第二の誕生すなわち精神的誕生において」[64]――、この高次な段階へと到達することが人格の成立である。**

＊＊この部分は、長谷川氏の『論理学』及び松村一人氏の『小論理学』には載っていない。

他方『論理学』にあって、否定面と肯定面の対立が統一した理性の状態（§82）のところで、「子どもが両親の意志を知り、それを自分の意志とするとき、その知と意志はすでにして理性的です」[65]と説明している（§82）。理性を身近に知る一般的な方法の例として挙げているのだが、いま『法の哲学』で述べた共同体倫理――意志の別表現である。

自然状態から抜け出して自由な存在になる、そしてそれが精神的誕生となることによって、理性ある存在になる。この経路がヘーゲルにおける子どもの教育になる。といっても、共同体の倫理のなかで期待される教育であり、教育学である。家族のしつけや、国家の習俗やを身につける役割期待であって、それら共同体を離れた教育学は、ヘーゲルにあって存在しない。家族をなす精神、国家をなす精神であって、それゆえ特殊的・普遍的精神への高みに向かう助成が教育である。

日本の教育学における、この問題への回答が有名な、自然の理性化という篠原助市のテーゼだった。アンチテーゼとして、それを逆転させた、中内敏夫の理性の自然化だというものが出されている。

それらはともかく、「共同体の倫理とは、さしあたり、個人の主観性とその共同性――その概念――との統一です」

と言いつつ、ヘーゲル自身は習俗と宗教とが教育のイメージとして対象化されるとした。また「わたしの意識、わたしの自己が、他人のうちにある、という形で、わたしは統一を直観する」と重ね、統一の体系として国家をあげる。共同体の倫理として国家による再生産、そして、「自己意識のうちにあって義務とのかかわりを意識させるもの」が共同体の倫理であるとつなげて、[66]正義（法）Recht のテーマを貫く。

共同体の倫理のなかで、こどもは存在としては一蹴される。

子どもは潜在的な人間、概念としての人間であり、ただあるというだけの、感覚的で外面的な人間です。いまだ内容を備えた自立した人間でもないし、自由を自覚した人間でもない。自由なおとなこそが概念にふさわしい人間です。[67]（§33）*

＊この文章は、藤野渉・赤沢正敏氏訳には載っていない。

人間が自立した自由によって人格となる。外界のものを手に入れることによって、人間は内容ある存在になる。

（4）　教育における目的

『法の哲学』の教育論をしめくくるものとして、内的・外的関係に戻っておきたい。ヘーゲルは、

教育を受ける必要性は、現在のままの自分には満足していないという子供自身の感じとして、子供のなかにある。——すなわち彼らが何とはなしに高次のものと感じているところの成人の世界の一員になりたいという衝動として、つまりおとなになりたいという願望として、彼らのうちにある。[68]（§175）

と言っている。内的矛盾が子どものなかにある、というのである。ここでは、長谷川氏の訳文も紹介しておきたい。

子ども自身、教育される必要を感じ、みずから立派な人間になりたいと思っています。子どもがおのれの自立と自由を予感するからこそ、そういう思いがうまれるので、教育はこの予感に沿っておこなわれねばならない。子どもには、いまの自分は本来の自分ではないという感情があり、現在の依存状態に反抗します。そういう心の動

きを条件として、教育はなりたちます。[69]（§175）

では、外はどうあるべきか。その点は教育学にゆだねられる。その上、眼目は、ただしヘーゲルにあっては、家庭におけるしつけZucht と習慣が教育の内容として強調される。その上、眼目は、

「目的は子どもの外に置かれていて、他人の意志に従うことが要求されます。und so kommt der Zweck zu ihnen als etwas ausser ihnen vorhandenes und so findet Unterwerfung unter den fremden Willen statt.」（§174）[70]

子どものわがまま、自然な欲望を抑え込む、家族の権威が・意志が優先される。デューイがヘーゲルから離反した哲学的基礎はこの点にあるだろう。遊びを中心とした教育の新しい試みに対するヘーゲルの激しい罵倒が、§175には書き連ねられている。[71]

それだけではない。こうも非難している。愛国心の真理、確信を述べているところでの発言である。国家を超えた教育をめざす、バゼドーやザルツマンの施設は、愚かな試みです。かれらは人間を一般的な人間として教育しようとしたから、時代や階層や民族の特殊性を排除すべきだと考えた。が、教育者自身が時代に属し、時代と国の産物であって、バゼドーやザルツマンのようにそれをぬけだそうとするのは不可能です。[72]

子どもの純真無垢という性格について、ただし、ヘーゲルも認めないではない。『論理学』のなかで、子どもの無垢な状態はむろん魅力的で感動的だが、それも、精神によってもたらされるはずのものを思い出させるからこそです。子どものうちに自然のままにある統一は、やがて、精神の労苦に満ちた自己形成の結果としてあらたに獲得されねばならないのです。[73]

と、述べている。純粋無垢な存在が理性的な存在になりゆく苦難の前段階、高次な存在になりゆく前の自然な状態である。そして理性的な存在になったあらたな結果でもある。

(5) 市民社会における教育の要求と分裂

再び『法の哲学』に戻って。市民社会論のなかでも、教育について、こう書いている。

市民社会は、このような普遍的家族という性格をもっているから、こと教育にかんしては、それが社会の成員となる能力にかかわるかぎりは、両親の恣意と偶然性を排して、教育を監督し左右する義務と権利をもっている。とりわけその教育が、両親自身によってではなく、他人によって完成されねばならない場合にそうである。——なお市民社会は、教育のための共通の対策を、それをなしうるかぎりで行なう義務と権利をもつ。[74]（§239）

＊長谷川訳では、「普遍的家族」の部分が「一般的な（共同の）家族」、「教育のための共通の対策」とある個所は「公共の教育施設」としている。

個人の主観性と共同性とが統一することによって、共同体の倫理が成立するから、市民社会でも、そう志向される。倫理的実体（共同体の倫理）から市民社会が外されても、家族の恣意と偶然性を排するために、市民社会が役割を果たす。家族の特殊性が排除されて分裂している反面、他方の形式的普遍性がここでは前面に出てくる。

ただし、市民社会の権利と親の権利との境界をめぐる紛争をヘーゲルも隠さない。

ふつう親は、教育にかんして完全な自由をもっていると思いこんでおり、したいことはなんでもすることができると思いこんでいる。教育が公共的なものであるにもかかわらず、公教育に対する主な反対は、親の側から起こるのがふつうであり、自分たちの好みに合わないという理由で、教師や教育施設の非を鳴らしてあげつらうのは親たちである。[75]

と。

あるいは、

市民社会は、子どもを学校へ送りだすよう両親に勧告する権利と義務をもっています。それをとんでもないことだと思う人は多く、かれらは、子どもは自分が面倒を見るので、だれからも命令されることはない、とよくいいます。が、子どもは市民社会で生きるための教育を受ける権利があって、両親がこの権利の行使に協力しない場合は、市民社会が出ていかねばならない。一定の年齢に達した子どもは学校に送りだすべし、という法律は、そのことを定めたものです。[76]

共同体の教育の目的が家族の精神あるいは民族の精神と言った矛盾と分裂が市民社会で顕在化する。家族のしつけと習俗との分裂と言ってもよいだろう。

両親による自由な教育の要求と国家の監督を受けるべきという要求との争いを、ヘーゲルはフランスを例に上げている。[77] 藤野渉・赤沢正敏氏の訳注では、個人名としてルソーを自由の要求者、ラ・シャロッテを国家による教育の監督を支持する者の代表として上げている。[78]

愚考すれば、フランス革命後の教育改革をめぐる議論で、就学すべきことを法的に義務づけることは定めがたいという結論になったことを想起する。私教育が認められたのではなかったか。

ヘーゲルのダメ出しが強い。

子どもの権利を守るのは、市民社会の権利であり義務であって、子どもたちは、自分の健康や教育のことを配慮してもらう権利があります。子どもは自力で健康や教育の配慮ができないから、両親が怠慢な場合、市民社会が対策を講じなければなりません。[79]

このような分裂状態を克服するため、市民社会論のはじめのところで、ヘーゲルは「陶冶としての教養」を論じている（§187）。市民社会の成員の個別性と自然性とを、「知と意志のはたらきの形式的自由と形式的普遍性とへ高め、彼らの特殊性のなかの主観性を陶冶する *zu bilden* 過程 *Prozeß*」が重要だと。藤野渉・赤沢正敏氏による訳注によれば、特殊と普遍の分裂態が市民社会であるから、その統一をもたらすのが、「陶冶としての教養」であるというのである。[80]*

＊ここで、藤野・赤沢訳を取ったのは、「陶冶」という伝統的な教育学用語が用いられているからである。長谷川氏は、もはや「陶冶」という訳語を当てず、この部分は、「特殊性にとらわれた主観の教養を高める」と訳出している。[81] ただし藤野・赤沢氏もBildungを陶冶だけではなく、教養、文化などと訳し分けていることは指摘しておかなければならない。

市民社会の鎖の連環に加わることができるのは、個人の知と意志の働きと行動を共同体に従わせることによってである。外に合わせるように内が作用する。外的矛盾が内的矛盾に転化するというのが、弁証法の理解である。

（6）目的の内と外

ただしかし、外に目的があるといっても、変化の原動力は内部にあるというのがヘーゲルの弁証法の基点である。存在は対立するものの統一としてある。S極とN極のように。電極の＋と－のように。そしてたえず運動している。「精神は休むことなくつねに前進運動を続け」、それは、「長く静かな栄養補給によってしだいに大きく成長した胎児が、この世に出てくる最初の一息で質的飛躍qualitativer Sprungを遂げ、新生児としてうまれてくる」ように、精神の成長もゆっくりと静かに新しい形態へと成熟していく。[82]

「胎児はやがて人間になるはずだが、自分が人間であることを自覚してはいない。理性のあるおとなになったとき、はじめて自分が人間であることを自覚するので、そのとき、そうなるはずのものになったのである」。[83] このことを概念的に言いかえれば、「真理はみずから生成するものであり、自分の終点を前もって目的に設定し、はじまりの地点ですでに目の前にもちder sein Ende als seinen Zweck voraussetzt und zum Anfange hat、中間の展開過程を経て終点に達するとき、はじめて現実的なものとなる円環Kreisなのである」。[84]

つまり、目的はすでに内部にある。目的自体が目的ではなく、その現実過程がヘーゲル哲学の核心である。「事柄は目的のうちではなく、展開過程のうちに汲みつくされるものであり、したがって、結論ではなく、結論とその生成過程を合せたものが現実の全体をなすのだから。目的自体は生命のない一般観念」である。[85]

つぼみが花になり、花は実になる。つぼみは花を事前に予定し、花は実になることを前もって知り、実が落ちてまたつぼみとなることを予想する。それぞれが目的となり、しかし否定し合い、全体として「花」の現実なのである。自己還帰するのがヘーゲル弁証法である。内に崩壊の要素があり、かつそれを予定している。崩壊して他のものになるその全体が存在なのである。

4　学問から教育へ

(1)　万人の学問

学問が学習されて、万人の所有物になることについて、ヘーゲルはこう言っている。

明確な輪郭をもってたがいを区別し、ゆるぎない関係のうちに全体を秩序立てる形式の展開……この展開なくしては、学問が広く理解されることはなく、少数の個人に秘伝された財産という以上には出られないように思える。「秘伝された財産」だというのは、学問がさしあたり内面的な概念のうちにしか存在しないからであり、「少数の個人に」というのは、その登場が広がりをもたなければ、学問は個人のものとなってしまうからである。完全に明確な内容を備えたものだけが、同時に、顕教的であり、概念的であり、学習されて万人の所有物 das Eigentum aller zu sein となることができる。学問が理解可能な形をとったとき*、万人むきの、だれでも同じようにあゆめる学問への道ができたといえる……。[86]

新しい学問精神のはじまり、多様な教養形式の広範な変革、それらが単純な概念として示されるときの展望を語っている。そして、新しい学問を切り開いているヘーゲルの自負でもある。

＊「学問が理解可能な形」という部分の原語は、Die verständige Form der Wissenshaft である。Verstand は、カントの哲学

では悟性と訳されてきた。ヘーゲルは悟性よりも上位の、最高の価値として理性 Vernunft を置いた。そこでヘーゲル学者たちは、verständige をどう訳すか思慮をめぐらせてきた。山本信氏は、「悟性的に理解される形式」と訳し、悟性と理性の違い、および知識と学問の違いについて、長い注釈を入れている。[87] 樫山欽四郎氏は、「学がわかり易い（悟性的な）形式」と「わかり易い」でも悟性的という追加をした訳にした。[88] 最新の熊野純彦氏の訳では、「学の理解可能で悟性的な形式（フェアシュテンデッィイヒ）」」と訳し、「理解可能で悟性的」の部分にルビを振っている。そのうえで、関連部分で、「『悟性的 verständlich』であるとは、ヘーゲルにあってはしばしば貶価的な意味をもつが、当面の文脈では悟性的に理解可能なものをとおして、理性の立場＝学の境地へといたることが主張されているわけである」と注釈を入れている。[89] 長谷川宏氏は、一貫して悟性ということばを排除した訳を著している。訳者たちの共通するタームとして、「理解可能な形」という長谷川訳で本稿はゆきたい。ただ、哲学あるいは学問の歴史的展開に通暁していないと、ヘーゲルの言わんとする意味は正当には理解できない。わたしには難問であり、及ばない。

ある一族、宗派、学派にのみ奥義として秘伝される宗教的秘儀を否定し、理性的な知を求める万人に開かれた学問のあり方を示した。学問のユニバーサル化である。知は学問の長い伝承過程を経て、新しい歴史の段階に入った様を示している。その段階は、ヘーゲルにとって必然的な過程でもあった。「学習されて万人の所有物と」なり、「学問が理解可能な形を」取る。

ただし、この引用部分には説明が必要だろう。学問が「理解可能な形」を取るという文言について。ヘーゲルは、ドイツ観念論哲学のなかでみずからの思索を深め、かつカントやフィヒテらの哲学に対して批判を放っていた。学問・哲学を受け継ぎつつ新しい道を突破しようとしたのである。その新しい時代の誕生が、前節3の（6）で引いた、胎児の誕生は質的な発展という例えとして宣言された。しかも、ヘーゲルの思想的勢いは、長谷川宏氏の解説によれば、ドイツ観念論の土俵を外れて別の場所に出てしまったというのである。[90] ドイツ観念論相手にならずと飛び出した、その新しい哲学・学問の様を、「理解可能な形」と表現しているかとわたしは考えたのである。しかし、訳者たちが、悟性的理解ということばを使っているとすれば、悟性はヘーゲルが乗り越えるべき立場だから、「理解可能な形」というものは、古臭い、遅れた思考という意味にも取れる。とはいえここは、熊野純彦氏の訳注に従って、学問が前進してゆくときにたどる行程、そこを踏み台として学問が進む理解の階梯と理解しておくのがいいと考える。以下、その理解で論述を進める。

その行程の必然的なさまをヘーゲルはこう言っている。

> 過去を経めぐるなかで個人は高い精神を体得していくが、それはちょうど、高度な学問にとりくむ人が、はるか昔に手に入れた予備知識をあらためて脳裡に思いうかべるのに似ている。……個人は一般精神のさまざまな教養の段階を内容に即して通過していかねばならないが、一つ一つの段階は、整備された一本道の上に、精神のぬぎすてた古着として置かれている。だから、知識の程度についていえば、かつては成熟したおとなの獲得すべき知識だったものが、子どもの知識*や技能や遊び Spielen des Knabenalters に格下げされる herabgesunken** し、教養の進歩 pädagogischen Fortschreiten*** につれて、世界の教養 Bildung 史を、まるで影絵でも見ているかのように追いかけるようになる。過去の世界は一般精神の既得物となっているのであって、その一般精神が個人の本体をなし、それがいまだ個人の外にあるときには、個人にとっての無機的自然をなすのである。[91]

ここまでは、しかし、学問のありかた、学問論にとどまる。「少数の個人」の内にあるままではいけない、それが、「学問が理解可能な形」になることを媒介として、万人のものになる。理解可能な形になったもの、理解可能な形にするもの、理解可能にするよう伝授するものがあって、ようやく教育論になる。

＊熊野純彦氏は訳注で、「ユークリッド幾何学が高等中学校の学課となるように」と説明している（前掲書、〇五三ページ）。

＊＊山本信氏の訳では、「なりさがっている」（前掲書、一一〇ページ）。樫山欽四郎氏の訳では、「なり下がっている」。（前掲書、二九ページ）。熊野純彦氏の訳では、「貶められている」（同右）。

＊＊＊山本信氏の訳では、「教育上の進級課程」（同右）。樫山欽四郎氏の訳では、「教育の進歩」（同右）。熊野純彦氏の訳では「教育課程の進行」（同右）。

学問がこうして万人の道として歩めるようになると、ますます万人のなかにある誤解をただすことになり、科学的知見が万人に広がる。

わたしの専門である近代日本の例を上げよう。国定教科書のいわゆる第二期、理科の教科書（理科としての国定教科書の初め）第六学年の『尋常小学理科書』教材第三課は、「二枚貝」である、第四課は「巻貝」、ついで第五課の「いか」に続く。一見無系統と思われるが、じつはイカは貝類であるから同じ仲間で、科学的系統に則っていることになる。貝の殻がよく見るイカの透明な筋――甲というらしい――となっていて、それが殻の名残である。貝の殻と身を反転させたようなものである。[92]決して、カイとイカということば遊びではない。

さらに愚考すれば、ガリレオ・ガリレイが発見した、振り子の等時性については、現代日本では小学5年生の理科で学ぶ。振り子の一往復する時間は、重さにかかわらず振り子の長さにかかわるという実験である。ガリレオ・ガリレイの追体験をして、昔日の大発見をわがものにする。言いかえれば、ニュートン力学の一部である重力の考え方に一歩近づく。

ただし、正確に実験しようとすれば、空気抵抗のない（あるいは少ない）装置が必要で、一往復の時間はそうしないと測れない。実験では、一〇往復させることを三回して、一回ごとのタイムを三回足して、その数字を一〇で割り、三で割るという計算で出す（教科書のなかには一〇往復を二回というものもある）方法は、統計学の初歩を学ぶということになる。その方法論が理解できるようになると、最高の授業だろう。

「学習指導要領」では、重さの違いにかかわらず、また、ふり幅にかかわらず、振り子の長さで振り子の時間が変化することを確認すればよいことになっている。

試しに、大学の「教育の原理」の授業で振り子の実験の意味を考えるのだが、手近な道具を使ってやると、一〇往復はむずかしく、途中でふり幅が狭まり止まりそうになるし、事実止まることもある。わたしの作った素材がお粗末すぎたのだろう。学生は、空気摩擦だと、茶々をいれる。そう、分かっているじゃないか。教科書の実験のイラストを見ると、こういう道具ならば、振り子が一〇往復するのだろう。

小中学校の物理に関する教材をあらためて基礎から考えてみると面白いものですよと、ある物理の研究者がポツリともらした。教材の物理的意味の本質を学生が理解するのであれば、この上ない教育になる。しかし、物理学の最前線にいたい人にとっては、それは、ヘーゲルのことばを借りれば、道の上にぬぎすてられた古着であるから、だれも着ようとはしない。研究が教材の範囲内に収まっていては、研究そのものが向上しないことを恐れる。諦めが教育になってはたまらない。re-tire ではなく re-form が教育なのだから。

（2） 学問から教育への転化

ヘーゲルは、こう続ける。

その意味で、教育（教養）Die Bildung の過程とは、個人の側から見れば、目の前にあるものを獲得し、無機的自然を栄養として体のうちにとりいれることであり、時代の底を流れる一般精神の側から見れば、隠れた時代精神が意識の対象となり、人びとの心のうちに入って反省される Reflexion ことにほかならない[93]。

教育は、過去の精神的遺産がすでにある所与のものとして、人間が加工していない、まるで自然界に存在しているかのようなものとして、子どもに理解、獲得させることである。

ヘーゲルは、ルソーの『エミール』を読んでいるとしても、〈子どもの発見〉には関心が向かなかったらしい。ルソーの言を引用すれば、「子どもには特有のものの見方、考え方、感じ方がある。そのかわりにわたしたちの流儀を押しつけることくらい無分別なことはない」[94]。

ヘーゲルは、子どもを小さいおとなと考えているようである。したがって、学問をただそのまま子どもに「格下げ」して教えればよいと考えた。おとなになって、つまり人格をもった人間として、理性化された後で過去を顧みるだけのただの存在である。万人の学問になったものは、しかし愚考すれば、子どもに教えるためには、成熟したおとなの知識を加工せずに教えればよいというわけではない。その再構成、外にある知識を内にどう取り込むかは、教育学の問題だとヘーゲル自身が託したことである。

ルソーの言を再び引用しよう。「人は子どもというものを知らない。……（だから）このうえなく賢明な人々でさえ、大人が知らなければならないことに熱中して、子どもにはなにが学べるかを考えない。かれらは子どものうちに大人をもとめ」[95]る。

愚考すれば、成熟したおとなの知識・技能を子どもに「格下げ」*するのではなく、ルソーによる〈子どもの発見〉にしたがって、子ども独自の思考の筋道を解き明かしながら、新しい教育学は出発するところだろう。ヘーゲルが子どもの知識、技能、遊びということに対して、ルソーは感覚を鍛えようと大胆に言った。感覚については、ヘーゲル論理学の枢要なテーマであるとしても、わたしにはフォローできないうえに、これ以上は本論の趣旨に外れるから、ここで止める。

*熊野純彦氏の「貶められている」という訳は相当なものだが、けっこうヘーゲルの本意を衝いているかもしれない。遊びということも、ヘーゲルの時代では軽蔑的な下賤なもの、文化とは反するものという見方があっただろう。高尚な存在である学問を論じるヘーゲルからは遠すぎた。遊びが文化として、いやそれ以上のものという提唱は、二〇世紀半ばごろになるころからである。

無機的自然を、子どもは自然に内に取り込むことはできない。所与の資質・天賦の才を使いながら、外の力を得て内に入れる。精神的遺産は子どもに理解可能なものとして存在しつつ、同時にそれらを理解可能なように再構成すること、強制やムチを使ってではなく、内が自然に獲得されるように、外が変わる過程が避けられない。ヘーゲル論理学に沿った、内と外との交互作用であり、教育学の存在意義である。

ヘーゲルの好きな花とつぼみと実の話で、教材化を考えてみよう。小学校理科の5年生で、「花から実へ」という単元がある。へちまを使って、へちまは雄花と雌花に分かれているから、雄花のおしべを雌花のめしべに受粉させなければならない。その前段階で、めしべとおしべを虫眼鏡で観察し、おしべにある粉をセロハンテープに付けて、粉を顕微鏡で観察する。これを花粉というと学習した後、受粉作業の実験に移る。①次の日に咲きそうなへちまの雌花のつぼみを二つ選んで袋をかぶせる。袋の口はモールで縛る。②花が咲いたら一方のめしべの先に雄花の花粉を付け、すぐに袋をかぶせる。他方は袋をかぶせたままにしておく。③作業の結果、実ができるのはどちらの方か観察する。

実ができると、なかに種があり、こうした循環で生命がつながる、という学習になる。発展的に、花粉のいろいろな運ばれ方について学習を深める。

小学校理科でおなじみのアサガオは、ここでは主役としては登場しない。なぜならば、アサガオは、一つの花におしべとめしべの二つがあるからである。受粉の実験の教材には適さない。ただし、へちまは現代の子どもにはなじみがないだろうし、茎はつる状に延び葉が茂るから、学校での栽培はどうしているのだろうか。昔の光景では棚を作りそこを這わせて上から実を垂らしたものである。実の成果の結果を見届けることを忘れないでほしい。

豊富な写真とイラストが教科書には配置されているから、それらを見て学習が進むという、体験を経ないまま終わらないよう期待する。

なお、へちまと同じ単性花に属するかぼちゃ、すいか（これらは地上を這う）を栽培している農業耕作者の話によれば、朝早く花が咲いたと同時に受粉作業をしないと、花がすぐにしぼんでしまうので、受粉のタイミングがむずかしいとのことである。

教材化はなかなか難しい。

『法の哲学』がしつけと習慣を強調したくだりとは違った、この「万人むきの、だれでも同じようにあゆめる学問への道」が、教育の始まりである。学問が量的に万人のものとなったときに、それは質へと転換し、教育となる。おとなの学問を積み重ねることではない、「子どもの知識や技能や遊び」となった教育としての、新しい段階が生まれる。「格下げ」ではなく、子どもの発見に伴う、新しい質的変化として。このヘーゲルの原論を基点として、精神世界についての教育学の構築が、ここから始まる。

ただし、ヘーゲルは概念の思考が最高の理性であるから、また学問というものは、意識のおこなう経験（『精神現象学』）であって、行動による経験ではないから、学問が遊戯的になる教育というものは、ヘーゲルにとってありえないということになる。幼児期ではもちろんなく、少年期の後半期というよりも、青年期初期の段階の教育がヘーゲルの望むものになるということかもしれない。

おわりに

小稿は、わたしの思考の流れのままに書いたから、論文としての結構あるいは、論理的整理には不十分なところがあろう。あるいは、ヘーゲル弁証法哲学の部分的論点だけを摘まみ取りしただけだという意見が出るかもしれない。それはそれで認めるほかない。としても、ヘーゲル哲学の教育にかかわる論点は摘出したつもりである。ヘーゲル哲学全体を見通せる能力は、わたしにはないから、教育を考えるわたしなりのヘーゲル理解である。

追　考

格下げされた学問ではなく、子どもの感性や見方に応じた、学問の教育化——ルソーの『エミール』のことばによれば、「人間をつくる技術」[96]を追考しておこう。

論理学の基本操作である分析と総合について、まず考えよう。現在の日本の算数では、整数の学習をするとき、3＋2＝5あるいは4＋1＝5と習う。つまり合成である。他方で、5－3＝2あるいは5－4＝1と習う。つまり分解である。整数は整数でできている——集まりであることを学ぶことによって、総合と分析の操作を会得する。

その学習を、例えば、砂場で3人の男の子が遊んでいました。そこに2人の女の子が遊びに加わりました。砂場では何人の子どもが遊んでいるでしょう。逆に、砂場で5人の子どもが遊んでいました。そのなかの2人がブランコの方に移動しました。砂場には何人残っているでしょう。遊びや経験を通して学ぶのが新教育の実践である。

中学1年生になると、素因数分解の段階になる（新しい学習指導要領で3年生から1年生へ移動した）。例えば、$252=2^2\times3^2\times7$となる。整数を素数で分解するのである。整数は素数の総合体、つまりは集合である。

この場合は、経験は役に立たない。完全に推論の働きになる。デューイ自体、年長者を経験のなかから導くのはむずかしいと自覚しており、『学校と社会』では8歳が子どもの経験活動の分岐点であると述べていることは、先の小稿で指摘したところである。

集合ということば自体は小学校算数から消えたが、算数の教科書の最初は、数の数え方から始まるのではなく、〈仲間あつめ〉という学習から始まる。ただし、学習の前段階という位置づけだから、飛ばす教員がいるかもしれない。このあたりを丁寧に、目的意識的にすることで、分析と総合の論理操作ができるようになる。かつて、アルゴリズムが教育方法学で盛んに議論されたことは、この論点にかかわる。4年生で〈整理のしかた〉という課題が出てくるのは、集合の別形式である。教材の例として、学校内の落とし物の種類とその落ちていた場所を表にして分類する課題がある。集合自体は高校生からの学習になっている。

静岡大学の教育原理の授業で、わたしは、算数は数を唱えるとか、数えるとかから始まるのではなく、〈仲間集め〉から入ると良いと話した。すると、理学部数学科の学生複数人から、集合の考えから入るのですね、という感想をもらった。さすが数学科である。教員の意図がうまく伝わると満足がいくものである。それこそ、遊びから入りながら、現代数学の基本が会得できるように教材が工夫されている時代である。

国語でも同様である。文を主部・述部、あるいは文節に分けるのはおなじみの学習である。近年は漢字の造語力という言い方で、複合語について中学3年生で学ぶ。「少子高齢化」は「少子」・「高齢」・「化」というように分解される。「消費期限」も「消費」・「期限」と割れる。いたるところで総合と分析の操作が訓練される。他方で、「学割」は「学生割引」の短縮語であり、「重文」も「重要文化財」を短くしたものだから、単一語の分解合成ではない。

英語も同じで、サッカーのfootballはfootとballに分解できるし、黒板のblackboardも合成語だからblackとboardに分解できると理解がゆく。身近な例で、単語の組み合わせを考えることは、論理的思考に役立つ。

芸術も例外ではない。音楽でも分析と総合を学ぶ。例えば合奏・合唱の教育である。その順序は、小学2年生から、「がっきの音のくみあわせ」を楽しもうという教材が登場する。例えば、カスタネット、トライアングル、すず、タンブリングなどを使いながら、それぞれに音符の長さを代え、リズムを変えて互いに打ち合う、から始まる。3年生になると、楽器を鳴らして、ひびきの長さや音色の違いを聞きくらべる。例えばてっきんとシンバルの組み合わせで3回鳴らす上に、二回目にはトライアングルを重ねる、三回目にはさらに小だいこを重ねる。4年生では、歌に合わせての演奏となる。歌のメロディー部分はリコーダーが演奏し、それに重ねて、てっきん、木琴、鍵盤ハーモニカが副旋律を奏でる。このあたりを十分にやってから和音の学習に移る。

以上のような教育は、古い教育学では実質陶冶、形式陶冶と名づけられて、前者は後者には転移しないと言われてきた。目的意識的に教育を進めれば、それこそアルゴリズムのように、総合と分析の操作、思考に情動が反応する。思考と情動は別々ではない。

形式陶冶を認めないことにおいては、デューイも例外ではない。特殊な場面で使われる能力は、その場面に対応しているのであって、一般化することはないと。「その能力を行使する過程にかかわりのある対象を離れて、一般的に、ある能力の訓練について論ずることは無意味なのである」。[97]

デューイは経験による理解の継続であるから、経験という行為を通じて、知識を得る。経験を連続的に展開することが知識の拡大でもある。帰納法ということばは、デューイの論理学には登場しないとしても、帰納法でしか知識や観念の形成は形成されないという哲学である。いわんや、演繹法はありえない、というのがデューイの立場である。経験に始まって経験に帰るのだから。

わたしの大学における「教育原理」では、小中学校の教材を使って、学生たちの学習の再経験をさせる。その原理的意味を考えてもらうことによって、教員としての教材の扱い方に習熟してもらいたいという思いでからある。音楽については、4人の学生に頼み、受講生の前で各自楽器のパートをまず演奏し、そして合奏する。再度合奏してから、この曲はこういうパートから成り立っていると、また各自のパートの楽器を奏でてもらう。もちろん、事前にわたしの研究室で練習してから講義に臨む。

比較という思考についても、正しく理解してもらうことが重要である。比較とは、〈ある〉こと、存在について認識する方法である。けっして価値の優劣ではない。理科では、「川と川原の石」という教材が5年生である。山の中・平地へ流れ出たあたり・平地という三か所で、石の大きさや形の違いを学ぶ。主題は「流れる水の働き」である。川や川原によって石の存在形態が違うということであって、石の使用価値を考えるわけではない。

同じ5年生の社会科では、「気候の特色と人々のくらし」という教材がある。寒い地域のくらしと、あたたかい地域のくらしとを比較して、家の建て方、産業の違い、道路の整備の違い、遊びの違いなどを学ぶ。「地形の特色と人々のくらし」という教材もある。低地と高地を比較して産業、交通、生活の工夫などを学ぶ。いずれも、生活・暮らしについての地域の違いを教えるものであって、優劣の価値観を育てるものではない。

家庭科の6年生では、夏をすずしく、冬をあたたかにという生活の工夫、快適な生活を考えることが主題である。エネルギー環境を考えるという教材である。

いろいろな教科で、これらの比較という学習をする。そこで、違いの存在を共通認識することが重要なのであって、〈ある〉ことの優劣ではないことを教育しないといけない。そうしないと、多様性とか個性の尊重とかを教えても、教科の学習と生活指導との分裂が生じやすい。他方で、比較という方法が〈分類〉という科学的概念に結びつくことでも、重要な思考である。理科で学ぶ〈分類〉という操作が、比較という思考の別形態であること気づく子どもは少ないだろう。教師が教えなければ子どもは身につかない。つまり比較するという方法が科学的思考方法であるのであって、価値観の優劣とは無縁であることを判断できるように指導したいものである。

テストの成績で比較され序列づけされる学校では、論理的意味としての比較が科学的概念としての、〈ある〉という認識の方法であるという思考にたどりつくのは難しい。意識的目的的に論理操作を教授しないといけない。

〔付記1〕

この論文で用いた原書は、以下のものです。

G.W.F.Hegel, *Enzyklopädie der philosophischen Wissenschaften im Grundrisse,* (1830) Gesammelte Werke, Bd.20. unter Mitarbeit von Udo Rameil herausgegeben von Worfgang Bonsiepen und Hans-Christian Lucas. In Verbindung mit der Deutschen Forschungsgemeinscaft herausgegeben von der Rheinisch-Westfälische Akademie der Wissenschaften, Düsseldorf, 1992. Felix Meiner Verlag Hamburg.

G.W.F.Hegel, *Phänomenologie des Geistes,* Georg Wilhelm Friedrich Hegel WERKE 3. Auf der Grundlage der Werke von 1832-1845. neu edierte Ausgabe, Redaktion Eva Moldenhauer und Karl Markus Michel, Suhrkamp Verlag Frankfurt am Main, 1970.

G.W.F.Hegel, *Philosophie des Rechts,* nach der Vorlesungsnachschrift K.G.v.Griesheims 1824/25 Georg Wilhelm Friedrich Hegel Vorlesungen über Rechtsphilosophie 1818-1831,Edition und Kommentar in sechs Bänden von Karl-Heinz Ilting, Friedrich Frommann Verlag Günther Horlzboog KG Stuttgart-Bad Cannstatt, 1974.

上妻精氏の編訳になる『ヘーゲル教育論集』（国文社、一九八八年）は、ヘーゲルがギムナジウム校長時代の式辞や報告を集めたもので、教育思想（史）家が考える通常の教育論とは異なる。小稿では、したがって、参照していない。ただし、上妻氏の労作は、ヘーゲル哲学のヘーゲル自身の解説という役割は持つ。

〔付記2〕

マルクスはみずからの手稿をネズミのかじるがままにまかせたという。高校時代から始めたわたしの唯物論的弁証法の独学、それをヘーゲル哲学のなかでまとめることができたというだけで、わたしは満足している。あるヘーゲル哲学者は、ヘーゲルの日本語訳の一部を連ねて論文を書いても生産性はない、原語がどういう文脈で使われているか徹底的に吟味することが必要だし、その用例集を作ることが必要だとも言っている。哲学に疎く、ヘーゲルに疎く、ましてドイツ語にも疎いわたしのこの小文は、したがって、わたしの気休めにすぎない。としても、わたしの教育学の思索を確かめるためには通らなければならない道であった。

ヘーゲルのことばを借りれば、「哲学しようと決心する主体との関係ではじまりがあるだけで、学問そのものについていえば、はじまりもおわりもないのだ」[98]。

思索の浅さを恥じながらも――思索ではなく、ヘーゲルの言辞をつなげただけかもしれないが――、わたしなりに精一杯通れたと思うから、だれがそれを判定するのかは分からないとしても、充実感でいっぱいである。

註

1 『常葉大学教育学部紀要』第三八号、二〇一七年一二月、所収。
2 長谷川宏訳『論理学』作品社、二〇一〇年、二〇五ページ。
3 同上、二〇七ページ。
4 長谷川宏訳『精神現象学』作品社、一九九八年、〇一四ページ。
5 長谷川訳、前掲『論理学』三〇四ページ。
6 同上、一八九ページ。
7 同上、二二三ページ。

8 長谷川訳、前掲『精神現象学』〇七九ページ。

9 同上、〇三八―〇三九ページ。

10 長谷川訳、前掲『論理学』二四七ページ。

11 熊野純彦訳『精神現象学』上、ちくま学芸文庫、筑摩書房、二〇一八年、〇二四ページ。G.W.F.Hegel, *Phänomenologie des Geistes*, Georg Wilhelm Friedrich Hegel WERKE 3. Suhrkamp Verlag Frankfurt am Main, 1970. S.18.

12 丸山真男「歴史意識の古層」『丸山真男集』第十巻、岩波書店、一九九六年、四四ページ。

13 長谷川訳、前掲『論理学』一九二ページ。

14 樫山欽四郎・川原栄峰・塩屋竹男訳『エンチュクロペディー』「世界の大思想」一五巻、河出書房新社、一九七四年、一〇七ページ。

15 同右。

16 松村一人訳『小論理学』(上)、岩波文庫、一九七八年、二五六ページ。

17 前者の訳は樫山氏他、後者の訳は松村氏。

18 樫山他、前掲書、一〇七ページ。松村、前掲書、二五六ページ。

19 長谷川訳、前掲『論理学』二五五ページ。

20 松村一人訳『小論理学』(下)、岩波文庫、一九七八年、一五―一六ページ。

21 同右、一一ページ。

22 同右、一五ページ。

23 熊野純彦訳、前掲『精神現象学』上、ちくま学芸文庫、〇二〇ページ。

24 長谷川訳、前掲『論理学』二一九ページ。

25 同右。G.W.F.Hegel. *Enzyklopädie der philosophischen Wissenschaften im Grundrisse. (1830)* Gesammelte Werke, Bd.20. Düsseldorf. 1992. Felix Meiner Verlag Hamburg. S.131.

26 同右、二五九ページ。

27 同右、三〇四ページ。
28 同右。
29 内田義彦『資本論の世界』岩波新書、一九六六年、一九三—一九四ページ。
30 長谷川訳、前掲『論理学』三〇六—三〇七ページ。また、松村訳『小論理学』（下）岩波文庫、一九七八年、七七ページ参照。
31 鯵坂真・有尾善繁・鈴木茂『ヘーゲル論理学入門』有斐閣新書、一九七八年、八八ページ。
32 長谷川訳、前掲『論理学』二九七ページ。
33 大野晋『日本語練習帳』岩波新書、一九九九年、一一二ページ。
34 長谷川訳、前掲『精神現象学』〇八〇ページ。
35 長谷川訳、前掲『論理学』二五五ページ。
36 同右、二六九ページ。
37 樫山欽四郎他訳前掲『エンチュクロペディー』一三一ページ。
38 山本信訳『精神現象学』「序論」岩崎武雄編「世界の名著　ヘーゲル」四四、一九七八年、中央公論社、九〇ページ。
39 長谷川訳、前掲『論理学』二一六ページ。
40 長谷川訳『法哲学講義』作品社、二〇〇〇年、三一五ページ。
41 藤野渉・赤沢正敏訳『法の哲学』「世界の名著　ヘーゲル」四四、中央公論社、一九七八年、三八四ページ。
42 長谷川訳、前掲『法哲学講義』三一五ページ。
43 藤野・赤沢訳、前掲『法の哲学』四〇二ページ。
44 長谷川訳、前掲『法哲学講義』三五三ページ。
45 藤野・赤沢訳、前掲書三八三ページ。
46 長谷川訳、前掲『法哲学講義』三一一ページ。
47 藤野・赤沢訳、前掲書、三八三ページ。長谷川氏の訳著版にはこのエミール批判の「追加」部分がない。
48 藤野・赤沢訳、前掲書、四〇二ページ。

49 長谷川訳、前掲書、三五三ページ。
50 藤野・赤沢訳、前掲書、三八四ページ。
51 長谷川訳、前掲書、三一五ページ。
52 藤野・赤沢訳、前掲書、三八五ページ。
53 訳語は前者が長谷川訳、後者が藤野・赤沢訳。次の「喪失」、「現象界」は、両者共通の訳語。
54 長谷川訳『法哲学講義』三六八ページ。
55 同右、三六五ページ。
56 長谷川訳、前掲『精神現象学』三〇二ページ。
57 同右、三〇四ページ。
58 長谷川訳、前掲『論理学』三四八ページ。
59 同右、三四九ページ。
60 藤野・赤沢訳、前掲『法の哲学』三七五ページの訳注による。長谷川氏の訳文では、普遍性が一般性となっている。
61 藤野・赤沢訳、同右書、四一四ページ。長谷川訳版には、この追加部分はない。
62 長谷川訳、前掲『法哲学講義』三〇八ページ。G.W.F. Hegel, *Philosophie des Rechts*, nach der Vorlesungsnachschrift K.G.v.Griesheims 1824/25, Friedrich Frommann Verlag Günther Horlzboog KG Stuttgart-Bad Cannstatt, 1974. S.407.
63 樫山欽四郎他訳『エンチュクロペディー』「世界の大思想」一五巻、河出書房新社、三九三―三九四ページ。
64 船山信一『精神哲学』（下）岩波文庫、一九六八年、二一八ページ。
65 長谷川訳、前掲『論理学』一九〇ページ。
66 長谷川訳、前掲『法哲学講義』三〇九―三一〇ページ。
67 長谷川訳、同右、〇八六ページ。
68 藤野・赤沢訳、前掲書、四〇三ページ
69 長谷川訳、前掲『法哲学講義』三五四―三五五ページ。

70 長谷川訳、同右、三五二ページ。ただし、目的は子どもの外に置かれるというヘーゲル自身の注釈は、藤野・赤沢訳にはない部分である。G.W.F. Hegel. *Philosophie des Rechts, ibid.,* S.457.
71 藤野・赤沢訳では、バゼドーが非難の対象として注記されている。四〇三ページ。
72 長谷川訳『法哲学講義』五〇九ページ。藤野・赤沢訳には、この部分はない。
73 長谷川訳前掲『論理学』「緒論」〇九五ページ（§24）。樫山欽四郎他訳版には、この部分はない。
74 藤野・赤沢訳、前掲書、四六六ページ。
75 同右、四六六―四六七ページ。この紛争については、長谷川訳版にはない。
76 長谷川訳、前掲『法哲学講義』四七四ページ。
77 藤野・赤沢訳、前掲書、四六七ページ。
78 同右。
79 長谷川訳前掲『法哲学講義』四七五ページ。
80 藤野・赤沢訳、前掲書、四一九ページ。
81 長谷川訳、前掲『法哲学講義』三七四ページ。
82 長谷川訳『精神現象学』「まえがき」（伝統的に「序論」といわれていた）、作品社、一九九八年、〇〇七ページ。
83 長谷川訳、同右『精神現象学』〇一三ページ。
84 同右、〇一一ページ。G.W.F. Hegel. *Phänomenologie des Geistes, ibid.,* S.23.
85 同右、〇〇三ページ。
86 長谷川訳、同右、〇〇八ページ。*ibid.,* s.20.
87 山本信訳『精神現象学』「序論」岩崎武雄編「世界の名著　ヘーゲル」四四、中央公論社、一九七八年、九八ページ
88 樫山欽四郎訳『精神現象学』「世界の大思想」一四、河出書房新社、一九七四年、一一ページ。
89 熊野純彦訳『精神現象学』上、ちくま学芸文庫、筑摩書房、二〇一八年、〇二七―〇二八ページ。
90 長谷川宏『ヘーゲル「精神現象学」入門』講談社、一九九九年、一二三ページ。

91　長谷川訳前掲『精神現象学』〇一八ページ。*ibid.*, S.32.

92　この教材を使った師範学校生の実習時の教案が、野村新・佐藤尚子・神崎英紀編『教員養成史の二重構造的特質に関する実証的研究』（渓水社、二〇〇一年）に載っている。形態と習性を中心とし、食用にもなるという旨である。「予備」「提示」「比較総括」「応用」の変則四段階の形式をとっている。

93　長谷川訳、前掲『精神現象学』〇一八—〇一九ページ。*ibid.*, S.33

94　ルソー『エミール』上、今野一雄訳、ワイド版岩波文庫、一九九四年、一二五ページ。

95　同右、一八ページ。

96　同右、一八ページ。

97　デューイ『民主主義と教育』松野安男訳、岩波文庫、上、一九七五年、一一〇ページ。

98　ヘーゲル『論理学』長谷川宏訳、作品社、二〇〇二年、〇六六ページ。

第三章　「講述didactic」する学問から「教授Didaktik」する学問へ

——アダム・スミスの思想に拠りながら——

序　講述と教授の交点

アダム・スミスは、「すべての論述discourseの目的はある事実を叙述することか、ある命題propositionを証明することかである」と述べている。[1] その場合、一方で叙述者が、説得することを意図し、叙述者が支持する側に役立つ議論を援用するというようなとき、修辞的文体を使用する。他方で、どちら側にも傾いていないできごとを書く場合には、叙述文体で書く（第一七講）という。

この二様を歴史的文体に当てはめたとき、どうなるだろうか。叙述文体には、「ひとつの部分しかなく、それは事実の叙述で」あり、「そこには主張される命題も、それを確認する証拠もない」。[2] しかし、「歴史家が、ある事実を証明するためにもちだされた証拠を比較し、双方の側の議論を秤量する場合には、これは訓話的なdidactic書き手の性格をとっている」[3]（第一七講）。

なぜ訓話的かと言えば、愚考すると、歴史的著作は、たんに楽しませるためではなく、そのほかに、水田洋・松原慶子氏の訳では「読者の教育を考慮しているin view the instruction」[4] からなのだろう。*

＊この部分、宇山直亮氏の訳では、「読者に教訓を与えることを目的とする」となっている。[5]

本稿が目指すところの第一。Didaktikといえば、教育学の世界では教授学あるいは教授法である。有名なコメニウスの『大教授学』の原題は*Didactica magna*（ラテン語）、ドイツ語表記では*Grosse Didaktik*となる。[6] ところが社会思想史の分野では、didactic は訓話的となるらしい。アダム・スミスの『修辞学・文学講義』の水田洋・松原慶子氏の訳では、そうなっている。宇山氏も多くは訓話的だが、時に教訓的と訳す。

コメニウスの『大教授学』は、あらゆる事柄をあらゆる人に、楽しみながら、わかりやすく教える方法を提示するという意図で論述されている。合自然性と名づけられることもある、こどもの認識筋道、物事の道理に即した知識の教授法がその企図である。そうすると、訓話ということばに込められる、教えさとすという語感からは遠い。

ヘルバルト教育学のことばを使うならば、学問・科学を教授することUnterricht と教師が生徒の心情に直接働きかける訓練 Zucht とは区別される。この区分論からすると、Didaktik と didactic の訳語の差異が気になるのである。英和辞書を引くと、didactic には「教えたがる」とか、「説教的な」とか、「学者ぶった」とかの、いくぶん軽蔑的なひびきをもってくる。現代とは語意が違う時代ということを考慮して、アダム・スミスは――また同時代のイギリスでは、いったいどのような意味を込めて didactic ということばを使っているのだろうかということを確認したい。これが第一。

第二に、スミスの『修辞学・文学講義』を明解に紹介した、学才あふれる内田義彦氏は didactic を講述型という造語で訳した[7]。講壇から学問を述べるという意味を込めたこの訳語は、スミスの学者による論述というありかたにふさわしいと考える。内田氏の説に基づいて、本稿のタイトルとしては講述ということばを取る。そのうえで、論述[8] discourse のスタイルである didactic を、談話[9] discourse のメソッドに転用させて、講述 didactic が教授的 Didaktik 意味へと展開させていく方途を論じたい。なぜならば、学問の方法の追体験が教育であるし、discourse はことばによる思想・意思の伝達にほかならないから、講述は教授との交点を有している。両者の異同を認識しつつ、スミスの言う論述の二つの方法、および討議型弁論の二つの方法を原理として、教授方法に転化する可能性を、実際の教科書記述を例に上げながら、愚考したい。

そして第三に、思想家が教育について語っていても、すなわち教育論にはならないことを主張したい。思想研究が教育思想研究に転化する契機——接点と離陸——を考えることが、現代の教育学に必要だからである。以下論じよう。

I　学問論述の二つの方法

1　講述型および討議型弁論

スミスによれば、didactic な文章というものについて、「書き手の意図は、ある命題を提示して、その結論にみちびくようなさまざまの議論によって、それを証明することである」とする。そのタイプの有効性がどこにあるかといえば、「命題の提示からはじめること」によって、「議論が何をめざしているかが、あきらかになる」(第二四講)からである。[10]

そうしたあとスミスは、主命題を証明するためにはいくつかの従属命題の証明が必要だとして、それは3ぐらいがひじょうに適切だと、建築様式を例に論じ、さらに3を中央にして再分割すると話を続けることで、分割と再分割という論理学の問題に発展させている。記憶がそれぞれの部分のつながりをたどるのを、分割が助けるのであるとも言っている。

以上はわたしの前置きで、didactic の本論はここから始まる。訓話型について、内田義彦氏は「講述型」と言いなおして、つまり、「講壇から、ある学問の体系を伝えることを目的とする」と、説明している。[11] その講述型文章には二つの方法があると、スミスは言う。

2　講述のアリストテレス的方法とニュートン的方法

スミスは偉大な哲学者二人の研究手法を例に、一つはアリストテレスによる方法——「さまざまな部門を、それらがわれわれのまえにたまたまおこる順序にしたがって入念にしらべ、あらゆる現象に対して通常はあたらしいものであるひとつの原理をあたえる」というもの、二つ目はニュートンによる方法 method——「すでに知られているか、はじめに証明された、一定の諸原理を提示して、そこからわれわれは、さまざまな現象をすべて同じ鎖 the same chain によってつないで、説明する」（二四講）こと[12]。

内田義彦氏の解説によれば、アリストテレス的方法とは、「一つの事についてある原理を用いて説明し、次に移った場合、それに合った別の原理を持ち出すというふうにして全体に及ぶやり方」。つぎにニュートン的方法というのは、「まず最初に、一つの極めて簡単な原理を述べ、新しい領域に入ってゆくごとに、その同じ原理がいかに形をかえて現れるかというやり方で述べる」方法[13]。

二つの方法を挙げながら、スミスは、ニュートン的方法の方が、アリストテレス的方法よりも、「大いに創意 ingenious があり、その理由で魅力 engaging がある。それはわれわれに、われわれがもっとも説明できないとみなしている諸現象を、すべてある原理 principle（ふつうはよく知られている原理）からひきだされ、すべてひとつの鎖でつながれているものとして、みる快楽 pleasure をあたえる」（二四講）と評価する[14]。

そうしたスミスの修辞学を基に、内田氏は、『国富論』は、学問体系の叙述の方法でもコペルニクス的転回をしていると、社会科学の方法論——学問としての方法論に筆が及んでいる。抽象から具体へと論じる方法において。

3　討議型弁論としてのソクラテス的方法

Didactical 講述型（原文の頭文字が大文字）が学問の体系を説明するのに適しているとすれば、他方の討議型雄弁 Deliberative eloquence（あるいは討議型弁論*）の文章とはどういうものであろうか。討議型というものは、内田義彦氏の解説によれば、「特定の論点について相手方を納得させるもの」[15]である。これにも二つの方法があると、スミスは言う。一つは「証明するべき主要な論点からできるだけ遠ざかっておいて、徐々に気づかれない程度に、聴衆を証明するべきものごとへひきよせることにより、かれらが発見しえない傾向をもつあるものごとについて、かれらの賛同をえることにより、さいごにかれらを、まえに同意したことを否定するか、結論の妥当性を承認しなければならないようにする」（第二四講）方法である。[16]

＊わたしとしては、討議型弁論という宇山直亮氏の訳を取りたい。なぜならば、会衆の前で自分の意見を述べることと、それが雄弁であるかどうかとは、大きな差があると考えるからである。

いま一つは、「証明すべきものごとを、まず大胆に肯定し、どれかの論点が反論されてはじめて、まさにその論点を証明するというように続ける」方法である。

前者がソクラテス的方法 method、後者はアリストテレス的方法と名づけられている。両者の使い分けは、演者の証明しようとすることについて、聴衆が反対する立場ならばソクラテス的方法、賛成する立場ならばアリストテレス的方法となる。主張すべき論点に聞き手が賛成ならばまず同意してから始め、反対の立場にある場合は、話し手の意図を隠して、遠くから徐々に主要論点に引き寄せ、より離れた論点で同意を得てから、それより近くて重要な論点に同意を得た方がいいのである。

政治的な集会のような場では、聴衆の意志に即して賛成か反対かをはっきりさせることが有効であろう。学問としてはどうか、内田義彦氏によれば、ソクラテス的方法になるという。「重要な論争は、大体においてソクラテス的方法をとらざるを得ないようなものなのではないですかね。とくに論争を論理的にやってゆこうという場合には」。[17]＊＊

＊＊わたしは学生時代の政治的文章のスタイルをそのままに学術的論文にも使ったから、内田氏の言うような迂遠な方法を取らなかった。論敵の主張を、バッサリ端的に切ることが主要なイシュウだったから。その名残があって、わたしの文章には切羽詰まった、焦るような感がある。修辞学には縁遠い文章であり、学才、いや文才の浅さを恥じる。ただ、スミス流の学者の文章は、凡人からすれば、本論にたどり着く前に読み飽きてしまいがちではないだろうか。スミスの言を借りれば、演繹的な議論に聴衆は「快楽を感じない」。[18]

4　講述型方法と討議型弁論方法の結合

内田氏のスミス批評は、スミスの学問体系叙述の方法を考察することにまで及ぶ。『国富論』はアメリカ独立問題にかかわるという時論的性格を持ちつつ、重商主義経済学批判の学問体系を樹立するという二重の課題を果たしたと評価される。分業から始まり、貨幣を経て、商品に至る『国富論』第一篇の構成は、主要なイッシューから遠いところ、内田氏の言を借りれば、国防費を問題にするにしても、「国富という問題をいきなり取り扱うのではなくて、そもそも富とは何ぞやという、一見当面のイッシューとは何の関係もない抽象的なところから話を始めておりまして、当面の問題に入った時には、すでに熱い問題をも学問的にさめた眼で取り扱いうるように準備してある。そういう手つづきを無視して決して、さいしょから強引に、国防よりも市民の皆様の富と力をなどと野暮なことはいわない」[19]。マルクスの『資本論』も同じだと内田氏は言う。「政治的文献として簡単にいなすことができず、同様に専門的なものとして取り扱わざるを得ない」よう[20]、資本から始まるのではなく、商品から始まる。

こうしてスミスは、論述の仕方について、講述型と討議型弁論の二つがあるとし、なお両者ともに二つの方法があって、前者にはアリストテレス的方法とニュートン的方法、後者にはソクラテス的方法とアリストテレス的方法があると。内田義彦氏は、両者双方の識別をしつつ、スミスの『国富論』にあっては、両者の交錯によって、時論が学問の体系書になっていると、学者としてのまことに尊敬すべき読み方を示している。「経済学の体系的＝ニュートン的な叙述がソクラテス的方法の具体的適用に不可避な役割を果している」[21]。学問体系としてはニュートン的性格を持ちつつ、一般大衆に浸透してゆく過程ではソクラテス的方法がみられる。その交錯によって、読者は反対しているつもりでも賛成になってしまう「コペルニクス的転回」が起こる[22]。ソクラテスの「産婆術」の方法にスミスは忠実だと称えるのである。

Ⅱ　アダム・スミスの人間形成論

1　人間の才能は分業の結果である

スミス『国富論』は分業から書き起こして、交換、市場、貨幣、価値と続ける。その冒頭は、こう始まる。「労働の生産力の最大の改良と、労働がどこかにむけられたり、適用されたりするさいの熟練、技倆、判断力の大部分は、分業の結果であったように思われる」[23]。そして、この分業が生まれたのは、人間の英知の結果ではなく、人間本性のある性向、つまり物を他の物と交換するという性向によるという。

ここから道徳哲学者、スミスらしい考察が続く。人間は自愛心 self-love から行動するものであって、他を思いやる心、憐憫、同感から行動するのではない。あるいはみずからの利己心 own interest から行動し、物の交換をするのである。*

＊マックス・ウエーバーによれば、ルッターは、分業は各人をして他人のために労働させると指摘しているらしい。アダム・スミスと「奇怪なほどの相反を示している」（大塚久雄訳『プロテスタンティズムの倫理と資本主義の精神』岩波文庫、一九八九年、一一〇―一一一ページ）。同じく、「われわれは、さきにルッターにおいて、分業に基づく職業労働が「隣人愛」から導き出されるのを見た」（大塚久雄訳、同上一六六ページ）。アダム・スミスの独自性が逆転化されて見えてくる。それにしても、この大塚久雄氏の勢い溢れる訳文はどうだろう。学問による社会分析の力強さを感じさせる。

わたしが『論文の手法』（川島書店、二〇〇〇年）のなかで、近代をやるならば、マルクスの『資本論』とウエーバーの『プロテスタンティズムの倫理と資本主義の精神』ぐらいは読んでおこうと書いた（「1．事実が先か、方法論が先か」）。ある人から、花井がマルクスの思想で論文を書いているのはわかった、ウエーバーについてはどうか、と尋ねられた。人目にあまりつかない文章であるけれども、「森有礼の「国民」形成の教育」（中野光・志村鏡一郎編著『教育思想史』有斐閣新書、一九七八年）では、（禁欲的）合理主義という観点から森の思想を解説した。ウエーバーから借りた。『森有礼全集』（旧版）を何度も読んだうえで、森の思想を説明するには、合理主義という解読がいいと考えた。その見地に立ったから、国家主義者・森というそれまでの固定観念から、森有礼をフリーにさせたと思っている。

なおついでに、ウエーバーの方法論について、メルロポンティが、合理化と理念類型とによる歴史の構想力に加えている批判は[24]、わたしには有益だった。

スミスのこの論点について、教育学の立場から見逃せないスミスの文章がある。

ほとんど他の動物のすべては、いったん成熟すれば、完全に独立し、その自然の状態にあっては、他の動物の助力を必要としない。しかし人は仲間の助力をほとんどつねに必要としており[25]

と、スミスは書く。カントあたりからすれば、だから人間の子どもには教育を受けた人間による教育が必要だと論じるところである[26]。生まれたばかりの動物と人間の子どもとの成熟度の違いから教育の必要性を説くのはカントあたりから始まったのだろう。それから一世紀経ったデューイの場合も同じように説く。他の動物と比べて無力な状態で生まれた子どもには社会に順応する能力、可塑性と依存性がある。その可塑性は経験から学ぶ能力であり、経験の結果を基礎として行動を修正する力、性向を発達させると論じる[27]。

しかしスミスは、教育について語らない。仲間の助力を求めるために、「彼らの慈悲心だけから期待しても無駄である。自分の有利になるように彼らの自愛心 self-love に働きかけ、自分が彼らに求めることを自分のためにしてくれることが、彼ら自身の利益になるのだということを彼らに示すことのほうが、有効であろう」と、先の引用した文の後に続ける。人類愛に訴えるのではなく、自愛心に対してである。このお互いの利己心が交換、取引の源である。あくまでも経済学、社会思想である。

さらに分業について、教育学から見逃せぬ考え方も書いている。

さまざまな人の生まれつきの才能 natural talents の違いは、実際には、われわれが意識しているよりもはるかに小さいのであり、成人したときに、さまざまな職業の人たちを隔てるようにみえる大きな資質の相違も、分業の原因であるよりは、むしろ結果である場合が多い。[28]

2　分業が教育に弊害をもたらす

分業 division of labour が社会において偉大な働きをするとみるスミスは、しかしながら、いや、だからこそか、分業が人間の教育における弊害をもたらすと転じる。

分業が進むにつれて、労働によって生活する人びとの圧倒的部分すなわち国民の大部分の仕事が、少数の、しばしば一つか二つの、きわめて単純な作業に限定されるようになる。ところが大半の人びとの理解力 understandings は、必然的に、彼らのふつうの仕事によって形成される。一生を少数の単純な作業の遂行に費やし、その作業の結果もまたおそらくつねに同一あるいはほとんど同一であるような人は、困難を除去するための方策を見つけだすのに自分の理解力を働かせたり、創意 invention を働かせたりする必要がない。そもそもそういう困難がおこらないのである。そのため彼は自然に、そのような努力の習慣を失い、一般に、およそ人間としてなりうるかぎり愚かで無知になる。[29]

スミスの立場は不変である。『国富論』の書き出しのとおり、分業が人間の理解力を育てる。特定の職業につかない人は、他人の職業を観察できるから、「必然的に彼らの精神に無限の比較や結合 comparisons and combinations を行わせ、彼らの理解力をなみはずれた程度に鋭く包括的なものにする」。他方で、「国民大衆のなかでは、人間の性格のうちの高貴な部分 nobler parts はすべて、大幅に抹消され消滅させられてしまうだろう」。[30]*

＊マルクスは、機械制大工業という時代から、一つの社会的細部機能の担い手でしかない部分個人の代りに、全体的に発達した個人をもってくる、という周知のテーゼを打ち出した。しかし、スミスの論も含めて、これらは教育論ではなく、人間形成論である。マルクスのテーゼを教育論と解釈した歴史は、教育学の社会科学的偏向を示すものであった。教育あるいは学校教

育の社会過程としてのありようを再考するためには必要な回路だったとしても、今は、人間形成論から教育論へと再び限定的に戻らなければなるまい。

こうした立場から後述のような、公共による民衆教育への配慮が主張される。このあたりのスミスの立論根拠を押さえておかないと、スミスの民衆教育論は、社会の治安対策、安全防止機能――時論的性格――だけですまされてしまう。[31] あるいは、福祉としての学校施設という学校の起源、教育か福祉かという議論が再燃してくる。社会的存在としての人間には教育が必要だというのがスミスの教育本質論である。

社会の富は、「諸個人の私的な倹約やまっとうな生活によって、つまり彼ら自身の状態をよりよくしようとする全般的で継続的で途切れない努力によって by the private frugality and good conduct of individuals, by their universal, continual, and uninterrupted effort to better their own condition、暗黙のうちに、徐々に蓄積されてきたのである」[32]というまなざしは、働く人びとへの慈愛に満ちている。自分の生活を向上させよう advance とする努力があって、社会の資本が蓄積される。「労働はすべての商品の交換価値の真実の尺度である」というスミスの労働価値説は十分ではないとされているとしても（マルクス経済学にあって資本による労働力の搾取という剰余価値の見方）、その価値が労苦と手数 the toil and trouble[33] によるという記述は教育学として落とせない。

Ⅲ　アダム・スミスの時代の日曜学校について

1　公共による学校の設立の提唱

スミス一七七〇年代前後の時代は教育史の上で、ベルとランカスターのモニトリアル・システムが普及した時代でもあった。後述する池亀直子氏、岩下誠氏も教訓派とモニトリアル・システムとの関係性に言及し、池亀氏はロマン派のモニトリアル・システム（ベルの）への賛辞、トリマー夫人によるモニトリアル・システム（ランカスターの）批判を指摘している。岩下氏によれば、ベルとランカスター双方の実践にテキストとして使われたトリマーの著作でありながらであったらしい。批判の要点はモニターの機能に関するもののようで、森田伸子氏の要約によれば、「子どもと日常的に関わり子どもの心の動きを知るものの目から見た、具体的な教授法のレベルの問題提起であった」とされる。[34]

『国富論』の第五篇は国家の財政を論じた部分である。その第二項は青少年教育の施設経費を論じていて、「公共The public*は教区ごとにまたは管区ごとに小さな学校 a little school を設け、ふつうの労働者でさえ支払えるほどのささやかな報酬で、子どもたちが教えてもらえるようにすること」を推奨している。[35]

＊この部分、玉野井芳郎・田添京二・大河内暁男氏訳によるものでは、「国」となっている。[36] 他方、高哲男氏の訳では、「公共社会」となっている。[37]

このスミスの思想は、当時の日曜学校推進者の意向に沿うものとして、安川哲夫氏に意義づけられる。[38] イギリス日曜学校史について触れるべきところだとしても、安川氏の一連の労作[39]に教えられるところが多かったので、わたしが加えられるものはない。また安川氏が提起した、「スミスの『共感』概念の教育的修正」[40]という論点にこたえるためには、スミスの『道徳感情論』を読み解かなければならない。しかし、わたしにはとてもその能力がないので、他の人にゆだねることをお許し願う。スミスの民衆教育の社会的意図についてはよく知られているから、わたしとしては、民衆教育の経済学的必然性をスミスが分業に求めていることに注意して、以下論述を続けよう。なぜならば、分業こそがスミス経済学の要点だからである。

先に引いた小さな学校を設けるということに関して、何を教えるべきか、スミスは注意を促している。

もしそれらの小さな学校で、子どもたちに読むことを教える本が、通常そうであるよりも少しでもためになるものであれば、またもし一般民衆の子どもたちがときどきそこで教えられるが、彼らにとってほとんどなんの役にもたたない、なまかじりのラテン語のかわりに、幾何学や力学*の初歩を教えられるならば、この階層の人びとの学芸教育 literary education は、おそらく、可能なかぎり完全なものとなるだろう。通常の職業で、幾何学や力学の原理を応用するいくらかの機会がないものは、めったにないし、したがってまた、もっとも有用な学問だけでなく、もっとも高尚な sublime 学問にとっても必要な入門であるそれらの原理について、しだいに一般民衆を訓練し改良 exercise and improve しないものはめったにないだろう。[41]

ラテン語を排除し代りに、幾何学と力学の初歩教える。それらの内容は社会の職業に有用であるし、高度な学問への導入にもなるという考えである。

＊この部分、玉野井芳郎・田添京二・大河内暁男氏訳のものでは、「幾何学と機械学」となっている。[42] 原語は mechanics である。高哲男氏訳では、「幾何学と力学」。なお、同氏は literary education を「読み書き教育」と訳している。[43] 他方、玉野井芳郎・田添京二・大河内暁男氏訳版は、「学問教育」。

民衆は教育にかける時間がない。大きくなれば働かせるからである。こうした児童労働の時代に、しかし、スミスは教育を義務づける必要さえ説いた。

どの文明社会でも、一般民衆 common people は、いくらかの身分や財産のある人びとほどには教育を受けていない instructed けれども、それにもかかわらず、読み、書き、計算 account という、教育のもっとも基本的な部分 most essential parts of education は、生涯のきわめてはやい時期 so early a period of life に身につけることができるから、最低の職業をやがて仕込まれるはずの人びとでさえ、そうした職業につくまえに、それらのものを取得する時間はある。公共 the public はきわめてわずかな経費で、国民のほとんどすべてにたいして、教育のそれらもっとも基本的な部分を取得する必要を助長し、奨励し、さらには義務づけることさえ even impose upon、できるのである。[44]

ここには、治安対策としての教育論はない。スミスは労働者の絶え間ない努力と向上心に称賛をおくり、職業人としての基礎知識を教えることが、文明社会の責務であると考えているのである。そうした学芸教育の初歩は、高尚な学問への導入にもなるという展望とともに。

2　イギリス日曜学校と didactic story ＝教訓物語

didactic に戻ろう。スミスによれば、邦訳では訓話的（型）――内田義彦氏によれば、講述型――は、内田氏の整理では、「講壇から、ある学問の体系を伝えることを目的とするもの」である。スミスによれば、ある命題を提示してそれを証明することである。

他方で、スミスと同時代の一七七〇年代前後のイギリス文学では、didactic authors 教訓派作家といわれる人たちがいたようである。彼らは子どもたちの religious and moral education に熱心だったという[45]。ここでは、didactic が教訓と訳されている。池亀直子氏の「ロマン主義時代の英国文学作品における子ども観と教育思想の再考」に名前が挙げられているトリマーという人物を調べてみると、サラ・トリマーは、七人の子どもの母親としての教育への関心から日曜学校の運営に携わったようである。一七八六年にはシャーロット女王に、ウインザーでの日曜学校について講義するほどだったという。

彼女によると、「シンデレラ」は虚栄心・家族への嫌悪感を子どもの心にうえつけ、「ロビンソン・クルーソー」は放浪生活や冒険心をたきつける危険な本であり、「マザーグース」はその奇想天外さで排斥される。他方でルソーによる教育がイギリスに浸透することをガードしようという危機感があったとされる[46]。

しかし、こうした定説に対して池亀氏は、教訓派と対立するロマン派と二分する、「子どもを道徳的な教訓話で教化しようとする女性作家と、自然や無垢の喜びを歌い、おとぎ話の想像力を守ろうとする男性詩人という二項対立図式」を再考しようとするものである。教育思想的にはロックとルソーの二元的フレームワークからも自由になることが重要であるという。

この、わたしの論文に必要なかぎりで追加的に叙述すれば、もう一人のハンナ・モアという人物の作品は、「日曜学校で読み方教育のテキストとして使用された」[47]という指摘を紹介しておきたいし、こうした教訓派の物語は、日曜学校の普及とともに流行したという説が一般的理解であるらしい。[48]

さてイギリス教育思想史と児童文学史とをクロスさせた池亀氏に先立つ別な論文もみておこう。モラル・リフォーム運動と教育という、社会改革のなかで教育思想の意味を考察しようとするものでありながら、サラ・トリマーの活動を中心に扱った、岩下誠氏の「一八世紀末のイングランドにおけるモラル・リフォームと教育」という論文がある。[49]岩下氏も、サラ・トリマーについて教訓派作家と名づけている。ただし原語は添えていない。

岩下氏の論考は、「ジョン・ロック教育思想の受容と転用の一側面」という視点からの、教育思想史学会のフォーラム報告であったらしい。司会をした森田伸子氏の「司会論文」と名づけられた「〈子どもの本〉と〈教育的なるもの〉をめぐって」は、[50]「一八世紀イギリスの教訓派作家」という、あるいはサラ・トリマーの「教訓本」という名称を用いている。ただし、原語表記はない。池亀氏が森田氏の論文に依拠して、didactic を教訓派と呼ぶことにしたようであるから、didactic がイギリス教育史では、教訓と解されているとみなしてよい。

森田氏が、「教訓作家たちがあからさまに作品の前面に（時には大人の登場人物の口を借りて、時には語り手として）登場し、直接的に教訓を垂れるのに対して、ラムの件の作品（レスター先生の学校――花井注）においては、大人の声ははるかに間接的になり、物語の中にそれとわからないように溶け込んでいる」と述べていることからして、[51]まさに教訓派なのであろう。

3 西洋古典学の didactic poetry ＝学術詩・教訓詩

didactic を教訓と訳す文学史に対しての異論を紹介しておきたい。わたしにとっては未知の世界である西洋古典学に学びたい。逸見喜一郎氏の論文「教訓詩人個々人の系譜的自己規定、ないしジャンル意識」は、真正面から、「まずはことばの定義から.『教訓詩』とは英語の didactic poetry の訳語である.しかしこの訳語は不正確といわざるをえない.日本語の『教訓』という単語が独り歩きしてしまう.教訓は教えられる事柄の一部にしかすぎない.むしろ『学術詩』といったほうがわかりやすいだろう.」と伝統的理解に異議申し立てしている。[52]

didactic poetry の先例とされる、ウェルギリウスの『農耕詩』が、『アダム・スミス　修辞学・文学講義』のなかで、訓詁的文章の例として挙げられている。その訓詁的方法の二つのなかのニュートン的方法を取っているとスミスはいう。なぜならば、「かれの意図はわれわれに農耕の体系を示すことで」[53]あったからである。第一巻では穀物、第二巻では樹木、第三巻では家畜、第四巻では蜜蜂となっている構成に対して、スミスは、

もしウェルギリウスが、植生の原理を探求することからはじめて、それを増減させるには何が適しているか、土壌のちがいにどのように対応しているか、さまざまな植物が要求する栽培方法は何かを探求して、これらすべてをまとめてわれわれに、さまざまな植物のそれぞれについて、どういう栽培法どういう土壌が適しているかを教示したならば、これは疑いもなく、もっとも哲学的な方法である第一の方法（アリストテレス的方法――花井注）によったのである（二四講）。

と、訓詁的文章の二つのあり方の相違を説明した。

ウェルギリウスの『農耕詩』はとても長大で、しかも韻と内容の解釈にとうていわたしは及ばないので、引用をすることは難しい。わずかに邦訳者である河津千代氏の「『農耕詩』は、農業を知らない人々に農業を教え、農村を嫌う人々に農村生活の魅力ある姿を示そうという目的をもって書かれた教訓詩である」[54]という解説冒頭だけを紹介しておくにとどめたい。とするだけでは不十分であるならば、「内容と音韻がみごとに調和した作詩の技巧は完璧といってよく」という最大の評価も付けくわえたい。

逸見喜一郎氏の論考に戻れば、「現代の注釈書や文学史であれほど didactic poetry ということばが使われるにもかかわらず，古典語に『教訓詩』ということばがない」（コンマ．は原文のまま）。「知識の大事さを讃えかつそれを無知

なる者に教授するという大枠でくれるものの」という指摘がある。氏により、didactic には学術という訳語も当てはまるということを教えられた。内田義彦氏の訳語—講述的というものに近いだろう。こうした重要な異議を含みながら、didactic ということばは、教訓という解釈で西洋古典学では使われ続けているようである。

近年の小川正廣氏の訳業『牧歌／農耕詩』にあって、氏の解説は「この詩では、人間の基本的営為である農業とそれが対象とする自然界が、たんに理想化されて情緒的に賛美されるのではなく、人間と自然の関係に内在する悲劇性や負の側面についても、語感豊かで、美しく練磨されたラテン語によって語り尽くされているのである。そのことが、この作品をヘシオドスの詩と並ぶ——あるいはそれをも凌ぐ——教訓文学にしている」[55]と価値づけている。

4　ドイツにおける Didaktik とヘルバルト教育学

転じて、ドイツ教育史に移ろう。さすがに Didaktik の伝統が深く、このことばの用法と意味、そして英語圏の教授法にあたることばとの相違について詳細に論じた小柳和喜雄氏の論文「インストラクショナル・デザインとドイツ教授学の類似と差異に関する研究」がある。[56]これによれば、Didaktik を現代的な意味で使い始めた最初はウォルフガング・ラトケであり、教えるための方法・技術と理解されていた。そのあとに出たコメニウスの *Didaktica Magna* も art として位置付けていたという。

Didaktik の定義は学派によってさまざまであると言い、一例では、①教授の学習の科学、②授業の科学、③カリキュラム理論あるいは教育についての人間科学の理論・精神的科学的教授学、④行動変容の科学と四つにリスト化されていて、広い。小柳氏は、instruction、teaching、Unterricht、Lehren、といった教授論に関することばの異同について論じ、教えられることが多い。

多くの情報を、わたしなりに要約すれば、e-Learning から始まって、インストラクショナル・デザインに至る過程のなかで、ドイツ教授学の Didaktik との関係性が議論されるようになり、対訳として didactics という語が当てられるとしても、内容に目が向けられるより方法に目を向けた用い方をしているので、「まったく等しい意味で用いられてはいない」となる。

小柳氏は、ヨーロッパの教授学研究とアメリカの授業研究・カリキュラム研究の出合いがあまりなかったというある研究者の言を引いて、「英語圏の論文で、instruction に比べて Didactics があまり概念定義をされたり、用いられたりしない理由」をそこに求めている。わたしなりに愚考すれば、大陸教授学と英米教育学との出合いがなかったということなのだろう。そのため、イギリスにおける didactic が教授学という意味では使われなかったという事情があったのではないかという推論にとどめておきたい。

ヘルバルトによれば、教師と生徒との間に「第三者」が介在することが教授であるから、その「第三者」つまり「講義されるべき科学」の加工が Didaktik になるのだろう。「教授のない教育」も「教育しないいかなる教授」も認めないのがヘルバルトの立場である。[57]

しかもその「第三者」は、時を同じくして、教師と生徒との間にかかわるから、ヘルバルトの言う教育的タクト Takt[58]――定訳はないようだが、機知とか見通しを持ったとっさの判断、当意即妙というものであろう――が、Didaktik には含まれる。

日本のヘルバルト受容にあたって、帝国大学のお雇い教師ハウスクネヒトは Didaktik をどう伝えたのであろうか。大学史・ヘルバルト研究・学説史の三人がそろった、寺崎昌男・竹中暉雄・榑松かほるの三氏による労作『御雇教師ハウスクネヒトの研究』は、資料編に聴講生による講義ノートを載せている。その一つ「教育学汎論」に次のような一節がある。

一、道念ニ由テ定メラレタル明知力ト、之ニ従属スル所ノ意思ヲ喚発スル様、生徒ノ思念ヲ陶冶シ、二、斯ル意思ノ生ズルコトヲ注意スルニアリ、此二者ノ中、第一者ハ教授《ウンテルリヒト》ノ勉ムベキ所ニシテ、其第二者ハ、訓練《ツホト》ノ司ルベキ所ナリ。[59]

「教授」のところにおそらくは原語であろう「ウンテルリヒト」というフリガナ、「訓練」のところに、同じく「ツホト」というフリガナが付いている。前者はUnterricht、後者はZuchtであろう。ヘルバルトといえば、教育的教授erziehender Unterricht——この三氏の研究のように訓育的教授という訳を当てる場合もある——であるから、教授はUnterrichtであるかと思いながら、さらに同書の資料編に載っている〝Zur Erläuterung des Lehrplans〟（教則解説）を読むと、〝pädagogischen und didaktischen Grundsätzen geleiteten Unterrichts〟となっている部分がある。[60] 竹中暉雄氏の訳によれば、「教育学的・教授学的諸原理に基づいて行なわれる授業」となる。[*] この後について、ドイツ語に疎いものが考察を加えることはできない。

＊なおヘルバルトは、竹中暉雄氏によれば、学校を毛嫌いし、特にベル・ランカスターを非難したらしい。[61]

Ⅳ　学校教育におけるソクラテス的方法とニュートン的方法との結合

1　教育における didactic と Didaktik

スミスが学問論述の二つの方法として示したものを再考したい。まずアリストテレス的方法。さまざまな部門を、それらがわれわれのまえにたまたまおこる順序にしたがって入念に調べ、あらゆる現象に対して通常はあたらしいものであるひとつの原理をあたえるやり方。つぎにニュートン的方法。すでに知られているか、はじめに証明された、一定の諸原理を提示して、そこからわれわれは、さまざまな現象をすべて同じ鎖によってつないで、説明するやり方。

他方で、弁論的論述のソクラテス的方法。証明すべき主要な論点からできるだけ遠ざかっておいて、徐々に気づかれない程度に、聴衆を証明するべきものごとへひきよせることにより、かれらが発見しえない傾向をもつあるものごとについて、かれらの賛同をえることにより、さいごにかれらを、まえに同意したことを否定するか、結論の妥当性を承認しなければならないようにする。

この学問論を教育論として再考したい。具体的な学校教育の教材で考えてみよう。三角形の内角の和は一八〇度であるという命題を証明するためには、まず、平面において直線が一八〇度であることを前提にする。そして、二本の平行線に交わる直線との間にできる錯角は、角度が等しいという命題、また同位角も等しいという命題があって、はじめて論証できる。これは、直線が一八〇度であるという――正確には円が三六〇度であるという――命題から導き出される、スミスの言う講述型 didactic のニュートン的方法である。

他方 Didaktik に従うと、次のようになるであろう。まず長方形と正方形について学び、その角を直角というと教えられる（二年生）。三年生で二等辺三角形と正三角形について学んだ後、四年生で角度についての学習に移り、その一つに直角というものがあり、それが九〇度であることを教える。直角が半回転して二つになると、それを2直角というと学習する。直線は角度がないから、あくまでも2直角である。ここまでは分度器の出番である。垂直と並行の学習はそれらとは別な学習になる。その平行線と交わる直線が作る角度が等しいことを学ぶ。そして、学年を越えて五年生になって、三角形の内角の和は一八〇度だという学習に移行する。ここまでが小学校の学習到達度である。アリストテレス的方法といってよい。

ただし、それを命題だけで証明するのではなく、現代の算数・数学教育の考え方では、三角形の内角の和が一八〇度であることは、三角形の三つの角を切り取って、その三枚を直線上に寄せ集めて直線にぴったり合うという作業で学ぶ場合が多い。あるいは、三角定規を直線上に三回転させて、すべての角度を足すと一八〇度になるという作業を通じた教育をする。体験的学習が学校教育法で規定されているからである。

平行線に交わる直線が作る角度を錯角、同位角という概念の教育に移るのは中学生になってからである。

他面では、体験的学習では説明できない事柄があることを文科省は、隠さない。現行学習指導要領中学校数学の解説によれば、三角形の内角の和が一八〇度であることについての帰納的な指導では、すべての三角形にあてはまるかどうかと問題を立てている。そして、演繹的な方法で教えることの必要性を説明している。「いくつかの三角形の内角の大きさを実測するなどの帰納により『三角形の内角の和は180度である』ことを導いた場合、『すべての三角形の内角の和は180度である』ことが正しいかどうかは分らない。このことを確かめるためには、平行線の性質などを根拠とした演繹にたよることが必要」であると。教授法の差し替えが重視される。しかもそうした「論理的に考察し表現する能力」は中学二年生からの重要な出番になるとも説明している。

2　ニュートン的方法

アリストテレス的思考は帰納法的でよい。命題を積み重ねてではなく、順序立てて、ゆっくりと、やさしいものからむずかしいものへと、全般から個別へというコメニウス教授学の方法である。また体験的活動を取り入れることも許される。ただし、ニュートン的原理による演繹的方法もまた教授法に欠かせない。

例えば、三角形の内角の和が一八〇度であることが分かれば、すべての多角形の内角の和が求められるから、三角形の内角の和を知ることは基本命題である。それを理解して演繹的思考へ移るというニュートン的思考が働く。

社会科に目を移せば、社会を人間間の交際あるいは契約、ことばを変えれば法的な権利義務関係、特に所有権の問題とみなし、そこから入るのがヘーゲル的思索である。あるいはまた、社会を共同体と捉えれば、家族・市民社会・国家と弁証法的に思考が向かう。これらの道をたどるなら、ニュートン的である。としても、現代の家族は多様な形態となっているから、家族制度の下での観念そのままに教材化することはむずかしい（現代家族の闇が学問的にも考察されているとき、家庭科あたりでのモデル家族は祖父母そろって、かつ子どもは男女一人ずつというのが、どれほど妥当性をもつかは吟味が必要である）。

他方で、ヘーゲル以降の資本主義の発達した時代になると、経済的関係から社会科の出発を考える発想が出てくる。そこで、社会科はデューイの出番である。

3　デューイ社会科の方法

通常社会科はヘーゲル的手法を適用しない。では人間の生活の基盤は何かと考えれば、生産と労働であるから、そこから入る。デューイも『学校と社会』で作業としての編み物と織物をやる。[62] 一般知識層の参観者が奇異の感に打たれるというこの種の作業は、デューイによれば、「子どもが人類の進歩の跡をたどりうる出発点」となる。編み物作業から原料としての綿や羊毛についての繊維研究、そして羊毛産業と木綿産業の発達の差とその理由、さらに実際に、繊維から布に作り上げる工程をたどる。「それから子どもたちは歴史的順序における次の発明にみちびかれる」。この全過程を通して、繊維の研究、原料の成長する地理的条件、製造・分配の交易過程、生産の仕掛けに含まれる物理学などが学ばれる。同時にその繊維が着物になる歴史のなかに「全人類の歴史を集約することができる」。二〇世紀初頭の産業基盤が題材になっている。

このデューイの教授過程は学問体系に即していない。学問的類に属する教科というものを解体し、子どもの生活経験からカリキュラムが作られる。教材ではなく題材が子どもの経験のなかから見つけだされる Didaktik であるとしても、学問体系の命題を教える講述 didactic ではない。

ただし現行の社会科教科書三年生は、デューイの労働遊びの課題を通過して、「わたしのまち　みんなのまち」という、子どもの生活の拠点である「学校のまわり」そして「市の様子」から教授内容が始まる。子どもの生活体験を重視する立場からである。例えば、公園とか、病院とか、坂が多いところとか、木の多い場所とか、住宅が多いところとかである。そこから市レベルへ広がって、空港とか、川とか、公共施設へと観察する場所が移動する。航空写真を見たりしながら、土地の高低を学習する。そして、それらを地図に表す作業へと移る。そのなかで方位の表し方、地図の記号の学習をする。

その地域の観察活動から入って、次の教材では「はたらく人とわたしたちのくらし」へと進む。それは結構なのだが、働くといっても生産と労働ではなくて、消費行動と結びつく「店ではたらく人」がまず来るのである。農業や工業が町なかでは子どもには遠い存在になったからであろう。としても、商店街ではなく、スーパーマーケットが学習対象になる。そこで、品物はどこから来るかという問題になり、「農家の仕事」と「工場の仕事」へと学習が展開する。ただし、この二つのうち、学校によって、どちらかを学習すればよいことになっている。学習指導要領のことばを使えば内容としての「地域には生産や販売に関する仕事」が反映されている教材配列である。子どもの見聞に近いところから入るこの教材配列は、その当否を問わないとして Didaktik である。

もちろんこの教科書の教材配列がコメニウス的であるというつもりはない。コメニウスの教授学でさえ、現代では、当時の主要な思想的流れとは異質であったとか、学問的には時代遅れだったという批判があるらしい。[63]社会認識であっても、歴史的に方法の変遷があったし、時代の政治的課題に向かう姿勢によって、違う試みや体系があった。自然科学の現代に見られる予見できない発展は、科学をもすぐに時代遅れにさせる。

三角形の内角の和が一八〇度という考え方も、教科書誌面ですぐそのあとに、地球儀を用いてある地点から三角形の形をとって旅行するといった例で、三角形の内角の和が一八〇度であるのは平面上のことであって、球体においては一八〇度ではないと発展的学習につなげる。

また集合論が現代数学の基礎原理であるようだから、小学校一年生の算数教科書は、「なかまあつめ」という教材で始まる。一見算数という数の計算とは関係なさそうな教材から入る。学問がこうした形で教材化されるわけである。どれだけの時間をその教材に充てているかはまた別の問題であろう。*

＊集合という概念はしかし、いっとき小学校四年生で教えらえたが、現行ではない。いまあるのは、教科書では「工夫して整理しよう」であり、学習指導要領四年生の内容についての言い方は「資料を集めて分類整理」である。

4　ソクラテス的教授とニュートン的原理の複眼

考を重ねたい。社会科でまちの様子を観察するときに清掃工場に行けば、金属をリサイクルするための、アルミと鉄とを分別する機械について学ぶ。といっても、デューイのようにすぐにその物理学を教えるというわけにはゆかない。四年生の学習は、ゴミの処理と利用だから、ゴミ収集のこと、ゴミの分別のこと、燃えるゴミと燃えないゴミの処理の仕方、びん、かん、ペットボトルなどのリサイクルということばも学ぶ。そこまでである。

他方の、現行理科の教科書では、三年生で磁石は鉄を引き付けることを学び、四年生で電池をどう結び付ければ豆電球がつくか、電気の流れを理解する。そこから五年生で電磁石へと進む。個々の原理を学ぶアリストテレス的思考方法である。

この電磁石の学習段階に至って、社会科で観察したごみ処理場の機械の働きが、理科の教科書で科学的に解説されることになる。磁石はいつも鉄を引き付けるが、電磁石は電流が流れているときにだけ鉄を引き付けることが理解される。電気が流れて磁石になる、磁石で引きつけるのは鉄だけであるという命題がここで生きてくる。ごみ処理場の缶を、鉄とアルミに分別処理する大規模な作業が、ここで理解される。電磁石でスチールを引き付けて特定の場所まで運んで、そこで電気を断つことで、スチールが落下する。アルミは磁石に付かないから、取り除かれて別の場所へ運ばれる。つまりはニュートン的思考方法である。

当面関係ないと思われていたいろいろな学習で学んできた事柄・原理が、つまりアリストテレス的 discourse が、なるほど、ニュートン的原理で、ようやく生徒の胸に落ちる。

物理学の学習には、通るべき内容順序があるし、社会科での清掃工場の見学で教える内容の差異も生じる。そして、社会科と理科の全く関係しないと思われていた原理が、ここで結合する。アリストテレス的方法とニュートン的方法の交錯である。だから、地域の観察という体験学習は、学年をまたいで行う必要がある。*

＊現行の状況では、第一章Ⅲの4で紹介したデューイのことば、「観察能力と記憶の知的利用能力」をもじれば、観察した記憶の再生能力があるかどうかになる。観察は学習課題に応じて観察ポイントが異なってくるからである。

つまりはこういうことだろう。小学校国語で漢字の意味や成り立ち、組み合わせて作られることば。ことばの分類――動詞だとか、形容詞だとか、副詞だとかを学ぶ。日本語の構造の仕組みが分析的に教授される。他方算数で、四則計算に習熟させ、量――大きさだとか、長さだとか――、それに図形――平面図形とか立法体とか――が数量的・空間的認識の方法として教授される。社会科のまちの観察を通じて地図の見方、作り方の表現活動が展開される。北・南といった方位や＋・－も教授される。そうした教科別に個別命題が、アリストテレス的方法のように、その場その場に応じて教授されてきたことが、理科の中でものと重さという考え方や川の水が高いところから低いところへ流れるということを学ぶカテゴリーに入って、一気にニュートン的な方法が貫かれ、まさしく理解が到達するように、教授される。

あるいは、仕事とエネルギーという課題を中学三年生で学ぶ。台の上に置いた板を動かすためには、どのぐらいの力が必要かということを考える。この課題で、小学六年生で学んだ、てこの原理の、より本格的な原理を学ぶことになる。重力ということばが正式に出てくるし、機械装置の仕組みを理解するためには欠かせない学習課題である。運動エネルギーが力学的エネルギーになるという命題である。ところが、難しいことばや公式が出てくるから、この部分をクリアーするのは大変である。中学校の最後の学年に組まれているということは、それまでの物理的なアリストテレス的方法が、最後のニュートン的原理ですべて説明されるという終結点であるし、上級学校で学ぶための結節点になるという意味合いをもつ。

他方この課題を転じて、運動エネルギーが熱エネルギーに変化することを学ぶと、違う考察ができるだろう。現行教科書では、摩擦が熱エネルギーに変化することは、ことばとしては学ぶが、それだけにとどまる。＊

＊しかしながら、すでに子どもたちは経験し、学んでいる。例えば、縄文・弥生時代に火をどう起こしたかという、社会科の

学習課題で、木を回転させたり往復させたりの方法で摩擦させると熱が起こり、火種が作られることを体験学習などで学ぶことがある。あるいは、スポーツクラブに入って人工芝上でサッカーの練習をしているときに、スライディング・タックルをすると火傷することを経験する。

つまり、摩擦は熱を生じるという命題が、ほかの学習の理解につながっているのである。ニュートン的原理が様々な教育上の経験のなかで、そのためなのかと、ここで生きてくる。

運動エネルギーについて、力学的エネルギーは教材化されているのに対して、熱エネルギーに転換されることの教材化は難しいようである。マッチを使う機会は現代ではまず、ない（野外宿泊体験で、あえてマッチを使わせる場合があるようだが）。その上、運動エネルギーを熱エネルギーに転換する効率があまり良くないようだし、その説明はむずかしいようだから、教材としての価値が問題となろう。

理科を離れよう。数学で素因数分解は中学一年生で学ぶ。1260は、$2^2 \times 3^2 \times 5 \times 7$と素因数に分解される。このニュートン的原理が理解されると、小学校で習った割り算すべての基になっていることが分かる。算数から数学に転換する、象徴的な学習課題である。中学校での二次方程式の解法にも直結する。現代では、暗号化に応用されているようであるから、クレジットカードやメールの時代に欠くことのできない原理と言えそうである。

もっと基礎的な四則計算の原理がある。加減乗除の混じった計算順序は、乗除が先というところまでは、みんな納得する。もう一つ、数式は左から計算するという決まり事がある。例えば、$633 - 78 \div 3 \times 2 + 49$という計算を、今の法則に背くと、669という間違った答を出してしまうことが生じる。頭の回転の速い子どもが陥りやすい間違いである。乗除は左から順に、なのだから。正解は630である。この原理は科学的命題とはいえないかもしれない。ニュートン的原理であるかどうか分からない。しかしながら、算数・数学は、幾何も含めて最終的にはすべて計算に尽きるから、この決まり事に則らないと間違える、数学における論理操作の基本的命題であると言ってよい。

さて、まとめに入ろう。学校の授業では、子どもは学ぶべき命題に賛成か反対か、あるいは懐疑的であるか。その場合、ソクラテス的思考で遠接近しながら、何のために、いまこれを勉強しているのか不明であったアリストテレス的方法で学んでいたものが、突如としてニュートン的原理が現われて、両者が結合反応を起こす教材に出合うのである。その出合いは、おそらくは高学年になってからの理解となるだろう。

講述 didactic をすすめてきたなかで、Didaktik が働いている――。分析と総合という論理学の基本操作にもおのずと習熟されるように Didaktik が配慮されること。カリキュラムの構成と内容は、そうした論理で貫かれている必要があり、教師はソクラテス的遠接近ながら、合わせてアリストテレス的原理を授けながら、肝心なところでニュートン的原理に落ち着く、その技法を目的的、意識的に活用しなければならないだろう。

V　「考えるために教える =didactic」から「教えるために考える =Didaktik」へ

1　アダム・スミスにとって教師になることの意義

アダム・スミスは、ギリシャとローマの大多数の優れた文筆家が、教師 teacher――一般に哲学か修辞学か――だったらしいことを例に上げて、このようなことを書いている。学問に志す人を、「しっかりした学問と知識の持主にする可能性がもっとも大きい」のは教師になることであると。

学問のある特定分野を毎年教える必要 necessity of teaching をだれかに課することは、実際、その人自身にその分野を完全に修得させるもっとも効果的な方法 method であると思われる。毎年同じところ same ground を通らなければならないことによって、何かについて能力あるかぎり、彼は数年でその地域のあらゆる部分 every part of it にかならず精通することになるし、かりにある年に何か特定の点について性急すぎる意見を立てたとしても、翌年の講義の過程で in the course of his lectures 同一主題を考えなおすときには、まず確実に、それを訂正する correct it だろう。学問の教師 a teacher of science であるということが、たしかに文筆家の自然の仕事であるように、その人をしっかりした学問と知識の持主にする可能性がもっとも大きいのは、おそらく、教師であることだろう the education which is most likely to render him a man of solid learning and knowledge.[64]

ここでスミスが問題にしているのは、学問内容の吟味のために教えることが重要だということである。研究している中身が講義することによって自身に反照されて再考され、質が向上するということである。つまり研究内容の改訂であって、どう教えるかといった教育方法にはかかわらない大学の学者の仕事という捉えである。

スミスにあって、考えるために教える講述 didactic であって——つまり学説を教える——、教えるために考える Didaktik 教授ではない。小中高等学校の教師の教授努力とは磁場が正反対である。あくまでも講述 didactic は学問の陳述の方法であり、教授論ではない。他方 Didaktik は学問の講義ではなく、教授論である。だから、スミスは教育論を論じているわけではない。中内敏夫氏は、教育ということと学習ということを区別していて、自学自習は教育ではない、教授することが教育だと言っていることは重要である。日本の近世には、だから、素読とか輪講とか講義とかいうものは自学自習の部類であって、教育という概念から外れるという捉え方である。

ここに引いたスミスの言は、第五篇第一章第三節第三項である。一般には、その前の部分である第二項がよく知られている、伝統ある名門校で安楽に講義をしている教師たちを皮肉っている部分である。いいかげんな講義をしていれば、学生は無視、軽侮、侮蔑 neglect, contempt, derision の態度をとるものだと批評する。

このあたりについてはスミス学者によく知られていて、わが身になぞらえながら苦笑しつつ論じられてきた。学生の授業料がそのまま教師の報酬になることが重要だとし、公共の手配は大学教師を堕落させると言いつつも、しかし、スミスが公共の大学が存在することを否定しなかったことは、あまり注目されてこなかった。

教育のうち、大学でふつうに教えられている部分は The parts of education which are commonly taught in universities、ひじょうにうまくは教えられていないといっても、おそらくいいだろう。しかしそのような施設がなかったならば、それらの部分は、ふつうにはまったく教えられなかっただろうし、個人も公共も、教育のうちのそれらの重要な部分が欠けていることのために、大きな損害を受けただろう。[65]

大学では教育が腐敗している状況を書き連ねた後で、他方、public school では上手くいっているということを論じる。*

*この第五篇第一章第三節第二項において、public school ということばが出てくる。日本の教育学者は、ただそのままパブリックスクールとしてきたところである。しかし『国富論』を日本語にするという使命感から、邦訳者たちには、日本語に置き換える苦労がにじみ出ている。外国語をただカタカナにして、それが学術用語だという顔をする昨今の傾向に対して、学問の国民化という伝統的な日本の翻訳文化を踏襲している。ただし、public school については訳者によって訳語が異なり、訳注での説明がある。杉山忠平氏の訳では「公立学校」。訳注でエリート校である寄宿学校の一般的なものを指すのか、それともスミスが通ったグラマースクールなのか正確には不明、ときわめて精査された註を当てている。玉野井芳郎・田添京二・大河内暁男氏の訳でも「公立学校」として、訳注でグラマースクールのこと、と説明している。高哲男氏訳では、「公的な中等学校」という訳語を当て、訳注で、グラマースクールあるいは寄宿舎制中等学校と説明している。教育学の常識では public school は私立学校である。スミスの生涯をたどり、一七七〇年代の学校制度をも精査した、社会思想家たちの訳業に、教育史研究者として、学ぶところが多い。

2　学問の開陳から教授する教師へ

大学にあっては、伝統的に Didaktik ではなく didactic であった例証として、わたしの一九六〇年代後半の東京教育大学で受けた授業の経験に照らしておこう。東京教育大学ではみずからの学問的著作の成果を講ずる教授が多かった。経済原論の教授は、四〇人ぐらい入る教室の教壇上を、右から左へ、左から右へとたえず歩きながらの、メモは見ないし学生の方も見ない授業だった。板書もまたなかった。多くの著作を著している教授だったから、これまで書いた自分の考えをまとめているかのような講義だった。どうせ『資本論』の内容だろうということで、わたしは、『資本論』第一巻を読めばすむと、気楽にその授業時間を送った。『賃労働と資本』・『賃金・価格・利潤』は高校時代に読んでいたから、あとは『資本論』を読むだけだったからである。

経済学専攻の友人によれば、教授は宇野学派だという。ほかにどういう学派があるのかは知らなかった。宇野弘蔵の『資本論の経済学』（岩波新書、一九六九年）を読むと、資本論から史的唯物論を取り除いて経済学を考えるという立場らしい。『資本論』から史的唯物論をのぞいたら『資本論』自体が成りたたないのではないかと思いもしたが、『資本論』の経済学用語にいろいろ疑問があるらしいことは分かった。しかしそれは、経済学の外にいる人間にはどうでもよかった。

西洋史の教授は、同じような教室で、開口（講）一番「わたしはヘビースモーカーだから」と断って、講義中たえず両切りピースをくゆらせていた。教卓に缶を置き、矢継ぎ早に煙草をふかした。携帯の灰皿を持参されていた。わたしは、教授がことばを発するごとに鼻から、口から紫煙が飛び出してくるのを驚いて見ているだけだった。内容は覚えていない。

日本史の家永三郎先生は、二〇〇人規模の大教室で、太平洋戦争論を講義された。岩波書店からお出しになる予定のご本『太平洋戦争』（一九六八年）でお使いになった資料を、いろいろな封筒からお出しになりながら、講義をされた。わたしは、論文を書く時の資料の整理は、テーマごとに封筒に分類すればいいのだと教えられた。当時京大カードなど、資料整理の仕方が話題になっていたときである。

別の日本史の非常勤の先生は、二〇人ぐらいの受講生のゼミ、立ち見の学生もいた教室で、当時お書きになっている論文を、原稿そのまま読むという形式で授業をされた。「ここで、点を打つ。打たなければいけないな」と言いながらの、あるいは、「このことばを使うのが、ここではいいな」と言いながらの授業だった。

いずれにしても、旧帝大系出身の教授たちは、いま現在ご自分がお書きになっている論文、本について、直にお話になるという講義だった。それはそれで、最新の学問的成果を学べるので良かったし、批判者への反論なども聞けて理解が深められた。

高等師範学校系の東洋史の教授は、試験問題の出し方に工夫があった。四題出したうえで、このなかから二問選び、ほかの一問は自分で出題し答えなさいというものだった。講義の理解を確認すると同時に受講生の興味・関心の出方を、問題作成という応用力で確かめたいということではなかったか。この試験の出題方式を静岡大学に就職してから何度かまねた。

教育学専攻の場合、一年生の原書講読はデューイの *The School and Society* だった。二年生のときの原書講読はケルシェンシュタイナーの *Begriff der Arbeitsschule* だった。洋書専門店に予約してあるから各自買い求めるようにということだった。これこそ大学だ、と思った。だから、大学院の入試は、英語と第二外国語が修士課程、博士課程とも必修科目だった。大学院のゼミは、もちろん、ほとんどが原書講読だったから、毎日辞書と首っぴきだった。ある先生は、いま訳しておられる当の原書をテキストに用い、毎時間二人に訳させ、しかも口頭ではなく文章にさせて報告させた。わたしたちの拙い訳を比べながら、ご自分の訳をお考えになっていた。学部入学当時から大学院に進学しようと考えていた友人たちが何人かいて、彼らは学部時代から語学学校に通っていたから、わたしなどは、物の数ではなかった。

家永先生の授業をはじめ、わたしの時代、講義はすべて通年だった。静岡大学教育学部に就職して、授業が全部半期であることに驚いた。わたしの後に来た、中国史の同年齢の友人は、半期の授業に慣れたから、もうほかの学部には行けないと嘆いた。他方で、心理学のわたしよりも若い友人は、半期では何も教えられないからもっと授業時間が欲しいと言っていた。当時の時間割は試験期間を含めて一四週ぐらいで組んでいた。しかも学期の最初の週は休講という慣行があった。わたしはといえば、一二時間ぐらいで話は尽きるから、しかも一〇分ぐらい遅れて始めて一五分ぐらい早く終える始末で、授業は苦手だった。講義できるおのれの学説もないから、幅広くしかし浅い内容の、というよりも教えられる内容の講義にとどまった。講述 didactic と言えるほどの開陳もなかったし、かといって、基礎から階梯を踏む、順序を意識した教育 Didaktik でもなかった。

常葉大学教育学部に赴任したときは、授業開始と終了の時限にチャイムが鳴るのに驚いた。しかも教員のなかには、チャイムの鳴る前に教室に入り、遅刻してくる学生を叱る人がいた。環境の力は恐ろしく、わたしもそれに慣らされて、チャイムが鳴る時に教室に入るようになった。それを当たり前と考えている学生に合わせなければ、学生に申し訳ない。

もちろんわたしの東京教育大学時代にも、講義開始時刻と同時に教室に鍵をかけて閉鎖する教授がいた。それをまねて、常葉大学で教室の後ろのドアのカギを閉めておくと、いつのまにか外されていて、授業後半から出席する学生も一再ではなかった。

小中高と同じだった。しかし、小中高では、「平素の成績」による評価が学校教育法施行規則で明文化されているのに対し、大学設置基準では、「試験の上単位を与えるものとする」と明記しているにもかかわらず、シラバスで、出席などの態度で六割などと評価の仕方を明かしている教員がいた。法規定にそぐわない、いや、法規定を知らない教員が多いという実態がある。――いや、もっと違う要因があるだろう。ほかならぬわたしも、レスポンス用紙に書かれた授業内容のまとめ方、質問事項の良否、そして感想を評価の指標に加えた。

もう少し続けたい。ある教員は、授業で配る資料について、文章の一部を空欄にしておく。授業中に学生にそこを埋めさせるのである。吃驚した。その教員ひとりだけがそういう方法を取っているのかと思っていたら、ほかにもそういうプリントの配布をしている教員がかなりいた。ある教員はパワーポイントを使う授業であって、学生の手元にはその映しだす資料の一部が空欄のまま配られる。その教員は授業を進めながら、パワーポイントの画面で空欄部分を次々と赤字で埋めてゆくのであった。学生はそれを見ながら自分の資料の空欄を埋めてゆく。ただしこの教員は、文章だけのプリントだけでなく、昔と今の街並みや仕事場の写真や絵を映しだしながらの授業をされていて、相当な準備があったと推測する。内容についてはわたしには多くを教えられた感銘深い授業だった。長くいろいろな大学で非常勤講師をされていた経験から、学生への伝わる授業の工夫になっていると思う。

注意すべきは、こういう授業では、学生は教員の講義をノートにまとめる必要がない。学生が学ぶという目的意識がないまま、画面を見て空欄をただ埋めてゆく作業をするだけだと、頭に残ることはない。講義を受けながらの自分なりの思考ができない授業スタイルに陥る危険性があるだろう。

一方、わたしだけが旧態依然たる板書の授業だった。資料はあらかじめ講義の最初に全部綴じて配り、授業そのものは、その場で学生と話題をやり取りしながら、考えつつ進めたから（考えるときに眼をつぶって、つぶったまま考えをつむぎだしたから、学生には授業中しゃべりながら寝ているという妙な誤解を受けた）、真剣勝負であることには違いがなかった。Didktik 教授という自信はまったくないけれども、講述 didactic は通じない現代となっている大学ではある。

わたしは試験一週間前にノート点検を希望者に対して行った。ある学生は二〇必要なことを一〇しか書いていない。ノート点検をして不合格では申し訳ないから、これも教えたでしょう、あれも教えたでしょうと、ノートに追加記入させる。試験問題を事前に教えているようなものである。別な学生は、二〇必要なところを三〇書いている。わたしの授業の速記者としては有能であるが、ポイントを摑めていないから、これは余分、それは冗談と削除させる。これまた事前に試験問題を教えているようなものである。追試は大学の規則としては有料でやらなければいけないから、それではなく、補充試験と称して不合格点を取った学生を掲示して再度集めてやる。イレギュラー追試である。教務係は見て見ぬふりである。

3　師範学校の大学への昇格の史的意義

大学における Didaktik とはどういうものか。二〇年以上の前の話である。教育学部の物理を専攻する学生が、高校で微分積分を習っていないということで、専攻の初めの授業は微分積分を教えることから入ると、ある教員は語っていた。文系理系にかかわらず微分積分を習った世代からすれば考えられないことである。微積分を習わずに物理を勉強しようという学生は何なのだろう。志願したときに必要な勉強をすればいい、ということであれば、それはそれである。としても、大学への予備教育機関が必要だったのは何のためだったかとは思う。

大学史は、いつから、どのような指標をもって、高等教育史になるのだろうか。私見では、大学は学問史のカテゴリーに入るのであって、教育史の範疇には入らない。スミスが述べたように、おのれの学問研究を披瀝する場が、大学だったからである。その聴講を認めるための準備教育を経て、大学へと学生は入学した歴史がある。高等教育は higher education となるようだから、あくまでも比較級、相対的な存在であるとしても。種別化――一時期差別化という嫌悪すべきことばが流行った――では収まるまい。ヘーゲルのところで書いた、教育の機会均等 equal の意味が問われよう。

他方で、大学で教員養成を行うという戦後教育改革の真価は、教員養成には学問の自由が欠かせないということにある。文部省の検定を通過した教科書ではなく、独自の学問的見解が自由に教えられるということである。当然行政的施策にも学問的判断――講義内容としては自由である。現代、果たして、どうだろう。教員養成系学部における、学問の自由に関する危惧はないのだろうか。行政を補助する役目として、教員養成系学部の教員への期待が地方大学ほど強くなっている。

師範学校の歴史の教員が歴史教育の著作を著すことがあった。なかには神話史観から相対的に距離を置いた、現代にも生きる研究があるとしても、現代の教員養成系学部で、歴史の教員がその教育に関する論文を書くことは求められない。研究の自由がある。一方、教科教育法の授業が学習指導要領の解説に終始していては、教科教育の自由な発展は望めない。同時に学生にとっても、固定的、経験的な指導法から自由になれず、教授法の停滞を生むから清新さが失われる。

学校の格が上がったことだけを戦後教員養成改革の核にしてはいけない。師範学校関係者は、格が上がったことを強調しがちであり、教育史研究者がその実感そのままに、戦後教員養成改革の評価にとどまっていては、歴史家の器が問われる。戦後教員養成改革によって、師範学校の教科書としておのれの著作を著すためには、文部省の検定を受けなければならなかった、その制限からフリーになったのだから、格別な意義がある。と同時に、didactic としての学問の講述から、Didaktik という配慮が必要になった。どういう Didaktik かは、それこそ創意工夫である。どこかから特定の教え方が指図されてはなるまい。

4　アダム・スミスの思想の教育思想転化の可能性

私的経験はこれぐらいにして、スミスの言う didactic は学問を聴衆に聞かせるためのスタイルであり——その意味では内田氏が造語した「講述」が訳語としては当を得ているように思われるが、講述 didactic では、子どもに知識や事物を教材化させて、それを教える Didaktik にはならない。偉大な経済学者や政治学者、あるいは倫理学者や哲学者の教育思想を扱うとき、両者の区別がその思想に自覚的になっているかどうかが、教育思想（史）研究の分岐点ではなかろうか。教育を didactic 学問の論述として押さえているか、それとも Didaktik に注意しているかが問われないと、教育思想（史）研究はいつも現代の教育課題とすれ違って、思想が現代教育に生きない議論になりがちである。*

*内田義彦氏のまことに見事な著作『資本論の世界』で、資本主義の時代の教育は、労働力商品の価値の付与、商品として高く売るための労働であると、経済学のカテゴリーのなかで、否定しない。[66] 人間の物質代謝のなかで、自然に働きかけ、それを加工すると同時に人間自身をも加工するというマルクスの思想からすれば、労働が疎外されるのは資本主義生産方式故であり、それを始めとしてかつ終わりであるという、労働力商品止揚の展望を持たないと、中途半端なマルクス理解のまま、教育労働を放棄する思想に向かう。経済学ではなく、教育学のカテゴリーで、——内田氏のことばを使えば「歴史通貫的」に——歴史家マルクスを見ておかないといけない。

学問と教育とは違うのだということを自覚しつつ、その学問をどう教えるか、学問と教育の高度な結合があって、講述 didactic は教授 Didaktik になる。スミスの可能性はどうであろうか。内田義彦氏によれば、スミスは『エディンバラ・レヴュー』での壮大な学界展望では、ドイツについては紹介していない。その理由について、

ドイツについては、ドイツではいまだにラテン語で学問が進められている、だから自然哲学の領域ではある程度の進歩も見られるかも知れないが、われわれがその中で住み、そこにおいて生起することを経験する人間と社会の学である道徳哲学の領域では、――恐らく自然科学の実験に相当する経験的基礎を欠いているという意味でしょう――自国語で語られないというようなことではまったく望みがないと、ただ一言で片付けております。[67]

と、内田氏は書いている。学問が一般化することについて、ラテン語ではなく自国語で書かれるということが重要な通過点であった。その通過がなければ、教育にたどりつかない。

実際、『国富論』のなかでもスミスは、大学の教師 teacher たちが、まともな授業をせずに、例えば講義で使う本が「外来の死語 a foreign and dead language で書かれていれば、*それを生徒たちの自国語に訳してやる」という「便法」で、「講義をしているのだとうぬぼれること flatter himself ができる」と非難している。こういう堕落は、とりあえず真面目な教師が生徒にさしむける、「勤勉へのそれらの刺激をすべて、効果的に鈍らせてしまうかもしれない」と、嘆いている。[68]

*この部分、玉野井芳郎・田添京二・大河内暁男氏訳によれば、「外国の死語」である。[69] 特に注記はない。他方で、高哲男氏の訳では、「外国語とか死語〔ギリシャ語やラテン語のこと〕」[70] となっている。愚見を述べるならば、and の意味をどう理解するかだが、高哲男氏の訳は疑問がある。

杉山氏の訳注では、この「外来の死語」について、「ギリシャ語、ラテン語など」と記している。古風な学術語ではもう時代にそぐわないという、スミスの学校教育認識がある。生徒の自国語で行なわれる教育の必要性がスミスには自覚されていた。現代生活では使わない、学問世界だけで通用してきた、いや、いまでは使いもしないとスミスが見た死語を、特別に習得することが学問である、教育であるという過去を捨てようというわけである。小さな学校で

は、読み、書き、計算が基礎とされ、それに幾何学と力学という実学が加えられる。ラテン語のなまかじりは止めようと言いきった（Ⅲの1参照）。

この性向はコメニウスを想起する。コメニウスの『大教授学』はまず母国のことばであるボヘミア語で書かれ、それからラテン語に書き替えられた。[71] 自国の民衆に読まれてこその教育論であり、かつそれを学問的共通語に移して、世界に問うた教授学だったのである。*

＊『大教授学』には、ロックの『教育論』に出てくる警句を多く含んでいる。『教育論』冒頭の〝A sound mind in a sound body〟というローマ時代の名文句はすでに『大教授学』に取られている（第一五章）。また『教育論』末尾の〝as white paper, or wax〟というものも、[72]『大教授学』（第一七章）に同じような考え方としてすでに示されてある。大陸の教育学の影響はロックにはないというのが通説である。

日本に置き換えれば、学問の世界で使われるだけの漢文を、なまかじりのまま、教えることは止めようということである。小著で、日本近代の教科書の特徴は、漢文ではなく仮名まじりの文で書かれていること、絵入りであること、句読点があること、という三点を上げた。[73] 生活上では死語になっていることばを学校で使うことであれば、国民に広く開かれた教育とは言えないという理由からである。

私見が承認されるとすれば、アダム・スミスの学問論は教育への道をたどるべき過程を踏んでいる。講述 didactic が教授 Didaktik になる可能性を持っている。論述＝講述は、教師がおのれの考えを一方的に論ずるという教え方であるから、そこを子ども独自の感じ方、考え方などを考慮するルソー的発想を経て、ペスタロッチによって「生活が陶冶する」**と実践的に発展させられてきた教育学だから、講述の形態は子どもの学問として成り立ちえない感を呈する。しかもペスタロッチの直観教授を批判して、経験の教育を実践したデューイが大きく教育学の体系を打ち立てた。子どもの作業、体験活動は現代日本の学校教育法に規定された教授方法になっている――逆にその規定が教育の多様性を規制していると考えられるが。講述 didactic がそのまま教授 Didaktik になることは難しいかのようにみえる。

＊＊教育学の専門用語であった「陶冶」ということばも今は死語となったであろう。岩波の新カント全集の第一七巻の教育学講義では、「人間形成をともなった知育」と訳された。わたしの時代は陶冶と訓育の時代であった。陶冶は Bildung であり、他方の訓育は Disziplin（ヘルバルトでは Zucht）であったが、Disziplin は、石川文康氏の訳『純粋理性批判』（筑摩書房、二〇一四年）で訓育として訳語が残された。

にもかかわらず大学でも講述 didactic ではなく、教授 Didaktik を求められる日本現代がある。スミスの言う学生の軽蔑、嘲笑どころではなく授業アンケートで教員の報酬が決められる時代も遠くないかもしれない。

アダム・スミスから一世紀半を経た、二〇世紀の時代のマックス・ウエーバーになると、大学における教育ということを意識していた。彼は、優れた学者が、かならずしも良い教師になるとは限らないことを、『職業としての学問』のなかで同僚の実名を上げて論じている。研究と教育の関係が一七〇〇年代後半のスミスと違って、一九一〇年代の第一次大戦後のドイツでは、学者の話題になってきた。ウエーバーは、「学者としてはきわめて優れた人物が、教師としてはがっかりするほど劣っていることもあります」と言う。[74]

ただ、この劣っているという意味が、すぐ後にウエーバーが語るドイツの大学の問題点、つまり人気のある教師に聴講登録する学生の聴講料が多ければ高い評価を受け、登録する学生の数が少なければ劣っているという評判ができる、という意味なのか、それともその後で、「理解力のある学生たちにも分かるように学問的な問題を提示すること、そして学生たちが自分の頭でこの問題について考えていけるようにすることは……教育のもっとも困難な課題なのかもしれません」[75]と述べていることとの関連なのか。――おそらくは、後者だろう。

結局ウエーバーは、「一人の人物のうちに、研究と教育の両方の資質がそなわっているかどうかは、まったく偶然が決めることなのです」[76]と、大学の教師になることが才能ではなく、まったくの僥倖であるように、学者として優れ教師としても優れていることは、「個人の天賦の才」にゆだねられると言う。学者という職業 Beruf の僥倖と偶然に負けない精神力が必要になる。

結　didactic から Didaktik への離陸

スミスが教育について点述しているからといって、スミスの論が教育論、教育思想になるとは限らない。『道徳感情論』を著しているから教育論になるという考えは当を得ない。ヘルバルトの教育思想のなかで、教育の目的を倫理学に、方法を心理学にという部分は、いまでは死滅した思想である。教育学が倫理学や心理学の従僕である時代は終わった。

教育が学問、科学を教えることであるとすれば、スミスの学問論述・談話 discourse の方法は、学問を教えるための教育の方法になりうる。学問を追跡することが教育だからである。教育について考える論理学の基点に、スミスの思想はなっている。その論理学を教育に応用してはじめて教育思想になる。

スミスの言う討議型は、初めのところで内田義彦氏の解説を述べたように、その目的は相手を納得させることである。納得といっても、論者の固い意志だとか、燃えるような情熱だとか、支持する集団が多いとかの理由で、納得させるのではない。教育は、科学的・学問的命題によって、動かしがたい証拠に基づいて納得させるのである。だから、授業はまず、討議型弁論として始まる。

命題への理解ができていない子どもたちは、教えている内容に同意できるかどうか疑っている。そういう場合、ソクラテス的方法で遠接近しながら、しかしそれでは子どもは飽きてしまうから、絵図や体験活動を活用するという教授学の成果を活用することはもちろんである。そのうえで、論述（あるいは談話）の方法を使う。個々の授業の獲得すべき命題の証明は、アリストテレス的方法で原理を一つ一つ説明する方法を取る。そのように展開しつつ、ある高度な段階の理解になると、ニュートン的原理で説明する。

あるいは、教科の連携を考慮してニュートン的方法を用いて、ある命題でそれら教科内容をすべて連結する手法の導入――カリキュラム計画の系統性を図りながら、そして知識の教授にとどまらず、論理的思考力と比較する思考を育てるような教授法の視点を持って、授業は構成され、実践する必要があるのではないだろうか。

そうすると、教員はその学年の教育内容だけを知悉していればよいわけではない。学年全体を通した教授内容の段階を見据える必要がある。そして、教科ごとの教育内容の連関にも通じていなければならない。学年担任がいいのか、教科専任がいいのか、いや、学校の教員集団の連携がいいのか。日本の近代教育史は、こういう課題に応えられる研究成果を出しているのだろうか。

さて、中内敏夫氏はヘルバルトの、教育は可能なものでなければならないという指摘に注意しながら、新教育をも哲学的形態をとるばあい――ルソーを指している、心理学的形態をとるばあい――デューイを指している、双方とも介入行為の出発点から子どもの成長の過程に沿う体系であり、到達点から出発点に向けて発想される体系ではないと論破した。[77] ヘルバルトに中内氏が言及したのは、この一か所だけではなかろうか。氏はヘルバルトから多くを吸収しているように思われるが、あの時代状況のなかでヘルバルトを取り立てて上げることは控えたのではないだろうか。

子どもの理解をどこまで高めるか（目標）、知識の内容と水準・配列、そのための方法と教材と評価をどうするかという思索があって、教育思想は、講述 didactic――考えるために教えるのではなく、Didaktik――教えるために考えることになる。そう考えると、経済学者や政治学者が教育の社会的性格や価値を論じたことばの片々をいくら集めても、教育思想にはなるまい。講述 didactic がどう教授 Didaktik になるか、転化する契機を見いだして、両者の区別に自覚的でないと、思想研究は教育思想研究に昇華しないだろう。教育学の自立性、体系性を中内敏夫氏から継承したいものである。

追　補

この論文と前の「教育目標としての思考力・判断力・表現力――ヘーゲルとデューイとを対照させながら――」（『常葉大学教育学部紀要』第三八号、二〇一七年）とは、研究的浅さがあり、そこから論ずべき課題を示したに過ぎないから、スタートラインに立ったものであるとしても、わたしには意味のある思考である。明治思想史を研究するには一方で近世思想の理解が欠かせないし他方で近代西欧思想の咀嚼も必要である。二つながらの視点に立たないと明治思想の研究はおぼつかない。わたしは、とりあえず研究的な修士論文をつくるだけの気持ちで、明治の支配的な思想に抗う時論家の教育評論を扱った。短期的な挑戦だった。

「でも・しか」の大学教員になっても、高校時代の周りの友人はみんな優秀だったから、わたしが研究者を名乗ることはおこがましいという気持ちから、逃れることはできなかった。大学教員にふさわしい研究者として、第三者に認められるよう切羽詰まった精神状態に置かれ続け、いま、その重圧から解き放たれて自由に思想書を読むと知識世界が楽しい。

丸山真男の「日本の思想」とその関連の論文を再読すると高校時代に読んだときとは違う理解ができる。いくらかの人生経験と学問著作を読んだからだろう。「である」ことと「する」こと、たこつぼ型とささら型、理論信仰と実感信仰などの、高校生からはみじんもうかがい知ることのできなかった知識人の世界がよくわかる。そして近世思想と近代西洋思想との――しかも哲学・政治学・経済学・文学にわたる、縦軸と横軸を広く見渡した、字義通りの縦横無尽に日本の近代思想を剔抉する様、そのうえ、戦時下の当局からの忌避を免れるための難渋な、屈折極まりない学術論文体とは違った、戦後の開放と改革の時代使命にまっこう立ち向かう気迫に満ちた、造語あり、名詞を動詞化したりの文章が、戦後の学術論文として一世を風靡した様も読み取れる。

大正期に日本に入ってきたマルクス主義の、思想界に与えた激甚な影響を史的に摑まえながら、社会科学の日本としての初めてのその方法論に対決する姿勢は見事だし、他方で昭和の大思想家・小林秀雄をどう切るかという通奏低音も聞こえてくる。その時代を生きてきただけに時代の思想を解析する姿勢はじつに客観的であって、実践的とか主体的とかいったものとは離れた、学問というものの一つの在り方を丸山真男は示しただろう。それ自体が戦後マルクス主義理論家に対するアンチテーゼだった。まさにミネルヴァの梟は夜飛びたつのであって、昼間の出来事を解き明かすのである。

丸山真男のお弟子さんである松本三之介先生の授業「日本政治思想史」は、わたしのような学生でも国学の本を読んでいることを前提とした講義だった。頭を下げても眠らないようにわたしは気を張っているだけである。その頭上をただ先生の声が流れてゆくだけだった。ただ、先生の未来社の本を読んでレポートしただけで、わたしは不勉強な学生だった。

丸山真男の「『である』ことと『する』こと」が現在の高校国語教科書に載っている（例えば三省堂『精選　現代文B』（二〇一七年）及び『現代文B』（同年）。時論的部分などが少し省略されている）のを見ると、わたしたちには――大学入試必出問題故に岩波新書を読んだ友人もいたようだが――遠い世界のことでありながら、思考の訓練をさせられていたのかと――存在と当為 Sein と Sollen の砕けた言い方を通じて。didactic の一環としてわたしたちは読んだが、いまや Didaktik の文脈の中で高校生に読まれる。丸山真男の主張意思はとりあえず脇に置かれて、思想というものの伝え方の教材になる。A命題とB命題の定義は明確で比較されて差異は伝わっているか、説明するための用語に不備はないか、専門用語は適切に使われているか、CとDの文章との関連があるいは重なりが理解されるような工夫はどうなっているか、レトリックに何が使われているか、社会科学概念とその例えは分りやすいか、著者丸山は何を言いたかったのか、等々。＊

＊丸山真男の文章を教材論として考察した、わたしが初めて知った論稿は、広瀬節夫氏の「『である』ことと『する』こと」（丸山真男）で何を教えるか」である。[78] あらためて読むと、教材に向かう姿勢のなんと静かなことだろうか。丸山が生きていた時代に、多くの論評が飛び交い、自己主張を激しく表明していた時代からはとても距離があり、教材論のありかたを教えられた。

わたしに研究という履歴があるとすれば、教育思想史的な修士論文を書くことでわが思索的能力に見切りをつけ思想史に手を出さないようにしてきたから、この論文を含む先述した教育思想に関する論文を二つ書いたことで、わたしの研究の始まりと繋がることになる。したがって、わたしに研究という道程があるとすれば、その円環はここに結ばれることになる。

註

1　水田洋・松原慶子訳『アダム・スミス　修辞学・文学講義』二〇〇四年、名古屋大学出版会、一五六ページ。Adam Smith, *Lectures on Rhetoric and Belles Lettres*, edited with an Introduction and Note by John M. Lothian, 1963. Thomas Nelson and Sons Ltd. p.84.

2　同右。*ibid.*

3　同右、一五六―一五七ページ。*ibid.*, p.85.

4　同右、一五八ページ。*ibid.*

5　宇山直亮訳『アダム・スミス　修辞学・文学講義』一九七二年、未来社、二〇三ページ。

6　いずれも鈴木秀勇訳『大教授学』上、（一九六二年、明治図書）の「訳者のまえがき」による。

7　内田義彦「アダム・スミス――人文学と経済学」『作品としての社会科学』一九八一年、岩波書店、一一九ページ。『内田義彦著作集』第八巻、岩波書店、一九八九年、一〇〇ページ。

8　水田洋・松原慶子訳、前掲書。

9　宇山直亮訳、前掲書。

10　水田洋・松原慶子訳、前掲書、二四五ページ。

11　内田義彦前掲書、一九八一年、一一九ページ。一九八九年、一〇〇ページ。

12　水田洋・松原慶子訳、前掲書、二五〇―二五一ページ。*ibid.*, pp.139-140.

13　内田義彦前掲書、一九八一年、一一九―一二〇ページ。一九八九年、一〇〇ページ。

14　水田洋・松原慶子訳、前掲書、二五一ページ。*ibid.*, p.140.

15　内田義彦前掲書、一九八一年、一一九ページ。一九八九年、一〇〇ページ。

16 水田洋・松原慶子訳、前掲書、二五二ページ。*ibid.*, p.140.

17 内田義彦前掲書一九八一年、二二四ページ。一九八九年、一〇四ページ。

18 水田洋・松原慶子訳、前掲書、二五二ページ。

19 内田義彦前掲書一九八一年、二二五ページ。一九八九年、一〇四―一〇五ページ。

20 同右、一九八一年、二二八ページ。一九八九年、一〇七ページ。

21 同右、一九八一年、二二七ページ。一九八九年、一〇六ページ。

22 同右、一九八一年、二二一ページ。一九八九年、一〇一ページ。

23 『国富論』第一巻、水田洋監訳・杉山忠平訳、岩波文庫、二〇〇〇年、二三ページ。Adam Smith, *The Wealth of Nations*, vol.1, 1910, London: Dent&Sons, 1975, p.4.

24 メルロポンティ『弁証法の冒険』滝浦静雄・木田元・田島節夫・市川浩訳、みすず書房、一九七二年。

25 前掲『国富論』第一巻、水田洋監訳・杉山忠平訳、岩波文庫、二〇〇〇年、三八ページ。Smith, 1975, *ibid.*, p.13.

26 『カント全集』第一七巻、岩波書店、二〇〇一年。

27 ジョン・デューイ『民主主義と教育』上、松野安男訳、岩波文庫、二〇〇四年、第四章。

28 前掲『国富論』第一巻、水田洋監訳・杉山忠平訳、岩波文庫、四〇ページ。Smith, 1975, *ibid.*, p.14.

29 『国富論』第四巻、水田洋監訳・杉山忠平訳、岩波文庫、二〇〇一年、四九―五〇ページ。Adam Smith, *The Wealth of Nations*, vol.2, 1910, London: Dent&Sons, 1971, pp.263-264.

30 同右、五二ページ。*ibid.*, p.265.

31 堀尾輝久『現代教育の思想と構造』（岩波書店、一九七一年）を参照。以降、まっとうなスミス教育論が考えられてこなかった。

32 『国富論』第二巻、水田洋監訳・杉山忠平訳、岩波文庫、二〇〇〇年、一三六ページ。Smith, 1975, *ibid.*, p.309.

33 同右、四五ページ。*ibid.*, p.26.

34 森田伸子「〈子どもの本〉と〈教育的なるもの〉をめぐって」『近代教育フォーラム』第一六巻、二〇〇七年、一一八ページ左列。

35 前掲『国富論』第四巻、水田洋監訳・杉山忠平訳、岩波文庫、二〇〇一年、五四ページ。Smith, 1971, *ibid.*, p.266.

36 大河内一男監訳、玉野井芳郎・田添京二・大河内暁男訳『国富論』Ⅳ、中央公論新社、中公クラシックス、二〇一〇年、三九ページ。

37 高哲男訳『国富論』下、講談社学術文庫、二〇二〇年、四二四ページ。

38 安川哲夫「"Schools for All"の成立過程について（下）」『金沢大学教育学部紀要（教育科学編）』第三二号、一九八三年。

39 安川哲夫「実際的教育の改革者A.ベルの教育＝訓練思想とその実践」『金沢大学教育学部紀要（教育科学編）』第三〇号、一九八一年。安川哲夫「モニトリアル・スクールは近代学校の原型か？」教育思想史学会『近代教育フォーラム』第九巻、二〇〇〇年、など。

40 安川哲夫『ジェントルマンと近代教育』勁草書房、一九九五年、二六二―二六九ページ。

41 前掲『国富論』第四巻、水田洋監訳・杉山忠平訳、岩波文庫、二〇〇一年、五五ページ。Smith, 1971, *ibid.*, p.267.

42 大河内一男監訳、玉野井芳郎・田添京二・大河内暁男訳、前掲書、四〇ページ。

43 高哲男訳、前掲書、四二五ページ。

44 前掲『国富論』第四巻水田洋監訳・杉山忠平訳、岩波文庫、二〇〇一年、五四ページ。Smith, 1971, *ibid.*, p.266.

45 池亀直子「ロマン主義時代の英国文学作品における子ども観と教育思想の再考」『秋田公立美術大学研究紀要』第四号、二〇一七年。

46 『ガーディアン・オブ・エデュケイション』および『トリマー夫人評伝』全七巻のカタログレビュー http://www.aplink.co.jp/synapse/4-901481-09-6.htm から（二〇一八年四月一三日閲覧）。

47 「イギリス児童文学～ファンタジーの始まり～」大妻女子大学千代田キャンパス図書館展示（二〇一三年六月一〇日～七月三一日）資料リストから。http://www.otsuma.ac.jp/pdf/news/2013/2013-0618-1245.pdf（二〇一八年四月一三日閲覧）。

48 国立国会図書館国際子ども図書館「ヴィクトリア期の子どもの本」二〇一一年一〇月五日から一二月二五日展示資料から。http://www.kodomo.go.jp/ingram/section2/index.htm（二〇一八年四月一三日閲覧）。

49 岩下誠「一八世紀末のイングランドにおけるモラル・リフォームと教育」『近代教育フォーラム』第一六巻、二〇〇七年。
50 森田伸子「〈子どもの本〉と〈教育的なるもの〉をめぐって」同右誌。
51 森田伸子右論文、一一五ページ、右列。
52 逸見喜一郎「教訓詩人個々人の系譜的自己規定、ないしジャンル意識」『西洋古典学研究』第五六巻、二〇〇八年、岩波書店、一ページ。
53 水田洋・松原慶子訳、前掲『アダム・スミス　修辞学・文学講義』二五〇ページ。
54 河津千代『牧歌・農耕詩』新装版、一九九四年、未来社、一六九ページ。次の引用は一七一ページ。
55 小川正廣『牧歌／農耕詩』京都大学学術出版会、二〇〇四年、二六一ページ。
56 小柳和喜雄「インストラクショナル・デザインとドイツ教授学の類似と差異に関する研究」『奈良教育大学教育実践総合センター研究紀要』第一六巻、二〇〇七年。
57 ヘルバルト、三枝孝弘訳『一般教育学』明治図書、一九七八年、前の引用は一八〇ページ、後者は一九ページ。
58 ヘルバルト「最初の教育学講義」高久清吉訳『世界の美的表現』明治図書、一九七二年、一〇〇ページ。
59 寺崎昌男・竹中暉雄・榑松かほる『御雇教師ハウスクネヒトの研究』東京大学出版会、一九九一年、二〇八ページ。
60 同右、二六四ページ。次の訳文は二六七ページ。
61 竹中暉雄『ヘルバルト主義教育学』勁草書房、一九八七年、五九―九四ページ。
62 デューイ『学校と社会』宮原誠一訳、岩波文庫、一九九二年、三一―三三ページ。
63 相馬伸一「教育学の方法論の歴史的再検討のために」『近代教育フォーラム』第二三号、二〇一四年。
64 アダム・スミス『国富論』第四巻、水田洋監訳・杉山忠平訳、岩波文庫、二〇〇一年、一〇八ページ。Smith, 1971, *ibid.*, p.294.
65 同右『国富論』第四巻、二四ページ。Smith,1971, *ibid.*, p.250.
66 内田義彦『資本論の世界』岩波新書、一九六六年、「Ⅵ　資本と人間の再生産」を参照。
67 内田義彦前掲「アダム・スミス――人文学と経済学」『作品としての社会科学』九三ページ。『内田義彦著作集』第八巻、七八ページ。

68　前掲『国富論』第四巻、水田洋監訳・杉山忠平訳、岩波文庫、二〇〇一年、二一ページ。Smith, 1971, *ibid.*, p.249.
69　大河内一男監訳、玉野井芳郎・田添京二・大河内暁男訳、前掲書、一〇ページ。
70　高哲男訳、前掲書、三九七ページ。
71　前掲鈴木秀勇訳『大教授学』の「訳者のまえがき」による。
72　The Works of John Locke. A New Edition, Corrected, vol.IX, 1823, Darmstadt: Scientia Verlag Aalen, 1963.
73　花井信『山峡の学校史』川島書店、二〇一一年、一二四ページ以降参照。
74　中山元訳『職業としての政治　職業としての学問』日経BP社、二〇〇九年、一七二ページ。
75　同右、一七四ページ。
76　同右、一七五ページ。
77　中内敏夫『中内敏夫著作集』第一巻、藤原書店、二〇〇一年、三〇―三一ページ。
78　広瀬節夫『国語科授業構築の原理と方法』一九八七年、溪水社。

二部　対　　象

第四章　伊豆修善寺小学校教員の教育活動

はじめに

東海道を三島大社の前で分れ、南へ向かって伊豆半島を縦半分に割るのが下田街道である。途中の田中村大仁《おおひと》にて下田街道から離れ、東の道をたどれば伊東に至る。しかしなお下田街道をさらに進んで、修善寺村瓜生野《うりゅうの》にて修善寺街道を選べば、修善寺温泉に至る。[1]

鉄道が三島から原木《ばらき》まで通ずるようになったのは、明治三一年五月であり、翌年鉄道は大仁《おおひと》まで延長される。駿豆電気会社の伊豆線である。それが修善寺を終点とするまでになるのは、大正一三年のことであり、[2]その状態が、今現在に及ぶ。

この経緯を考えれば、伊豆の交通の要衝は大仁にあり、温泉客を集めるための交通が発達することによって、いっそう修善寺を栄えさせたといえる。伊豆半島の山間の、東西南北の真ん中に修善寺はある。

その地にある修善寺小学校は、明治四年修善寺滝尻に「私設」され、七年に「公立」となった。[3]その際、「親民序」[4]と「徳門序」[5]が修善寺小学校に併合された。前者は堀切・大沢が区域であり、後者は熊阪・瓜生野が区域であった。その後、分教室を半径寺の堂宇を用いて開いたけれども、いくばくもなく廃止となる。北又に分教室を移したものの、一〇年にはこれも廃校となる。

＊説明することではないとしても、「序」とは、古代中国の学校のことである。『孟子』の「滕文公章句上」を見られたい。

一六年になると修善寺小学校は日ノ下に移築され、二二年の町村制施行に伴い、修善寺・瓜生野・熊阪・堀切・大沢が合併して一村になったことにより、熊阪と堀切に分校ができる。

修善寺小学校の始発時には、芝山黌と称した模様である。大芝山の南腹に位置するが故の名称だったと「沿革誌」はしるす。全国の小学校の名前が記載されている『文部省第二年報』によれば「芝山学舎」である。[6] 足柄県の第一大学区第三〇番小学校として、上等・下等の小学を置く。一〇年には静岡県に編入されたことを機に、第二大学区第一番小学区五三番小学校となる。一四年には改正教育令に基づき、初等科・中等科・高等科でなる第二二番中学区第五三番小学芝山校と称する。

一九年小学校令になると、地名を冠した校名とする原則にならい、[7] 修善寺尋常小学校と落ち着く。

開設当初は二階建ての草葺一棟、付属建屋一棟を持ち、敷地三五一坪のなかの建坪三八坪だった。日ノ下に移転したときには平屋二棟を増築し、中央が二階建て左右に平屋を配置した構造となり、建坪は八七坪と倍増、敷地は五八二坪と拡大された。

第一節　教員と等級制・学年制

1　教員の資格と勤務状況

教員は、五年一月当時に菊間藩士・岩城魁が招かれており、二等訓導の肩書であった。ほかに中村信次郎が二等授業生として在任していた。岩城魁は、九年一二月にいったん辞職した後、一一年に復帰したものの、一三年に再度転出する。しかしながら翌一四年にみたび戻り、一五年の三月には校長に任ぜられる。そして一七年九月に静岡師範学校三等教諭へと転ずる。ところがまた二七年に修善寺小学校の訓導兼校長として二九年三月まで務めることになる。

その間の岩城の月俸は、一一年の一〇円がそのまま一四年にも引き継がれている。二七年に訓導兼校長として戻ってきたときは一二円を給された。そのときの前任校長・鈴木卯吉が一二円だったから、とくに功労を認められて呼び戻されたわけではないようである。むしろ、後任校長鈴木義作が一三円だったこと、また鈴木卯吉が一五円を得て修善寺村外一ケ村組合立修善寺高等小学校に転任したことを考えると、安すぎる待遇といえよう。

岩城魁は修善寺小学校開設時の屋台骨を支えたというべき人物である。前記したところの菊間藩というのは、沼津藩が明治元年七月に上総の国に移封されたとき誕生したものである。したがって、もともと岩城は履歴によれば沼津藩士である。慶応元年から沼津藩学校教授を務め、菊間藩に移行してからは菊間藩学校の中助教となる。[8]そして「学制」頒布されて、修善寺小学校の教員になる。学問の経歴としては「支那学」[9]、すなわち漢学である。

修善寺小学校に勤めた教員の雇用状況を「沿革誌」によって、一覧できるように表1としてまとめた。

この表で判明することは、明治五年の開校時から記録が残されている明治三七年六月までに勤務した教員の実数は六一人である。人物によって、通し番号を付けておく。

その中には、修善寺小学校をいったん退職した後、再度または三度といった、複数回修善寺小学校に勤務した人が六人いる。それらの人たちの筆頭は岩城魁①であり、四度にわたる。また鈴木卯吉㉑は、最初に就いたときは助手だったものの、八年後に戻ってきたときには校長兼訓導になっている。

勤務年数は、退職時が不明な人が一三人いるけれども、残る四八人のうち、一年以下の勤務期間の人が二二人に上る。初期に多いとしても、明治一九年小学校令公布以後の時期の方が一四人と半数を占める。

こうした、教員が入れ替わり立ち代わりする中で、常時は何人の教員が修善寺小学校に在ったのだろう。明治一九年小学校令下で見ると、二〇年六月時点では、訓導である大橋元一郎㉜ひとりが奮闘している状況だった。助教である植田彦八㉕と梅原福太郎㉛のふたりが退職してしまったからである。七月に浅羽真三郎㉝を助手として雇用するものの、九月には大橋元一郎㉜自身が他校へ転任し、代わりに広沢次郎㉞を採用した。ところが、浅羽㉝と広沢㉞が一〇月に辞めたため、一か月の空白期間が生じてしまい、一一月に松崎敬義㉟を訓導として、また岩崎齢太郎㊱と三須重直㊲のふたりを授業生として雇用することで、危急をしのいだ。

二三年小学校令が施行された下での二五年八月には、新小学校令に基づく任務の更新がなされたので、その時点を見れば、四人でまかなっている。鈴木卯吉㉑が校長兼訓導で戻っていたし、植田彦八㉕も帰ってきていて、しかも増俸された。植田卯之作㉔も雇の身分であった時期を経て、訓導という資格を伴って復帰していた。

三三年小学校令下に至ると安定した様を見せ、三四年四月の状況を見ると、鈴木義作(53)がいったん沼津尋常小学校へ出てから校長として戻ってきていて、彼を軸に四人で安定した学校運営になった。しかも鈴木義作は二〇円という増俸を見せていて、同僚の中では群を抜いた給与額であった。

2　教員と担任・担当――級か学科か学年か

教員の担当する等級との関係に移ろう。明治五年の開校以来、上等級は岩城魁①が受け持ち、下等は二等、三等の授業生（中村②・大地③・野田④・旭⑤ら）が、岩城の「指揮」の下で教授した[10]。毎週一回もしくは二回、岩城が全校生徒を集めて「修身講話」をした模様である。「修身口授《ぎょうぎのさとし》」の授業とみなしていいだろう。

そして、「下等ヲ四組、上等ヲ二組宛トナセリ」とあるから、いくつかの級を合わせた、合級という形式の生徒編制をしたとみられる。さらに続けて「沿革誌」は、「八、九年頃迄ハ上等ハ四、五級ニ止マレリ」と書いている[11]。この記述は、上等第五級ないし第四級までしか進級できない生徒たちの様子を示しているのか、それとも、上等の生徒たちは四、五級ぐらいしか在級する級数がなかったと理解するべきか、判断に迷う。後述する卒業生数のことからすれば、上等を卒業する生徒がいなかったことが分かるので、前者の意味と解するべきであろう。

教育令が改正された一四年以降は、校長となった岩城魁①が中等と高等を受け持ったようであるけれども、「学科分担ノ教授亦アリシ」と「沿革誌」に記載されている。中等三年と高等二年を合級となし、岩城を軸に級担任制をとりつつ、学科によっては分担して受け持ったようである。

一八年以降は、岩城魁①が静岡師範学校に転出した関係から、「主任訓導」である原平三郎㉖のほか、公野半次郎㉚や大橋元一郎㉜といった訓導が、「最上級ト最下級トヲ合セ一組トシ」て教授した。すなわち合級である。その間の級については、授業生が教授した。

一九年は「四年期」を主任訓導が、「三年期」は授業生が受け持った。ここにいう「年期」とは、「小学校教則綱領」に基づき、初等科三年、中等科三年、高等科二年という新しい概念、学期を指している。小学初等科三年の上級は小学中等科であり、それは第四年と呼ばれ、第五年、第六年と進んで、高等科に至ると、第七年、第八年というわけである。[12]従来の「小学教則」で定めていた下等八級というような、学力の到達度を示す等級とは違う概念である。修善寺小学校では、一年を前期・後期と呼んでいたから、一年という時間的期間が重視された概念である。ただし、この一年を前期・後期と分ける形式は、全国的には使用されなかったという見解がある。

教則綱領は等級編成について何も規定するところはなく、「学期」（修業期間）はすべて「年」をもって表現していた。とくにその付表の学科課程表では、従来の「級」に代わって「年」の半分（前期および後期）を課程の上下序列の単位に用いていた。従来の下等小学第八級に相当する小学初等科の最下級を「第一学年前期」、同第七級相当を「第一年後期」等と呼称し、以下最上級の小学高等科「第八年後期」に至るまで、学習内容のグレイドよりも学習期間の長さを重視するかのような表現を用いていたのである。これは、従前の等級制の原則に即して考えれば、重要な変化であったといわなければならない。しかし、実際に施行された各府県の小学教則の大部分では、初等科を六～一の等級、高等科を四～一の等級に区分しており、表現の上でも右の「第何年何期」を採用する例は稀であった。つまり当時なお一般には、等級制に基づく教授—学習組織論が依然として支配的であったことが示されていた。[13]

叙述としては特段に丁寧な、分かりやすい説明である。この理解に従えば、修善寺小学校の学年運営は全国的には稀な例となる。ただし、小著で扱った群馬県吾妻郡の小学校でも一年を前期・後期と分けていたから[14]、筆者が調査した小学校は、全国的には少数派だったということになる。*

＊一年を前期、後期と分けた理由は、出席生徒数が年はじめと夏休み後とでは、大きな差が出てくるという事情もあったと、筆者の調べたいくつかの学校の級・学級編制からの事例から推測できる。出席生徒数が、だいたい大きく減少するから、級・学級編制を改める必要に迫られるのである。

二〇年に松崎敬義㉟が就任すると、学科により授業を分担し、学年には主任者を定めた。なお、「副科」を設置したとあり、それは、二四年三月に廃止されたようである。この「副科」とは何物だろう。一九年の小学校令は尋常科と高等科とは別に、小学簡易科を定めた。このことについて、「明治二十年中提掌セル教育事務」と「学事ノ成績」をしるした『文部省第十五年報』は、こう記録している。

小学簡易科ノ設置ハ山梨、静岡、宮城、群馬ノ諸県ニ於テハ、三箇乃至九箇ニ過キス、……小学簡易科ハ民間或ハ之ヲ以テ貧民学校ト唱ヘ、己ノ自ラ授業料ヲ納メテ子弟ヲ尋常小学校ニ入ル、コト能ハサルモノ、小学簡易科ニ入ルコトヲ屑《いさぎよし》トセス、[15]

静岡県民に嫌われた小学簡易科は、修善寺小学校にも設置されなかったとみられる。その代替としての「副科」だったのだろうか。

あるいは、一九年小学校令に基づく「小学校ノ学科及其程度」には、温習科を設け、既習の学科を温習かつ「補修」させることができた。その温習科のことを「副科」と呼んでいるのだろうか。

いや、そうではあるまい。愚考すれば、「副科」とは「専科」に対することばであって、教員が特定の学科を専門的に教えることを中心にして、かたわら別の学科を「副科」として教授する、という意味に解することが妥当だろう。

この点を教員の勤務実態に即して論じよう。

松崎敬義㉟は修善寺小学校明治時代史にあって、中興の祖とでもいうべき人物である。「沿革誌」の初稿は、その様を次のようにしるしている。[16]

十七年後岩城魁ノ静岡師範学校助教諭ニ任セラレシヨリ、三四ノ仮教員教授ヲ負担セシガ、皆諧《かな》ハザルヲ以テ、自ラ教務上ノ影況ヲ及ボシ休校スルコト多カリト、仝十九年訓導公野半次郎、大橋元一郎相次デ赴任シ、漸其弊ヲ撓メ鋭意教授ニ尽力セリト雖モ、二十年大橋訓導転勤ノ後ハ授業生ノ教授ヲ分担スルト、非常ナル議論起リシヲ以テ、遂ニ仝九月閉校セリ、此ニ於テ西嶋軌策大奮発シ、一切学事ヲ負担シ、奔走尽力シ、松崎敬義ヲ傭シ、卒業後高等小学校ニ入学スル能ハザル者ノ為メ別科ヲ編制シ、稍挽回ノ緒ニ就シモ、私塾ニ依然トシテ帳ヲ張リ、温泉場ノ子弟ハ概ネ之ニ通学セリ、

先に本節1の最後で、明治二〇年六月の勤務状況を見たとき、大橋元一郎㉜だけが奮闘したと述べた。その大橋も九月に異動となったため、浅羽㉝、広沢㉞と助手を雇うものの、授業運営に支障をきたし、「閉校」までに至った。そこで、松崎敬義㉟が訓導として赴任し、岩崎㊱と三須㊲の授業生ふたりと尽力するのである。

表1によれば、松崎は一四円という高額の給料をもらった。彼の前の岩城魁①が一〇円、彼の後の校長鈴木卯吉㉑、岩城魁①が一二円、という数字と比較すると、厚遇されたといえる。

松崎敬義は、「沿革誌」初稿によれば、[17] 明治八年九月に静岡師範学校に入学し、一一年八月に卒業する。同一一月に庵原《いはら》郡《ぐん》阿僧《あそう》村（現在の静岡市清水区由比阿僧地区）学染舎[18]に最初の務めをなし、一三年には駿東《すんとう》郡第一二学区明徳舎に異動する。一八年には嶽陽小学校訓導を務めて、二〇年一一月に修善寺尋常小学校へと着任となる。

その後、二四年に鈴木卯吉㉑が訓導兼校長として赴任すると、担当方式を変えた。松崎が学科により担任を代えていたことを改め、学年受け持ち制に変更した。鈴木卯吉㉑が三年四年期を、二年期を植田彦八㉕が、第一年期は雇教

表１　修善寺小学校教員勤務期間

	5／1　6／1　7／1　／2　8／1　9　／12　10／1　／4　／5　11／1　12　13／3　14／1　15／1　／3　／10
① 岩城魁	├──── 二等訓導 ────┤ (5／1～／12)　├── 10円 ──┤ (11／1～12)　├── 訓導 ──┼── 校長10円 ─ (14／1～)
② 中村信次郎	├── 二等授業生　？ (5／1～)
③ 大地鉄平	├── 三等授業生 ──┤ (6／1～7／1)
④ 野田八弥	├── 三等授業生 ──┤ (6／1～7／1)
⑤ 旭正之	├── 三等授業生 ──┤ (6／1～7／1)
⑥ 勝良親	├ 二等授業生 ┤ (7／1～8／1)
⑦ 寺島孝太郎	├── 授業生　？ (／2～)
⑧ 高木正徳	├── 授業生　？ (／2～)
⑨ 亀岡鉦吉	├── 授業生　？ (／2～)
⑩ 山口国吉	├──── 三等授業生　3円 ────┤ (8／1～11／1)
⑪ 土屋安太郎	├──── 三等授業生　3円 ────┤ (8／1～11／1)
⑫ 原健次郎	├ 3円　？ (10／1～)
⑬ 岩城円士	├ 助手 ┤ (／4～11／1)
⑭ 西島辰平	├ 助手 ┤ (／5～11／1)
⑮ 野田八之助	├── ？ (11／1～)
⑯ 落合太郎	├── ？ (11／1～)
⑰ 鈴米蔵	├── ？ (11／1～)
⑱ 渡部喜太郎	├── 授業生3円 ──┤ (14／1～／3)
⑲ 山田高次郎	├── 授業生　3円 ── (15／1～)
⑳ 井上鑑太郎	├─助手 (／10～)
	5／1　6／1　7／1　／2　8／1　9　／12　10／1　／4　／5　11／1　12　13／3　14／1　15／1　／3　／10
	15/12　16/8　/11　17/9　/11　/12　18/3　/6　19/3　/4　/5　/8　/10　20/6　/7　/9　/10　/11　21/3　/11　/12　22/1　/5　/8　/9　23/4　/6　/8　/9　/10
① 岩城魁	────────┤ (～17/9)
⑲ 山田高次郎	──────────────┤ (～18/6)
⑳ 井上鑑太郎	──────────────┤ (～18/6)
㉑ 鈴木卯吉	├ 助手 ┤ (15/12～16/8)

㉒	遠藤喜満多	├─授業生　?
㉓	宮内俊雄	├────┤
㉔	植田卯之作	├── 助手 ───┤　├──── 雇　5円 ────┼──
㉕	植田彦八	├──────┤ 原保尋常小学校へ転任　├──── 3円 ────
㉖	原平三郎	├六等訓導6円┤
㉗	植田繫平	├─ 3円 ─┤
㉘	鈴木文衛	├助手2円──?
㉙	鈴木万次郎	├助手2円──?
㉚	公野半次郎	├── 訓導──┤
㉛	梅野福太郎	├──授業生3円──┤ 湯ヶ島尋常小学校へ転任
㉜	大橋元一郎	├── 訓導6円 ───┤ 吉佐美尋常小学校へ転任
㉝	浅羽真三郎	助手　├─3円─┤
㉞	広沢次郎	助手　├─┤
㉟	松崎敬義	├─── 訓導14円 ───┤
㊱	岩崎齢太郎	├──授業生4円 ──┤
㊲	三須重直	├──授業生3円 ──┤
㊳	杉本豊作	├── 授業生４円 ──┤
㊴	持田浩	├── 雇教員 ──┤
㊵	山崎太郎	├── 訓導10円 ───┤
㊶	落合鉄男	├授業生3円 ┤
㊷	土屋五東	4円50銭　雇　├─?
㊸	青木松	訓導　12円　├──
		15/12　16/8　/11　17/9　/11　/12　18/3　/6　19/3　/4　/5　/8　/10　20/6　/7　/9　/10　/11　21/3　/11　/12　22/1　/5　/8　/9　23/4　/6　/8　/9　/10
		24/5　/6　/8　/10　25/7　/8　/12　26/3　/6　/8　27/1　/3　/4　/6　28/4　29/3　/6　/7　/9　/10　30/3　/4　31/3　/9
㊸	青木松	──┤ 三島高等小学校へ転任
㉔	植田卯之作	────────┼─8円─┤ 大淵尋常小学校へ転任

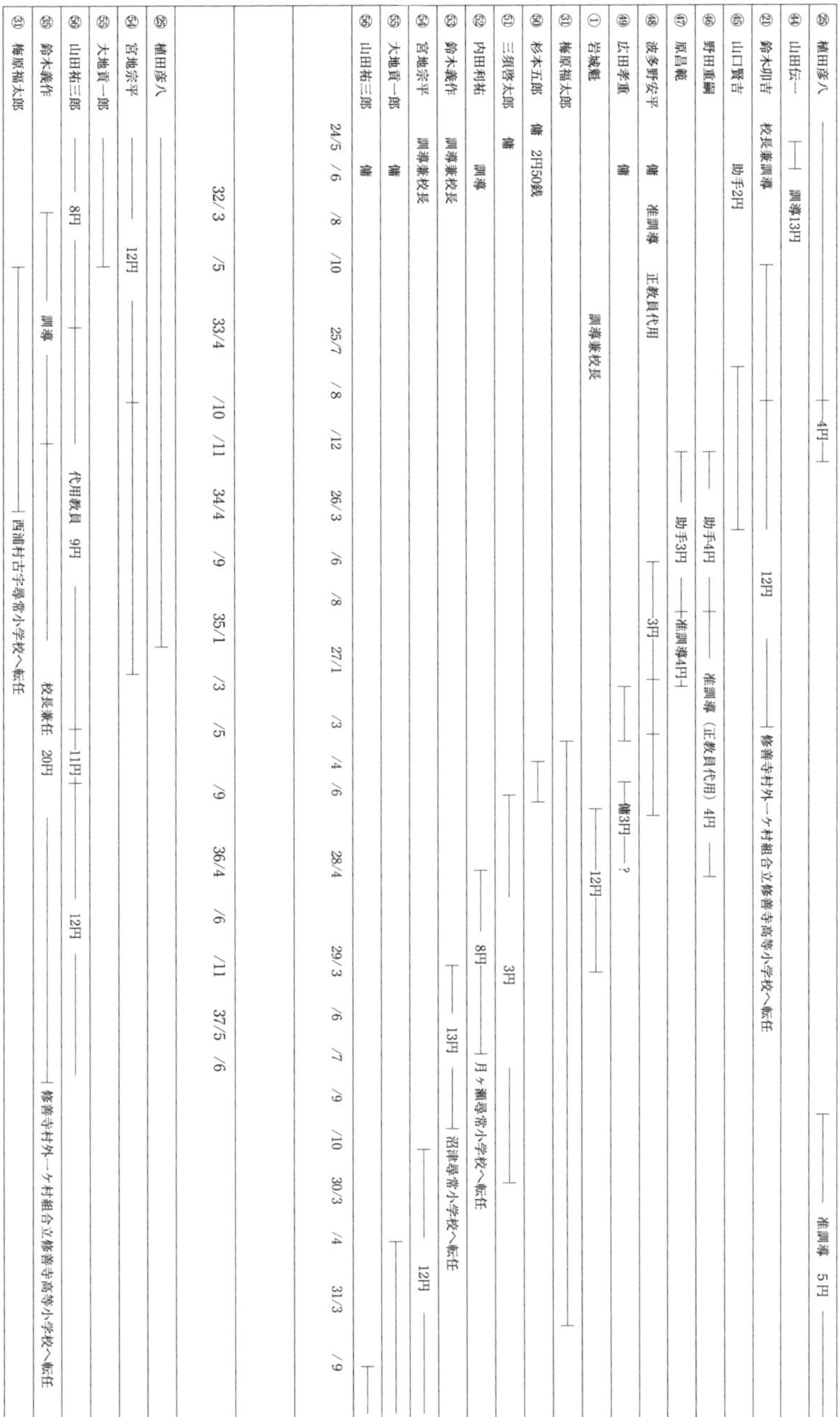
㉕ 植田彦八
4円
准訓導　5円
㊹ 山田伝一
訓導13円
㉑ 鈴木卯吉
校長兼訓導
12円
修善寺村外一ヶ村組合立修善寺高等小学校へ転任
㊺ 山口賢吉
助手2円
㊻ 野田重嗣
助手4円
准訓導（正教員代用）4円
㊼ 原昌範
助手3円
准訓導4円
㊽ 波多野安平
傭
准訓導
正教員代用
3円
㊾ 広田孝重
傭
傭3円
?
① 岩城魁
訓導兼校長
12円
㉛ 梅原福太郎
㊿ 杉本五郎
傭　2円50銭
51 三須啓太郎
傭
3円
52 内田利祐
訓導
8円
月ヶ瀬尋常小学校へ転任
53 鈴木義作
訓導兼校長
13円
沼津尋常小学校へ転任
54 宮地宗平
訓導兼校長
12円
55 大地貢一郎
傭
56 山田祐三郎
傭
24/5　/6　/8　/10　25/7　/8　/12　26/3　/6　/8　27/1　/3　/4　/6　28/4　29/3　/6　/7　/9　/10　30/3　/4　31/3　/9
32/3　/5　33/4　/10　/11　34/4　/9　35/1　/3　/5　/9　36/4　/6　/11　37/5　/6
㉕ 植田彦八
54 宮地宗平
12円
55 大地貢一郎
56 山田祐三郎
8円
代用教員　9円
11円
12円
35 鈴木義作
訓導
校長兼任　20円
修善寺村外一ヶ村組合立修善寺高等小学校へ転任
㉛ 梅原福太郎
西浦村古宇尋常小学校へ転任

氏名	職名	32/3	/5	33/4	/10	/11	34/4	/9	35/1	/3	/5	/9	36/4	/6	/11	37/5	/6
㊼ 永井利三郎	准訓導						├	11円	┼		12円		┼	13円		─	
㊽ 大城美雄	准訓導								├			8円	┤				
㊾ 荏原正雄	訓導												├		14円		┼16円
㊿ 西島薫													├ 5円	┤			
(61) 青木会作	校長																├24円

注 1 修善寺小学校蔵「其一甲　学校沿革誌　修善寺尋常高等小学校」から作成。
2 記録のある明治5年1月から明治37年6月まで、教員61人について記載した。
3 勤務の始まりと終わりの期間を示した。5／1というのは5年1月という意味である。退職の時期が明記されていない場合は？で示した。
4 職名と給与額がわかる場合は、それを示した。

員から訓導に昇格した植田卯之作㉔が担当した。

このあたりの事情を考察すると、学科担任制にするか学年・級担当とするかという問題が思案されたということである。小著で群馬県吾妻郡の学校史を考察した際、中之条小学校では「分課専授」をしないという史料上の記述について、「例えば修身という学科を、特定の誰かが専門的にすべての級にわたって教えるという体制は、とっていないということである」と解釈した[19]。

修善寺小学校に即して言い換えれば、学科担任制から学年担任制に変更したということである。表1によれば、松崎敬義㉟の時代は松崎だけが師範学校卒の訓導であって、ほかは授業生または雇教員がいるだけだったのに対して、鈴木卯吉㉑が校長のときは、鈴木以外に植田卯之作㉔も訓導資格を有していた。職名不明な植田彦八㉕も一七年一一月から二〇年六月まで二年半の修善寺小学校勤務の経験後、原保小学校に異動し、二二年一月に修善寺小学校に再帰して、二四年時点では三年半以上の勤務実績を重ねていた。授業としては学年全体を教授する力量があったとみられる。勤務を共にする教員の教授力量いかんにより、受け持ち体制は校長または訓導の判断にゆだねられたというべきだろう。

二五年七月の小学校令施行に伴い、全校三学級編制となり、受け持ちは三年、四年を一学級として鈴木校長が受け持ち、他はすでにしるしたとおりの担当である。その際、植田彦八は准訓導に昇格した。なお、補習科が置かれたことにより、それは山口賢吉㊺が担任したものの、修身・作文は訓導が教授したようである。

留意すべき論点がいまひとつある。「沿革誌」の二五年の記述に学級という用語が登場していることである。等級から学級への変化の意義については、教育史家がしばしば強調してきたことであるし、筆者も縷々述べたから再説しないけれども、一点、ふたつの間の変遷過程に、一四年の「小学教則綱領」における学期もしくは年期という概念の存在を押さえておきたい。

筆者自身は群馬県吾妻郡小学校史で気づいたことではあったものの、伊豆修善寺小学校史によって、その経過上の重要性を再認識した。先に引いた『日本近代教育百年史』では、「重要な変化」としつつも、等級制から学級制への決定的な変化は一八年の文部省達に求めている。私見では、府県の教則から史的評価をするのではなく直接的な学校運営の実態から評価すべきではないかと、愚考するものである。

「沿革誌」の二六年の記事に「学級ニ対スル職員ノ配置」というものがあり、それによれば、「学科ノ難易ニヨリ、其幾分ヲ各学年ニ亘リ教授スルノ法」を取ったという。[20]この記述の意味するところは何だろうか。愚考すれば、ある教授内容が生徒に理解困難なものだとすれば、学年をまたいで教えるという、複数年学習的な指導法を取ったのではないかと推測する。

また山口賢吉㊺を解雇した代りに波多野安平㊽を採用するまで、補習科は訓導が交代で担当した。波多野は翌年には准訓導正教員代用となったからか、二、三学年の複式一学級を受け持つことになり、補習科はまた訓導が、適宜、教授の間をぬって担当するようになる。以降補習科は、雇教員広田孝重㊾と杉本五郎㊿が従事したものの、二七年をもって廃止となる。

二八年には岩城魁①が校長として復帰し、第四学年を担当する一方、二、三学年は複式とし、准教員である野田重嗣㊻の後は雇教員の三須啓太郎㊿が受け持った。しかし岩城は一年少しで退任し、後任の校長に鈴木義作㊼がなる。複式は二九年から三、四学年になってゆく。

以上の変遷を整理すれば、小学校令の下で二五年に学級制が成立してからは、修善寺小学校では複式学級編制が続き、三六年に至って以降から一学年一学級という対応になる。

一学級は本科正教員が担任するという文部省の規則が存在していたものの、旧著で明らかにしたように[21]、実際にはそのとおりに運用されていたわけではないことが、修善寺小学校でも確認された。正式な資格を有した教員の確保が困難で、入れ替わり立ち代わりに雇教員を採用したからである。

3　卒業生の進路——農商業に従事

学齢生徒数と就学生徒数が「沿革誌」には残されているとしても、信憑性が疑わしい。記録されている例を挙げれば、二三年の就学生徒数（何月現在かは不明）は二二二人、不就学生徒数は三七九人となっているものの、同じ年の三月現在の成績記録では、在級生徒数が一七〇人（内落第が六人、欠席が六人）となっており、就学生徒数と在籍生徒数に差が多すぎる。また二四年の就学生徒数六一六人に対して、三月現在の成績記録では一八七人の在級生徒数（内一四人の落第、欠席五人）である。就学生徒数は学齢生徒数ではないかとも思われる。

卒業生徒数については考察しておきたい。修善寺小学校における卒業生の記述は、明治一〇年の状況をしるした『文部省第五年報』にまず表れる。それによれば、下等卒業生が男子で一人とある[22]。次いで「沿革誌」によれば、明治一九年までに小学全科を卒業した生徒はいない。しかし、「明治一六年ニ於テ下等小学科卒業セシモノ百四十人」と書いてはある。一〇年に一人であったものが一挙に一四〇人もの人数になるものなのか小学全科と下等小学科という差異があるとしても、疑問が残る。しかも、一七年五月の初等科卒業生は九人（すべて男子）、八月の初等科卒業生一二人（男子一〇人、女子二人）、一八年六月同科卒業生七人（男子五人、女子二人）、一九年同科卒業生六人（男子五人、女子一人）というその後の状況からすれば、たとえ制度が変わって下等四年と初等科三年という差があるとしても、一四〇人という数は莫大である。

卒業後の進路については注目すべき記録がある。「沿革誌」の「生徒卒業後ノ状況」は、冒頭こうしるしている。

明治二十前卒業生中、其稍資力アルモノハ、概岩城魁ニ従事シテ洋学ヲ修メ而シテ更ニ去テ東京ニ遊学セシモノ三人、県立豆陽学校或ハ伊豆学校ニ入学セシモノ二十人、本県尋常師範学校ニ入学セシモノ二人、教員検定試験ヲ受ケ正准教員トナレルモノ四人トス、右ノ外ハ農商業ニ従事シ、家計ヲ営ムモノナリ、[23]

筆者がいくつかの学校沿革誌を調査した限りでは、卒業後の進路といえば上級学校への進学をしるすなかで、農商業に従事した人をあげていることは注目される。立身出世主義理念から一歩引いた目線として、学校教育の記録としておおいに評価できると思われる。ただし、上級学校への進学や東京への遊学については事細かに人数がフォローされていても、農商業に従事した人数が把握されていない——「外ハ」とか「余ハ」——という点では、近代日本の学校教育の史的性格から自由ではないといえるだろう。いや、そういう評価では正しくないだろう。農商業に従事することは生活者からすれば当たり前なことだから、わざわざ記録するまでもないということ、換言すれば、農商業での学歴はいささかも問題にならなかったという時代の説明資料になるだろう。

＊記事中「県立豆陽学校或ハ伊豆学校ニ入学」とある部分を補足説明しておきたい。『静岡県田方郡誌』によれば、こう説明される。「明治九年五月足柄県庁廃せられ、静岡県に属するに及び、韮山講習所は改まりて、韮山師範分校となり、同十年六月変則韮山中学校と改まり、便宜上中学師範の両科を置きたるが、翌十一年変則の二字を削りて、単に韮山中学と称し、県立となせり。然るに同十五年十一月県立は町村立と変り、伊豆学校と改称したるも、十七年再度県立となり豆陽学校と称せり。十九年一月勅令第十五号により県立豆陽学校の廃止せらるゝに至り、有志の士相議して町村立とし、伊豆学校と唱へ、其の管

理を君沢田方両郡長に嘱し」と、[24] 目まぐるしく変転したところである。結論的にはアジア・太平洋戦争後の静岡県立韮山高校の前身という捉え方である。

この点を『静岡県教育史』によりながら、正確を期したい。明治一五年時点で県立学校は静岡師範学校と静岡中学校、それと下田の豆陽学校の三校である。一七年になると県立豆陽学校と伊豆学校が合併することになり、位置は韮山に置き、下田の旧豆陽学校はその分教場になる。そして、その韮山の豆陽学校が明治一九年に沼津中学校に統合されることで、韮山には町村立伊豆学校が設立される。[25]

したがって、豆陽学校はアジア・太平洋戦争後の下田北高校ならびに韮山高校の前身である。「校務日誌」の記事中の豆陽学校あるいは伊豆学校というのは、韮山の学校を指していると考えるのが、地理的には妥当だろう。

しかし、明治二三年からは、「八人ハ農商業」というように、記録が残されている二六年まで、人数が記録されてくるのである。修善寺は山深く、温泉の湧きいずる名前の知られた湯治場であるほかは、農業林産業が地域の人々の生業だった。商業的農業が発展した地域ではない。そうしたところの学校の任務は、篤農家を送り出すことを目指すものだろう。東京を目指す人材を心得るものではないだろう。

もちろん、東京などの経済先進地、あるいは文化活動の先端を行く地から人々が湯治に訪れることによる影響から、自由なはずはない。むしろそうした人々からの刺激によって、経済の発展と文化の進歩に憧憬を抱き、それらの先進都市へといざなわれる生徒もあったに違いない。そうであれば、地域に根ざして生業を営む子どもに未来を託すことも、逆にまた学校の重要な使命になるだろう。

第二節　教員の職務と教授法・試験法

1　教員の務め

明治一九年に文部省が学校沿革誌の編纂を命じたことに伴い、二二年に修善寺小学校でも、沿革誌草稿がまとめられた。[26]その際、その時点で修善寺小学校が定めていた諸規則も記録として残された。二〇年六月三〇日に田方《たがた》郡の石原郡長から達せられた「小学校職員心得及整理手続」（以下「職員心得」）があるほか、その改正にあたる二〇年一二月の「改良シタル件」、同時に制定された「管理法」、二一年七月制定の「小学生徒操行査定法」、「小学生徒試験採点法」がそれらである。いくつかについて考察しよう。

まず「職員心得」については、明治五年に出された東京師範学校による「小学教師心得」の流れをうけている。一四年の文部省による「小学校教員心得」のような、国家のため、忠君のためといった趣はみじんもない。職業人としての服務に関する内容である。例えば第二条にある、「毎日例時出勤ノ上勤怠簿ニ捺印スベシ」といった、勤務時間の厳守という近代職業人としての基本的な心構えに、規定の主眼が置かれる。

教員という職務にかかわる内容を列記しておこう。

第八条　各職員ハ生徒放課後等ノ時間中ニ在リト雖モ、監護ヲ怠ラス勉メテ罰則ニ触レシメサルコトヲ注意スベシ、

第九条　各受持教員ハ、生徒食事ノ時礼譲ヲ乱サヽル様監督スベシ、

第十条　各受持教員ハ、首トシテ生徒ノ気質、行状ヲ観察シ、之レカ養成改良ヲ謀ルベシ、

第十一条　各受持教員ハ、生徒ノ気質、行状ニ就キ平素見ル所ヲ記シテ毎月末之ヲ校長ニ出スベシ、
（中略）
第十三条　各受持教員ハ、前以テ教授案ヲ製シ校長若クハ主坐訓導ノ検閲ヲ経ベシ、
第十四条　教授案ハ各学級毎ニ綴込、学校ニ備置者トス、
第十五条　各職員ハ一週間ニ一度乃至二度会合シテ、左ノ事件ヲ協議スベシ、
　但、会長ハ其ノ校長若クハ首坐訓導之ニ当ル、
　一教育ニ関スル諸公会実施ノ方法　一教授法ノ得失　一各学科ノ研究　一学校ニ関スル衛生方法

注目すべき点は二点。一つは教案の作製、二つ目は職員会議開会の件。教案について、第一節1で見たように、正式な資格を有しない教員が入れ替わり立ち代わり小学校に勤務する状態であれば、学科の教授法についての適正さを確保することは、校長たる者の一番苦心するところである、

郡長としても、教授法の適切さに心配りせざるを得ない。そうであるから、学校職員の「協議」会を開き、そこで「教授法ノ得失」と「学科ノ研究」とを話題にする。二〇年六月時点での修善寺小学校の訓導としては大橋元一郎㉜がいるだけである。教授案を作製するためには、訓導が会得している技量を職員全体で共有することが基礎になる。

教案作製について、二〇年一二月の「改良シタル件」によれば、「教授案ハ師範学校附属小学校教授案ヲ骨子トシテ調整スルコト」という注意が出された。教案がもともと師範学校における生徒の教育実習のために導入されたという経緯からすれば、正式な資格のない教員が教授指導に習熟する訓練としては欠かせない事項であった。訓導の個人的資質に左右されないように、師範学校附属小学校の教案がモデルとされた。[27]

第一節の1で見たように、一年足らずで学校を去る、雇教員の多かった実態からすれば、教案の史的意義は、巷間言われるような、教授法の画一化・定型化に作用したと否定的に考えるべきではなく、明治二〇年前後の教員の資格

構成に伴う、教授技量を高めるための必然的施策と把握すべきではあるまいか。師範学校生徒が教育実習で学ぶこととは違い、やむなく雇った資格を有しない教員が、授業しつつ教授能力を身につけるための、訓導がそれについて指導するための、実際的手段であった。

明治二〇年代の教案は、みずから志願したわけではない職に就いた、しかし教えることを仕事とする職に就いた人たちに対する訓練手段、手っ取り早い教授法のマニュアルだった。深い指導はさておいて、間に合わせの教授には欠かせない手段だった。是非もなく、資格のない人を間に合わせに教員として雇わざるを得ない状況から、教案の史的意義を判断しなければ、妥当な史的解釈にはなるまい。

2　試験採点法

続けて、等級制と一体であった試験についての規定、「小学校生徒試験採点法」の考察に移ろう（以下、試験採点法と略す）。学科ごとに細かく採点基準が定められている。煩をいとわず、列記する。

修身科

一　修身科ヲ分チテ四問トス（学科二問、一問各三十点　作法二問　一問各二十点）

一　発問ニ対シ答得ルモ其旨意明カナラザル者ハ十点以上ヲ減シ、単ニ事物ノ暗誦ニ止リ其義ヲ弁セザル者ニハ点ヲ与ヘズ、

一　一問中僅ニ其半ヲ答エ得ル者ハ、定点ノ二分一ヲ与フ、

一　格言ノミヲ読ミ得ル者ニハ定点ノ三分一ヲ与へ、単ニ事実ヲ挙ケ得ザル者ニハ定点ノ三分二ヲ与フ、

作法

法式及挙動トモ完全ナル者ニ定点ヲ与へ、法式ヲ知ルモ挙動ノ疎ナル者及挙動熟スルモ法式ヲ知ラザル者ハ各定

点ノ半減ス、

読書科

一　読書ヲ分チテ素読、口解、摘書、書取ノ四項トス、

各項ノ定点ヲ分ツコト左ノ如シ、

素読二十点　口解四十点　書取二十点　摘書二十点（素読四個十二点　口解二個八点）、

一　主眼ノ文字ヲ読ミ得ザル者ハ、定点ノ五分一ヲ減ス、

一　大意ヲ摘言シ得ザル者ハ、一ヶ所ニ付十点ヲ減ス、

一　二字熟セル者アル時一字ヲ読得ルモ点ヲ与エズ

一　健康ヲスコヤカト訓シテ、スコヤカノ意ヲ知ラザレバ、点ヲ与エズ、

一　素読ニ於テ悉皆読ミ得ザル者ニハ口解セシメズ、但摘書ハ此ノ限リニアラズ、

作文科

一　題意ニ適ヒ字句穏当ナルモノニハ、定点ヲ与フ、

一　僅ニ一二字ヲ挿入削除セバ文章ヲ成ス者ハ、定点ノ十分三ヲ減ス、

一　文字ヲ誤リタル者、真字一字ニ付二点、仮字一字ニ付一点ヲ減ス、

一　真字ニテ書スベキ者ヲ仮字ニテ書スル者ハ一字ニ付一点乃至二点ヲ減ス、

一　受取送状及届書ニ於テ年月日氏名宛名住所番号等ヲ脱セシ者ハ三点乃至五点ヲ減ス、

一　書法ノ乱雑ナルモノハ定点ノ十分三以下ヲ減ス、

一　題意ニ反スル者ニハ点ヲ与ヘス、

習字科

一　字画筆法トモ正シキ者ニハ定点ヲ与エ、運筆ノ拙ナル者ハ定点ノ四分三以下ヲ減ス、

一　字画筆法若クハ字体ヲ誤ル者ハ一ヶ所ニ付十点乃至二十点ヲ減ス、

算術科

一　式全ク正シキモ僅ニ運算ヲ誤リ従テ答ニ差ヲ生シタル者ハ、一題ニ付十点乃至十五点ヲ減ス、

一　答式乱雑ナル者ハ、一題ニ付五点ヲ減ス、

一　問題ノ数ヲ誤認スルニヨリ数ヲ誤リシ者ハ、一ヶ所ニ付五点乃至十五点ヲ減ス、

一　答ヲ直書スルニ当リ数ヲ誤リシ者ハ、一ヶ所ニ付五点乃至十五点ヲ減ス、

一　命位ヲ誤リシ者ハ一題ニ付十点乃至十五点ヲ減ス、

一　文題ニ於テ式全ク正シクシテ、運算ヲ誤ル者ハ一題ニ付十五点以下ヲ減ス、

一　式題及心算ニ於テ算用ヲ誤ル者ハ点ヲ与エス、

体操科

一　順序、姿勢正シク挙動活発且注意周到ナルモノニ定点ヲ与フ、

以下、左ノ事項ニ準ジテ採点ス、

一　順序ヲ誤ル者ハ一節毎ニ定点ノ二十分一ヲ減ス、

一　姿勢正シカラザル者ハ定点ノ十分二以上ヲ減ス、

一　挙動不活発ナルモノハ定点ノ十分三以上ヲ減ス、

「小学校ノ学科及其程度」（明治一九年）によれば、尋常小学校の学科は、修身、読書・作文・習字、算術、体操であり、土地によって図画と唱歌を加えてもよかった。これに照らせば、修善寺小学校では、正統的な学科編成だった。[28]

他方で、静岡県が一九年に制定した「小学校学期課程」（以下、課程表とするす）によれば、学科は文部省どおりであり、図画と唱歌が選択である。同時に制定された「小学校生徒試験法」（以下、試験法とするす）も、学科ごと

の試験内容を定めている。[29]

静岡県による二つの規程によれば、尋常小学校において、修身は「簡単ナル作法 事実ノ格言」を内容とし、試験は平素の行状の検定と作法、そして、格言・事実の「口問、口答」としている。問題数は二題とされている。田方郡が定めた、学科二問、作法二問とは異なっていても、口頭試験という方法では同じである。格言の実際的意味理解を試験法は重視し、その具体例を挙げえない場合は定点の三分の二を減点するところは田方郡とは異なる。

読書については、田方郡にあって、「口解」つまり意味理解を重視しているようであり、例えば「健康」の意味が分からなければ、「すこやか」と読み得ても点が与えられない。前提としての素読ができなければ、意味理解自体が問われない。静岡県の試験法も、「単語四五個短句二三句ヲ摘書シ、之ヲ読マシメ、且短句ハ其意ヲ説カシム」としているから、その姿勢は共通している。

作文については、課程表では「郡町村名」と「口上書」が内容とされているから、田方郡と主旨は同じである。課程表に上げられている一年生の「仮名ノ単語」に即した試験法には「実物標本等ヲ示シ」とあるから、『単語篇』にある模範文どおりの作文が採点基準になっているのだろう。なお田方郡にある「真字」とは漢字のこと、「仮字」とは仮名のことである。

習字についての試験法では、「尋常小学科ニ於テハ大字五字」とある。字画、字体、筆法の誤り一ヶ所ごとに一〇点ないし二〇点の減点とあるから、修善寺小学校でも、採点方式はゼロ点方式ではない。

算術については、試験法では「実物ノ加減乗除ハ口問口答」とあるけれども、修善寺小学校では基本的に筆算の採点法を取っていると思われる。静岡県の試験法は、実物教授での計算方法を採用している。

体操にあって、試験法には「体操、徒手運動、亜鈴、玉竿等ノ中ニ於テ凡ソ十六節ヲ試ム」とある。修善寺小学校では、その一節ごとに、間違えれば二〇分の一を減点する。一節五点の八〇点で、それに姿勢と活発さが一〇点ずつ加わって、一〇〇点が定点となるだろうか。[30]

3　試験採点法の意義と機能

こまかく見てきた。この田方《たがた》郡の試験採点法についての意義と機能について、まとめておこう。制定年月の二一年七月という時点は、修善寺小学校にあって、表1にあるように、松崎敬義㉟一人が訓導でいるほかは、授業生二人がいた。松崎敬義㉟は、すでに述べたように静岡師範学校を卒業し、三つの小学校の教員経歴がある人物であったから、教授法についてはベテランの域に達している。その松崎の指導の下で二人の教員が授業結果について採点をする、その基準が明確にされたことは、採点・評価のあいまいさを排除する意義があった。算術は洋算だから、そろばん計算ではない。漢数字ではないし、洋数字を使う。そのうえで、筆算を求めて、その計算式を書きとどめることが、試験採点法のねらいとするところである。伝統的な暗算方式ではない（一部求められているようだが）。

体操は、日本古来の武術・拳法ではなく、西洋式道具を使っての手技が、静岡県の試験法では求められているから、修善寺小学校でもそれが行われただろう。そうすると、教員が新しい徒手体操、亜鈴運動、玉竿運動に習熟していないと、それらの順序、姿勢などを正しく判定できない。「一節」ごとに減点されるという採点方式だから。教員の正しい教育内容の理解が求められた。教員である授業生たちの学力向上が求められる。

逆に、採点法で留意すべきところは、教授するときに、しっかりと生徒たちに教える必要がある、ということである。目標が明確であれば教授はしやすい。授業生たちにとっては、教授の助けになるという機能を、この試験採点法は結果的に持つことになる。授業生たちが受けてきた教育の方法と内容は、おおかた師事した人に従うものである。そうすると、その人による違いがあるのは当然であって、そのバラツキを整序する機能もこの試験採点法は有した。生徒たちの試験結果の採点法が、かえって教員の教授方法の点検、現代風の用語を使えば、教員の反省に効果があった。

第三節　生徒の訓練・管理の時代と教員の職責性と排他性の顕現

1　教育課題としての訓練と管理

さて、時間を前に進めて、明治三〇年代に移ろう。修善寺小学校に、明治三八年度以降にまとめられた「校務日誌」が残されている。[31] それに拠りながら、教授以外の教育活動の一端を考察しよう。三八年四月の一二日には、このような記述がある。

本日ハ四時間授業ナルヲ以テ職員協議ノ上、郊外教授ノ為メ全校児童ヲ引率シテ、松林ノ野辺ニ春の千草採集せんとて行きぬ、道すがら四方を見や、何となく田圃の間も春めきて、一面にもえぎ色を致し、桃桜半満開入交りておもしろく、目的地点に到達して見れば、松林ハ去年の秋枝をひきし折とは一しほかはりて様子とて、木々の芽もいで初め、さわらびも子供は手にとりてかなり集りぬ、青木校長は子供一同に向ひて郊外授業の実ニ付理科初歩の話をなし、散会して二時間半遊びたり、而して帰校せしは正午十二時、昼食、午後一時間の間退散、職員は午後テニスマッチ二時間挙行、午後温泉場伊田□判読不能に晩飯会を開く、午後九時閉解、盛会なりけり。[32]

明治の時代、一般的には遠足とか運動会とかの校外活動については、郡衙の許可が必要であったとしても、教科指導についてということならば、個々の授業の形態は校長の判断が許されたのだろう。それにしてもテニスは修善寺小学校の教員が好んだもののようで、「校務日誌」に登場することが多い。

このとき、教員は表1に見られる校長青木会作(61)のほか、永井利三郎(57)、荏原正雄(59)、それに坪田やなえの名前が見られる。坪田はこの四月一日に下狩野尋常小学校から異動してきて、第四学年を担当した。[33] 青木校長は、しかし、この校外活動直後の四月一六日に堀越高等小学校に転任してしまう。新しい校長として、二三日に野秋直太郎が着任する。

さて、学校経営として、五月五日と六月一〇日の「校務日誌」記事に次のことがしるされている。前者は、

昨四日職員会ニ於テ決議シタル事項本日ヨリ実行ス、訓練、管理ノ上ヨリ躾方ノ必要上、今朝ヨリ校舎ノ正面ニ始業第二鈴ノ時全校児童集合（横列教師ノ方ヨリ右男、左女）、職員ハ其前方ニ相対シテ整列会礼ヲ行ヒタリ、自今以後、之ヲ行フ、

後者は、

本日午後ヨリ高等部ニ於テ職員会開会ノ筈ニツキ、一時ヨリ校長外職員三名并ニ米山氏高等部ニ出頭、午後三時開始、訓練ト管理ニ係ル事項及共同一致トイフコトニツキテ頗ル平易懇切、常識アルモノ、否生アルモノハ、必ズ解シ得ザル能ウベク説得セラレ、其他各種ノ事項互ニ一致ノ誠心ヲ強固ニシテ、教育ノ為ニ活動スベク完決《ママ》シテ、解散ス、時正ニ午後七時ナリ、

ここにおいて協議された訓練、管理とは、間違いなくヘルバルトの思想だろう。＊

＊職員会議において、「決議」された訓練と管理という教育活動。第二節の1に引いた教員の心得が、「教授法ノ得失」と「学科ノ研究」とを話題にすることを主眼としていたことと比べれば、教育活動に新しい観点が付け加えられたことを示している。小著[34]で考察した群馬県吾妻郡の事例と同じである。

ヘルバルトの、当時翻訳された書によって、このことばは吟味されるべきだとしても、筆者にその調査能力はないから、ヘルバルトの現行訳書で検討したい。まず第二節1で取り上げた、二〇年に策定された「管理法」にある、

一　生徒教場ニアリテハ、何事ニ拘ラズ直立シテ発言スベシ、

というのは「管理」に相当し、別の、

一　生徒行厨ヲ食スル時ハ、受持教員ハ共ニ食スベキコト、但、食堂アル学校ハ此ノ限リニアラズ、

という指示は「訓練」に該当する。

さて「校務日誌」六月一三日の掃除の記事は、訓練の実践の様を示している。引用しよう。

実ニ何年トナク創立以来掃除ラシキ掃除ヲセシコトナカリシカト、之ハ想像ノミダガ、堆積スル塵、煤、楽書ナド一洗セントテ、五月以来校舎ノ掃除ヲ始メ居タリ、今日ハ野秋校長充分ノ身支度ヲナシ卒《率》先フキ掃除ニ尽力セラル、上ノ行フトコロ下之ニ従フハ勿論、良心アリ勇気アッテ恥テフコトヲ知弁セル部下ハ、皆共ニ倶ニ大掃除ヲナシ、終テ帰途ニツキシハ午後五時二十分ナリキ、

五月一七日の生徒とともに大掃除をした記録と合わせて、訓練活動の記録である。他方で、次の行動は「管理」に該当しない。武士の作法の名残に過ぎない。

一　生徒敬礼法ハ、前以テ受持教員ニ参観者アルコトヲ通知セシ時カ、若クハ校長、訓導ノ案内シタル時ニアラザレハ、監督ト雖モ敬礼セシメズ、其敬礼法ハ、教師止メノ令ヲ発シ教員先ツ敬礼シ、然ル後礼ノ号令ヲ下ス、生徒ハ立テ体ノ上部ヲ曲ケ、手ノ膝マデ垂ル、ヲ度トス、

両者の識別をヘルバルトの理論に即して説明しよう。周知のことに属するけれども、確認しておけば、「教授の場合には常に教師と生徒が同時にかかわりあう何か〔第三者〕が存在している」。対して管理と訓練は、「生徒は……教

育者に対して〔直接的〕に関係している」[35]。ここで言われる〔第三者〕というものは、科学であり学問である。教授は科学を介して、生徒と教師が関わり合い、管理と訓練は生徒と教師が直接関わり合う。そのうえで、管理と訓練は、心情にどう向き合うかによって異なる教育的働きかけである。「子どもたちの管理というものが、子どもの心情の中に何か達成しようとする目的をもつものではなくて、ただ秩序をつくり出そうとするものであるにすぎない」[36]のに対して、「陶冶しようとする意図をもって、青少年の心情に直接的に働きかけること、が訓練である」[37]。ヘルバルトは一般的な例として、管理と訓練の違いをこう述べている。

授業時間に平静と秩序を維持することや、教師を無視しているようなあらゆる徴候を除去することは管理の仕事である。しかし、注意深さやいきいきとした理解は、平静と秩序とは、なお別なものである。子どもたちは、まだ何の言葉も知覚しないうちに、きちんと静かに坐ることをしつけられるかもしれない。――しかし注意深さをひき出すために多くのことが結びつけられなければならない。教授は、理解しやすくなければならないが、しかし〔容易〕であるよりはむしろ〔困難〕であるべきだ。さもないと教授は〔退屈〕になる。教授は前に述べたような興味を連続的に育てなければならない。しかし生徒はまた、すでに正しい気分でもって歩んでいなければならない――この気分が習慣となっていなければならない。これが訓練の仕事である。[38]

筆者が誤解していたことの不明を恥じなければならない。管理についてだれもが思い抱く、おどかし、罰などは、ヘルバルトにとって、教授するための障壁に突き当たり、弊害を生んできたから、避けられるべき手段である。子どもたちの従順さは、「子どもたちの意志に結合されて可能」なのである[39]。そうだからこそ、「一方では、訓練は、すでに独立した人間の比較的後の品性陶冶に影響を与えるような教授を実施するのに役立ち、他方では、行動したり、あるいは行動しないことによって、品性の発端がつくりだされたり、あるいはつくりだされないことに役立つ」[40]。

子どもたちの意志的従順さを統率するものが、「権威」と「愛」であるとヘルバルトは言う。こうした個人的な教育観であることを、明治三〇年代になって批判され、社会的教育学に明治教育史は塗りつぶされて、国家的傾向に教育が汚染されてゆく。

修善寺小学校に戻ろう。訓練の一環として、級長が置かれるようになる。明治三九年の五月二三日の「校務日誌」によれば、

級長、副級長ノ発表ヲナセリ、
尋常第四学年　男級長　□□芳男
　　　　　　　女副級長　□□とく
仝第三学年　　級長男　　□□善直
　　　　　　副級長女　□□なよ
仝第二学年　　級長男　　□□盛一
　　　　　　副級長女　□□つる
右ハ不日辞令ヲ下付スルコト、ス、[41]

さらにその意義の重さを強調するため、二年後には、記章を付けさせるようになる。四一年の「校務日誌」に、次のような記事がある。

六月六日職員会ニ於テ議決セシ事項中、級長、仝次長、模範生、当番、監督等ニソレゾレ記章ヲ与へ其実ニ整確ニ実行セシメ、且ツ之ヲ世間ニモ公ニ知ラシメントノ目的ヲ以テ、各種色別ニシテ、各児童頒与セリ、
色別　紫　級長1、　濃緑　級次長2、　白　模範生、　赤　応接当番2、　紫紺　□《不明》用当番各級2、　淡緑　監督2、[42]

明治四〇年代になると、小学校では子どもの協働自治が学校運営の重要な課題になる。[43] 教員が学級活動を取り仕切るのではなく、子どもに様々な役割分担を与えて、級長を中心とした子どもの協働による学級経営を図ってくる。訓練の絶好の活動領域になる。修善寺小学校にあって、級長の役割、教員からの指示命令関係については、遺憾ながら史料がない。一般には級長の多くは教員による任命であり、修善寺小学校でも、辞令の下付ということだから、校長による任命という様がうかがえる。

2　教員間の職責認識の落差と排撃

教員の有資格者と無資格者との間に、職責認識のずれが生じてくるのも、この時期である。そのずれに、国家に対する義務性という教育職責の認識が介在していることが、この時期の特徴である。重責を担うことの裏返しとして、職責認識の薄い同僚に対する非難・叱責があからさまに「校務日誌」に記述されている。明治三九年三月六日の記事には、

> 熊坂校ニ幻灯会執行、塩谷訓導宅ニテ晩食ヲ終へ、午後七時ヨリ十字迄、□□校長、□□准訓導学事ニ冷淡ニシテ、学校ノ為メ活働《ママ》セザルコト、、而シテ家庭ノ連絡親密ナラザルコト、、□□氏ガ土地ニ人望ノナキコトハ鏡ヲカケテ見ル如ク、教育ノ何者タルヲ弁知セザル、教育ノ大任ヲ全フセザル、教育者間ノ油虫トイフモ強チ過タルニアラザルベク、国家教育ノ為メ彼ガ如キハ陶汰《ママ》スルノ必要ヲ認ム、監督官庁ガ去リ、枕ヲ置クハ国民教育ノ啓発ヲ無視スルモノナリト感アリ、記スコト特ニス、[44]

名指しされた人は、修善寺小学校本校の人ではない。他方では、比較的に称賛する声を出す。同月八日の記事ではこう評される。

本日堀切大沢□《不明》ニ教育幻灯会執行ノ予定日ニ付出頭、午後四時出発、当夜水口喜作方ニ於テ晩食ノコトヨリ宿泊ノコト朝食迄一切ノ手数ヲ煩ハシタリ、来会父兄女子非常ニ多数ニテ立錐ノ地ナキ位、頗ル熱心ナルコト熊坂ニ反ス、□□校長ノ徳育普及ノ力多大ナルコトヲ確信ス、[45]

この問題は、学校と地域との関係に属する。三八年は日露戦争まっただなかであった。召集された兵士の出征を見送る行事、戦勝祝賀行事などが「校務日誌」に頻繁に記述されている。国家的行事にあたっての、地域と学校との関係は濃い。戦意高揚の気分のなかで、教育の国家への義務性意識が教員に職業責任としてのしかかる。

教育と地域との関係は、大きな問題として通学しない子どもへの対応にも現れる。家庭訪問が教員には欠かせない仕事だった。そうした記事から一例を挙げておこう。明治四二年六月七日の記事である。

尋五□□□□（北又）□□□□（仝上）永欠席につき理由を取り糺すため家庭を訪問す、折しも春蚕の最終期に当り屋内の混雑名状すべからさる者あり、僻在せる村落に於ける中等以下なる農家の状況を見て思いに過ぐる者あり、衣食足りて礼節を知るといふなる管仲の議論は今に於て吾人を欺かさるの真理たるを知る、彼等を支配すべき観念は損得あるのみ、義務念の欠乏言語道断といふの他なきを見る、[46]

子どもみずからが家業を手伝い、家族が生活に追われていて学校どころではない現状の一端に触れながら、生活苦に情を寄せても、なお国家への義務という御旗をかかげて通学を迫る、教員の自己中心的な観念から抜け出られない、学校の壁がある。この障壁は学校・教員の側から作られている。地域との連絡を標榜しても、学校が関係を断っている。他校の教員を非難しながらも、それは直ちにおのれの問題として捉えなおされるべきことではなかろうか。

この教育熱心さは、他面、同僚の欠勤の多さへの非難になる。「校務日誌」を多く見る筆者の経験するところからすれば、職員の出勤・欠勤事項は毎日必ず記録されるほど重要だった。しかし、欠勤者に対する非難をあからさまにしるす例は少ない。明治四〇年五月の記事を引載する。

□□准訓導無断欠勤、県民教育ノ被害又多大也、無届欠勤トハ何タルコトゾヤ、血ナキカ、骨ナキカ、異人種カ、常識ナキカ、腐敗漢、葉書郵便ノ便アルヲシラザルカ、汝ガ受持テル数十ノ愛児ハ師ト仰キ、神ノ如クニ尊崇シテ汝ノ不在ヲカコテルゾヤ、汝ハ何故ニ職務ヲ重ゼザル、何ノ目的アリテ此職責ヲ荷ヘルカ、記者ハ可憐ナル愛児ノ為メニ同情ノ感措ク能ハズシテ、罵辞スルノ已ムヲ得ザルナリ、冷血族ニアラズンバ沈思シテ汝ガ良心ニ問へ、而シテ答ヘヨ、

咄　サリナガラ又迂闊ニシテ、汝ガ言ヲ容レ、カク迄怠慢不遜ノコトヲナサシメタルハ、記者ガ汝ノ本性ヲ観《看》破シ得ザリシナリ、記者ガツミナリ、然リナカラ自今以後、慎重ノ態度ヲナシ（以下空白）[47]

口をきわめてののしっている。相当の憤懣こらえきれずという感情の爆発である。翌日出勤してきたこの教員に対して、校長らが「参考ノ為将来ノ心得トシテ一言ヲ吐セリ」とまで出た。すると、この教員は即日退職を申し出た。国家観念としての教育義務意識の宣揚とは裏腹の、教職に関する職務認識の未成熟な人への憤激。しかし、そういう人でも教員に雇わざるを得ないという教員確保の困難さが、この感情の背後にはある。

師範学校出の教員が増えてゆくことによって、彼らと、場当たり的採用教員との教育に向かう姿勢の落差が大きく、その間に、協調性ではなく敵対的な関係が生まれる。明治四〇年代は、教員の聖職化傾向とその場限りの雇用教員との意識差が顕在化してくる。学校経営の大きな課題が現れてくる時期として、明治四〇年代は捉えられるだろう。

おわりに

伊豆における学校史の端緒についたに過ぎないとしても、間に合わせの、短期間雇用の教員が多かったことが本稿でも確認できた。師範学校出の教員がそれでも多くなってくる時代になると、正格な教員と間に合わせ教員との職責

の認識落差が目立つようになる。とくに教員の聖職者意識と教育の国家への義務性が強調されてくる明治四〇年代になると、両者の溝は深まり、正格教員からの、間に合わせ教員に対する非難と叱責があからさまに表出される。学校経営上の新たな問題として登場してくる。

生徒指導上は、学科の教授の問題として教案の作製が、間に合わせ教員の対策として重視されてきたが、それに加えて訓練と管理の問題が生じてくる。ヘルバルトの影響は教授段階説だけではなく、訓練と管理の実践としても、この地、修善寺小学校でも職員会議の課題に上る。

訓練と管理の問題は、師表としての教員の行動・態度が問われることにつながるから、よけいに間に合わせ教員の職責の薄さへの非難を激しくさせる。国家への教育義務、この観念が教員間の軋轢を劇化させるとともに、不就学の子どもに対する叱責の教員における根拠ともなる。両様を明らかにできたのが本稿の成果といえるだろうか。

教員の短期間の転職・移動という問題について、教員史家は給与が安すぎるからと説いてきた。たしかに、表1によれば、助手・授業生らは三円、二円の額であるから、訓導六円の半額以下、校長兼訓導一二円と比べると四分の一、六分の一と、低額である。ただし、農業地帯修善寺という地における給料生活者を外に比べる材料がない。兼業農家という教員の立場も否定できないとすれば、給料生活者の相場がいかほどのものなのか、判断できないままとする。他方で、長く修善寺小学校に勤めた山田祐三郎㊻は、八円、九円、一一円、一二円と増俸している。同じく永井利三郎㊼も一一円、一二円、一三円と一年ごとに増額している。明治三〇年代は定期昇給の時代を迎えたかどうか、これからの研究に解明を期待したいところである。

〔**付記**〕本稿は静岡大学在任中の二〇一一年秋ごろの調査によっている。修善寺小学校長、上野秀也先生には、史料の閲覧をはじめ、いろいろとお世話をいただきました。おかげで貴重な史料から、筆者なりの史的考察ができました。末尾ながら、上野秀也先生にお礼を申し上げます。

註

1　『静岡県田方郡誌』一九一八年による。

2　関係資料は、『大仁町史』（資料編三、近現代）を参照のこと。

3　修善寺小学校蔵「其一甲　学校沿革誌　修善寺尋常高等小学校」。以下史料㈠とする。

4　六年に金剛寺に仮校舎を建て、七年にそれを泉龍寺に移し、以降隔年に堂宇を教室に充当したという。史料㈠。

5　六年に自得院に開設し、徳門小序とも命名したと、史料㈠にはある。『文部省第二年報』によれば、このふたつの学校名称は、「親民小序」と「徳門小序」となっている。

6　『文部省第二年報』は、「明治七年中提掌スル教育ノ条項」を記載している。

7　『静岡県教育史』史料編上（一九七三年）によると、「今般学事改正ニ付テハ、此際夫々校名御開申可相成ノ処、右名称ノ義ハ是迄故事熟語等ヲ用イ来リタルモノ多ク、動モスレハ呼称同一若シクハ類似スルモノ有之、取扱上間々不便ニ感スル義モ有之候ニ付、之レニ付スルニ学校設立地、若クハ戸長役場所在地ノ町村名（中略）ヲ以テスルトキハ、前顕ノ不便無之ノミナラス、一目以テ其位置ノ何タルヲ知ルカ如キ、至極便宜ノ事ト被相考候」とある。三〇一ページ。

8　修善寺小学校蔵「明治二二年七月調　修善寺尋常小学校沿革誌稿」による。以下史料㈡とする。

9　史料㈡。

10　史料㈠。以下の記述は、いずれも同史料から。

11　花井信『山峡の学校史』（川島書店、二〇一一年）四六ページ以降参照。

12　国立教育研究所『日本近代教育百年史』第三巻、学校教育1、一九七四年、一〇〇六ページ以降参照。

13　同右書、九九〇ページ

14　花井信前掲書、四二ページ以降参照。

15　『文部省第十五年報』第二冊、三〇～三一ページ。

16　史料㈡。

17　同史料㈡。

18 明治八年の景況をしるした『文部省第三年報』第二冊によれば、東山村に七年に開設された。『文部省第五年報』第二冊になると、阿僧村に建てられている。
19 花井信前掲書、四六ページ。
20 史料㈠。
21 花井信『近代日本地域教育の展開』梓出版社、一九八六年。
22 『文部省第五年報』第二冊、一三九ページ。
23 史料㈠。岩城魁は本章初めの履歴紹介で漢学を学んだとした。この記事に従えば、その後に、洋学も学んだことになる。
24 『静岡県田方郡誌』一九一八年、四五一ページ。
25 『静岡県教育史』通史篇上、一九七二年。四四八ページ以降、六五九ページ。
26 史料㈡。
27 明治二〇年代の教案について、翻刻が、川村肇「教育勅語発布後の小学校修身科教育の実際（上）――修身科教案　第一／第二学年」（獨協大学国際教養学部『マテシス・ウニウエルサリス』第十三巻、第一号、二〇一一年）にある。一年分の教案である。考察が加えられはずの（下）の論稿が見つからない。
28 『静岡県教育史』資料篇上（一九七三年）、三〇四ページ以降。
29 同右、三一〇ページ以降。
30 明治二〇年代の試験の考察については、試験問題の内容を検討しつつ、国民的徳性と実用知にわたって、筆者の及び得ない豊かさと刺激溢れる問題を提起している、平岡さつき「一八九〇年前後に期待された地域の子どもたちの『学力』」（花井信・三上和夫編著『学校と学区の地域教育史』川島書店、二〇〇五年）を参照されたい。
31 修善寺小学校蔵「明治参拾八年四月以降　校務日誌　修善寺尋常高等小学校」。以下、とくに断らない限り同史料から。
32 引用中のカタカナ、ひらがなは原文のまま。
33 修善寺小学校蔵「明治三十八年度以降（昭和五年二月補遺）沿革誌其三　修善寺尋常高等小学校」。
34 花井信前掲『山峡の学校史』。

35　ヘルバルト・三枝孝弘訳『一般教育学』明治図書、一九六〇年、一八〇ページ。
36　同右、三四～三五ページ。
37　同右、一八二ページ。
38　同右、一九二～一九三ページ。
39　同右、四一ページ。
40　同右、一八四ページ。
41　修善寺小学校蔵「明治三十九年四月以降　校務日誌　修善寺尋常高等小学校」。
42　修善寺小学校蔵「明治四十一学年度　校務日誌　修善寺尋常高等小学校」。
43　花井信前掲『山峡の学校史』参照。
44　前掲「明治参拾八年四月以降　校務日誌　修善寺尋常高等小学校」。
45　同右。
46　修善寺小学校蔵「明治四拾弐年壱月より仝四拾三年六月まで　校務日誌　修善寺尋常高等小学校」。名前は男女ひとりずつ。原文がひらがな混じり、読点も原文のまま。
47　修善寺小学校蔵「明治四十年度四月以降　校務日誌　修善寺尋常高等小学校　尋常部」。

第五章　明治三〇年代教員の教育活動と職員会議

序　法制と慣行

明治三〇―四〇年代の小学校教員の教育活動は、教授活動に力点を置いていたものから、それに訓練指導が加わるという変化をみせた。この重心移動論は、職員会議における協議事項の内容変化に基づいた小考である。[1]

職員会議の制度的性格については戦後かまびすしく議論されてきた。最高意思決定機関、校長の諮問機関、補助機関など。二〇〇〇年の学校教育法施行規則の改定によって、法的には一応決着はみたとしても、職員会議は自生的にまた学校環境的に成立したものであるから、その制度的性格はなお検討を深めていく必要がある。

職員会議において教授活動が議事内容の多くを占めるのは、その学校の教員が有資格者ではないことが多いから、生徒への教授活動について校長または主座教員が丁寧に指導しなければならないからである。教員へのなり手が少なく、とりあえず間に合わせ的に誰かを雇わなければならない。雇われた方も、我流は別にして、教授の方法を伝授してもらわなければ教壇には立てない。こうした学校環境が職員会議の議事内容に反映される。

教育活動が慣行的に成立するのは、教育活動が制度的規定にそもそもなじまないという性格による面と、他方では教員の資格別構成という学校環境によって規定されるからである。教員の勤務年数が短いという問題と、入れ替わり立ち替わり教員が移動するという問題とが――教員の勤務年数の短期性と頻繁な移動性が教員の教育活動のあり方を決めた。この両方の間に介在するのが無資格教員の間に合わせ的採用である。教員の履歴・経歴に関するこの三点を考慮に入れないと、教育活動の慣行的成立を上手く説明できない。

教案の作成という慣行も、有資格者が少ないなかで、教員としてとりあえず雇われた者が、手っ取り早く教える要領として与えられたマニュアルであったと、小稿で指摘した。[2] 教育方法の定型化・画一化と教案の作成義務を批評するのは、[3] 現代の学校の隆盛、教員養成機関を卒業した者が教員としてそろっている現状からの思考である。歴史的視点に立てば、生徒に何事かを教えるために必要不可欠な、在職教員に対する校長の指導措置だったのである。

明治三〇年代の職員会議の内容事項が著しく教授活動に「偏向」しているという論点も、[4] 教授経験のない教員たち――学校環境のしからしむるところである。校務分掌という概念や教育活動の拡大は有資格者教員たちの増加と無縁ではない。訓練指導が学校の内に入ってくるのは、ヘルバルトの理論がようやく実践化されたというところに理由を求めるのではなく、教員のなり手の履歴・経歴に変化が生じたから、という原因説明の方が歴史的解釈としては妥当であろう。

いま一つは、学級というものが成立したものの、その在り方とそこへの教員の配置がいかように行われていたか、という教員組織のあり方もかかわってくる。学級は訓育指導にふさわしいという卓見に沿いつつ、なお当時の教員の配置原理、そこを見ておかないと訓練指導が学校に登場する契機を見失う。

職員会議における協議事項に基づいた、教員の教育活動の重心移動という私見は、しかし恣意的な判断ではない。日露戦争による人口の大量減少、農村の疲弊という重大事態に対処すべく、内務省指導で全国的に展開された地方改良運動、そのモデル県という地位にあった群馬県の小学校の活動を見たところに基づく。そこにおける優れた学校運営を行ったことで褒賞を受けた学校長指導下で行われた職員会議、その協議事項を見たところによる。歴史的考察としては妥当性を有している。

それにしても、先達の偉大な業績に比すれば小考である。そこで、さらに愚見を敷衍するために、静岡県西部における小学校教員の教育活動を考察しよう。教授活動から訓練指導へと教育活動が拡充していくためのシステムのありようが明らかになるであろう。そして職員会議の協議事項を中心に追いかける構成になっているから、職員会議の慣行的性格も浮かび上がってくるに違いない。管見も、束ねれば大容量になるし、全体像も見えてくるようになるだろう。

取り上げるのは静岡県磐田郡井通《いどおり》尋常高等小学校（現在の磐田市豊田南小学校）である。井通学校文書[5]は、磐田市歴史文書館に保管されているものである。

第一節　教授と訓練をつなぐ教員の態勢

井通尋常小学校が井通村の成立とともに、その名称をもって設置されるのは明治二二年二月、静岡県からの認可は翌二三年三月のことである。[6]明治二五年には、補習科から名称替えされた高等科が併置される。[7]井通学校文書のなかで職員会議の記録が残されているのは、明治三〇年七月以降のものである。七月五日に開かれた第一回の職員会議は午後三時開会、六時閉会となっている。その議事録の標題は「議題及決議の要領」。議事内容については、「議題は学科時間数に関する件にして別冊教授時間割第一表の如く決定す」とある。[8]この明治三〇年の記録以降、職員会議の議事認識としては「決議」である。

この記録簿において職員会議の通し番号回数は明治三三年三月三日まで第四四回と付せられ、ついで簿冊が改められて、明治三三年四月一〇日が第一回として記録が始まり、第二三回が三四年三月九日、とんで第二四回が三四年一〇月三〇日に記録され、通し番号第五四回と付いているものが明治三六年三月一七日付である。[9]中途の史料散逸があって、明治四〇年九月二八日からの記録が残されている。[10]さらに明治四五年以降の記録が「明治四十四学年度第三学期第一回職員会」から始まるが、本稿の検討対象からは外れる。

これら三冊に記録されている職員会議の協議事項は、一貫して提案された議題についての議決であった。記録者によって表現の違いはあるとしても、決議・可決・決定・議決・延期・否決など、協議の結果が記録されている。したがって職員会議で協議され決定されたものは、「習慣法」という表現がしばしば用いられ（初出は明治三五年度）、教員に対して注意が喚起されている。

明治四一年一〇月二四日の記録を垣間見ると、[11]

前回に於て決議したる普通参観（ロ）の方面につき左の通り補足決議す（中略）、

今回提出案多し、

(1) 可決（省略）、(2)可決（省略）、(3)報告（省略）、

といったごとくである。

なお職員会議に出席した教員の名前の確認は本稿の対象外とした。明治四五年一月一三日の第三学期第一回職員会議の記録から列記されるようになったからである。校長が大橋勤から喜多川平次郎に交代したためと考えられる。[12]明治三〇年代に比べると、四〇年代に入ると職員会議の回数は年度で一けた台に減少する。

1 教科に応じた教員の受け持ち

議題として必ず取り上げられる、教員の教科受け持ち時間数は、教員に均等に割り振られたもようである。例えば明治三五年九月九日に開かれた第四〇回職員会議では、校長を含めた一三人の教員は（代用教員も含め）、二一ないし二三時間の受け持ち時間でならしてある。ただし、その担当学年・学級・教科は複雑である。史料上の分類表記に従えば、表1にまとめたとおりである。[13]修身は校長が全学年・学級（高等科も含む）を通して受け持つことが職員会議で決まっていたから、それを除く配置が示されている。

表1によれば（尋常科だけに限って表している）、新井准訓導は一年生女組の国語を六時間、男女合同の体育を二時間、そして男組と女組の算術を五時間ずつ受け持った。鈴木徳英は一年男組の国語すべてと、女組の新井の残余の

表1　井通小学校（尋常科）教員受け持ち教科目及び時間数（明治第35学年）

	尋1女国	尋1男国	尋1女国	尋1男女算	尋1男女唱体	尋1男女体	尋2男国	尋2女国	尋2男算	尋2女算	尋2男女唱	尋2男女体	尋3国	尋3算	尋3.4女体	尋3.4男体	尋3.4唱	尋4国	尋4算
新井	6			10		2						4	㉒						
徳英（鈴木）		10	4					⑭ +8											
荒野					6						4		⑩ +12						
松本							12		6			⑱ +4							
内山								12		6			⑱ +3						
鳥倉													15	6	2		㉓		
荒野											② +21					2			
大橋												④ +18					4		
徳蔵（鈴木）												㉑ +2						15	6

注⑴校長（史料には鈴源とある）が、修身を全学年を通して教えた。2時間ずつと思われる。

⑵「明治第三十学年以降至三十五学年　職員会決議録　第武号」から作成。

⑶〇で囲った数字は尋常科の受け持ち時間数。プラスしてあるものは高等科で受け持っている時間数。

国語を担当した。他に高等科の国語を受け持っている。荒野代用教員は男女二組に編制された一年生の唱歌二時間ずつ、体操を合同して二時間、二年生の男女二組の唱歌を二時間ずつ、他に高等科の裁縫を一二時間すべて担当した。松本代用教員は二年男組の国語すべてと男組の算術すべてを受け持ち、他に高等科の理科の一部を担当している。内山は二年女組の国語すべてと女組の算術すべてを受け持っている。他に高等科一年の国語の一部を担当している。鳥倉准訓導は三年（男女別編制ではないようだ）の国語と算術両科目のすべてと、三年四年合同の女体育を受け持っている。高等科は担当していない。荒野は三・四年合同の男体育を受け持ち、他に高等科の国語と体育を担当している。大橋が三・四年の唱歌を二時間ずつ受け持ち、他に高等科の国語・唱歌、そして、高等科女組の地理と歴史を担当している。鈴木徳蔵は四年の国語と算術のすべてを受け持ち、高等科女組の理科をも担当している。

以上の表1についての解釈は、明治三三年小学校令施行規則第四号表に基づいている。第四号表によれば、尋常一年は修身・国語・算術・体操がそれぞれ二・一〇・五・四の時間数（合計二一）、ただしそのなかから唱歌などにまわしてもよい。二年は同じく二・一二・六・四の時間数（合計二四）。三・四年は同じく二・一五・六・四（合計二七）となっている。井通小学校は、体操の四時間から二時間を唱歌にまわしている。

表1に即して解説すると、尋常科一年担当の荒野が唱体で六とあるのは、同じ尋常科担当の新井と照らせば、体操を二時間ずつ持ち、唱歌は荒野が一年を二組に分けて教えたということである。他方、尋常科三年を見れば、鳥倉が国語一五・算術六・体操二を担当しているうえに、唱歌を二時間大橋が受け持ち、それらに修身二が加わって、施行規則第四号表の二七時間というように、この表1を読み解くことになる。

井通小学校の教科受け持ちの特徴は二点ある。一つは、特定の学年・学級のすべてを一人の教員が担当しているわけではないこと。学年・学級に必ず複数の教員がかかわる体制になっていることである。二つめは、したがって校長を除いて、特定・専任の教科を受け持ってはおらず、複数の教科を担当していることである。

この論点は、小著『山峡の学校史』で考察した、「授業担当ハ分課専授ヲ用ヒス」という史料上の文言の解釈にかかわる。小考では、「例えば修身という学科を、特定の誰かが専門的にすべての級にわたって教えるという体制は、とっていないということである。それぞれ担当する級の課程をすべて教えること」と解釈した[14]。明治一四年の小学校教則綱領の時代の状況理解であったから、井通小学校の場合とでは二〇年の時が流れている。

その途中の明治二〇年から二四年にかけての伊豆修善寺小学校の場合について、小稿では「学科により授業を分担し、学年には主任者を定めた。なお『副科』を設置したとあり、それは二四年三月に廃止されたようである……愚考すれば、『副科』とは『専科』に対する言葉であって、教員が特定の学科を専門的に教えることを中心にして、かたわら別の学科を『副科』として教授する、という意味」と書いた[15]。

この二例と違い、井通小学校の教員配置は、学級というものが成立した三五年の時点の問題である。松本と内山は二年生の男組と女組のそれぞれ国語と算術を受け持ち、鈴木徳蔵は四年生の国語と算術を担当していても、唱歌と体操については別の教員が教えた。鳥倉は三年生の唱歌を除く、国語と算術と体操を教えた。松本は代用教員であるから資格別を理由に交代したというわけではないだろう。その松本にしても、同じ代用教員の荒野くににしても、高等科の教科を受け持っているのだから、資格を厳密に考えると規定外の担当をしている。

愚考すれば、学級に教員を配属するのではなく、教える教科目に即して教員の受け持ちを配置させたということであろう。学級が主ではなく教科目に応じた配置。それに加えて受け持ち時間数の均等性という考え方。井通小学校の学校管理には、その二つの面が見えてくる。

ちなみに、一時間当たりの実質教授時数がどうなっていたかといえば、明治三三年九月一七・一八・二〇日にわたって開かれた第一四回の記録では[16]、

一回の教授時間は三十五分、休憩十分時間とし、従来の四十五分間の教授時間にて教授したる総時間を控除し、其の回数を定む、

として、教授総時間数は維持したまま、単位当たりの教授時間数を減じた。

なお、この職員会議記録によれば、「鈴源」が修身を全部担当とあるのだけれども、「井通村々誌」によれば、須山源蔵が明治三五年八月から校長として赴任したことになっている。姓が中途で変わったか。

2　訓練論の初期形成

つづいて訓練論の初期形成について論じたい。まず早く決められたもの（明治三〇年七月）が、級長・副級長制度である。意図は、「生徒自治の精神を養成するの一手段」ということにある。[17] 選定方法は生徒全員の記名投票によって、定員（級長一名・副級長四名）倍の候補者を選んだ者のなかから、「職員会議を経て」校長が任命する。級長の職務の第一は、「学校の命令を其級生徒に伝達し、又生徒の希望を学校に申し立」てることである。学校からの命令伝達、生徒の要望伝達である。そして、教室外における「生徒の監督」をし、教室内では「生徒の風紀を維持する」ことに務める。

全国的に明治三〇年代から生徒の自治論が出てくるなかで、旧稿において指摘した二つのタイプ[18]（管理的級長と共同自治の中心としての級長）に照らすと、中間とみられる。命令を伝達するけれども命令はしない。ただし教室外では監督する。教員の目の届かない範囲では助手としての役割が期待される。としても、生徒の模範となることは求められない。

自治の習慣を養成することは訓練論に当たる。三三年一二月の第二〇回職員会議において、「訓練条目中の数条」として、二つ、

一、自ら正当と信ずる希望あらば躊躇なく申し立てしむべきこと、

二、他の喜怒を恐れて自ら為さんと欲する事を躊躇せしめざる事、

が挙げられているだけである。[19] ただし、「続訓練条目」全一五条と、その前の一一月の職員会議で定められた「訓練条目中の数ヶ条」全二四条は、明治初年期の生徒心得の域を脱していないので、取り立てて扱うものではない。訓練

論が形成される初期段階なのだろう。これらのなかで、前記の「躊躇」しないという二項目は、自己表明の重要性、行動の果敢性が強調されたと、自立性の土台とみなされたといえよう。

訓練論としての賞罰についてては、それを公開するかどうか、三一年六月四日の職員会議で議論され、「賞は充より公開すべし、罰は其情状により一定し難しといへども、事の全般に渉るものの如きに至ては亦公開すべきものとす」。試験にかかわる賞罰は文部省の指示で禁止されたことがらであるから、ここは、行動・態度にかかわる賞罰、訓練論の問題と見なければなるまい。

最後に経済観念――無駄遣いを戒めることへの対応である。三一年六月にあっては、「学校の一面において如何に尽力するも効益少し」と慨嘆しつつ、後の一二月に一つの成案を得る。「生徒学費の濫費を防ぐ」という目的で、「学用品購入認可証」というものを使用させる。学用品を新しく買い求めようとする生徒は、学校教員にこの認可証を求め、教員は学用品の消耗程度から判断して必要と認めればそれを渡し、生徒はそれを家庭に示して現金または現品を受け取る。現品を受け取った生徒は現品と認可証を受け持ち教員に示し、現金の場合は現品を購入して合わせて教員に示す。受け持ち教員はその可否を判断して、用がすめば認可証を預かる。旧稿で指摘した、通信簿における「学費録」と同じ機能を有する。[20]

訓練指導に言及できるのはここまでである。

3　学級に向かう教員の態勢

訓練指導が初期形成にとどまったのは、史料上の制約ということではない。訓練指導が本格的に行われるためには、学校の態勢がそこへ向けられる必要があるからである。次に示す、明治四三年一一月二一日の職員会議で決議された、郡視学の指摘は何を意味しているのだろうか。

職員の昼飯を喫する時期につきては、種々の研究の結果、各級共第三時の教授者は其教室にて児童の食事を監督し、食事終りて室外に出でしめたる後（雨天の際は室内に留め置く）、各自職員室に於て食事すること従来の規定通りとなし、右児童の食事監督に関係なき職員は職員室に於て児童と同一時限に食事を終り、前者の食事を終る時限までは当日の監護当番にあらずといへども、特に監護の責任を負ふ、[21]

教員が生徒に対するのは教科においてであって、教授以外の生活態度や行動には対していないという、教員の配置構造――態勢があった。学級受け持ち教員が決められていても、教科ごとに教員が入れ替わることは、先に見たとおりである。教科を教授することにおいて生徒に対する、教員―生徒関係が存在していた。筆者は明治二四年の「学級編制等ニ関スル規則」の説明のなかで定義されている、「一人ノ本科正教員ノ一教室ニ於テ同時ニ教授スヘキ一団ノ児童」[22]というものを、現代のような日常の生活をも共にする、生徒への対し方と錯覚していた。よく読めば、教授に限っての概念が学級である。行動や態度も合わせて指導する場という概念が、この学級概念にはまだない。

いや、もっと正確に言わなければならない。明治二四年の「学級編制等ニ関スル規則」は明治三三年小学校令施行規則が制定されたときに、その第二二三条で廃止されたのである。だから、教授の場としての学級概念自体が再考されなければならない。あるいは、教授以外の機能を含ませるために、法による概念定義を避けたのかもしれない。学級に関する実定法は現実の実態に合わせて修正される必要がある。

学級に関する一般理解は、教授する場と生活する場の二面を持つというものである。しかしながら、明治の時代にあっては、生活する場――訓練指導という学級概念が成熟していないのではあるまいか。旧稿で指摘した、教授活動から訓練活動にも指導の力点が移るという重心移動論は、ここ静岡県磐田市域には十分に当てはまらないよう考えられる。

明治初期の生徒心得のように、教室は授業の時にだけ入るものであり、終われば居てはいけない空間であるところ、昼食時は教室内にいることが許されても、食後は室外に出るよう指示されていた実情があった。こうした、教授活動が展開される場が教室であり、教科に対して教員が配置されていたところでは、教員が学級所属の生徒に対して生活態度や行動への指導が入る余地はない。

旧稿では、群馬県吾妻郡の小学校を考察して、授業のための教室への出入りは級長が号令をかける明治四〇年代の事例を見た[23]。井通小学校が明治三〇―四〇年代に、どのような教室使用規則を制定したかは知り得ない。慣行があればそれに応じた慣行が対して存在する。もちろん言うまでもなく、教室外に校庭があるかどうかの基本問題がある。明治三三年小学校令施行規則で運動場が必置とされてもである。

学級に対する教員の配置が教科の教授に即してなされている状況にあっては、訓練論はまともに論じ得ない。職員会議が一定程度生徒心得的な規則を制定しても、本格的な訓練指導に取り組むことができるのは、こうした教員と生徒との対し方――教員の側の態勢が組み直された以後のことになるだろう。

ただ、反省して思考を深めなければならない問題がある。学校における昼食の「指導」のあり方について、旧稿は、昼食時に（史料の表現では中食）「受持教員ハ必ズ児童ト共食スベシ」という規定を引き、それについて、食事―生活行為に対する指導が行われると解釈した[24]。ここの文言の「受持教員」とはどういう意味だったろうかと、反省する。井通小学校で見たような、教科に応じた受け持ち制で、昼食はたまたまその直前の教科を受け持っていた教員が「共食」すると、解することも可能である。筆者は現代的な意味で昼食の受け持ち教員は、直ちに学級全般を責任とする、教科に応じてではない受け持ち教員と反射的に受け止めてしまった。反省してなお考えたい。

＊井通小学校の名称について、「沿革誌」ならびに「井通村々誌」の記事には、明治二五年一〇月から名称が井通尋常高等小学校と改められたように記録されている。しかしそれには、疑いがある。

なぜならば、尋常高等小学校という学校が法令上明示されるのは、明治三三年小学校令においてからだからである。『文部省第二十年報』には、尋常小学校、高等小学校のほかに「尋常科高等科併置ノ小学校」という名称が生まれる。そして『文部省第二十一年報』の「凡例」には、「小学校中高等尋常二科併置ノモノハ経済ヲ共通スルヲ得ルヲ以テ其併置学校ハ之ヲ一校トシテ計算ス」とあり、尋常小学校・高等小学校のほかに、「尋常科高等科併置ノ学校」という分類が始まる。その分類は、明治三三年度の教育事務、学事事項をまとめた『文部省第二十八年報』にあって、「尋常小学校ノ教科ト高等小学校ノ教科トヲ一校ニ併置スルモノテ尋常高等小学校トス」と名称確定に至る。

確かに、明治二三年小学校令第一九条の規程を受けた明治二四年の小学校教則大綱によって、尋常科と高等科を併置することが、文部省に推奨された。その実施が市町村で始まったのが明治二五年ということであり、井通小学校で尋常科と高等科の併置が許可されたことをもって、名称変更もされたと、「沿革誌」および「井通村々誌」は判断されたのであろう。

第二節　教員の勤務期間の短期性と決議機関としての職員会議

1　教員の勤務期間の短期性

教員の勤務期間が短いことは多くの教員史研究が明らかにしてきた。筆者も最初の著作『近代日本地域教育の展開』[25]でその事実を静岡県袋井市域で明らかにした。また『山峡の学校史』[26]において教員養成上の、学校経営上の問題として、若干の考察をしたところである。本節は、教員の勤務期間の短さが教育活動に及ぼした影響――特に職員会議の議決機関として機能したことの意義について、論じたい。

井通学校文書には教員の経歴を記す書類が存在しないとしても、記録の片々を探索しながら、勤務時間が短いことをまず確認しておこう。

明治四〇年三月現在の在職教員を一覧にした文書がある。[27]それには氏名・職名・就職年月日と退職年月日・資格・俸給・本校勤務年数の各欄がある。それによると、明治四〇年三月に井通小学校に在職している教員数は一四名いる。そのなかに、勤務年数が「一年」と記されている者が六人、「二年」が三人いる。この九人のなかで、四〇年三月をもって、あるいは四月二日をもって退職した者が「一年」のなかで四人、「二年」のなかで二人、都合六人いる。明治三九学年度に在職した教員のうちの半数近くが次年度には入れ替わったのである。事実その後任を三月中に選任して四人を確保したことが、この一覧には追加記録されている。

この勤務期間が短いということを遡って検証しておこう。職員会議の議事録には出席者の名前が記されていない。回覧の印が捺されている場合もあるが、全員の印が捺されているわけでもない。事務分掌の書かれている年もあれば、書かれていない年もある。他面では、他校へ参観に出かけることは教員の義務と決められていたから、その研修先に名前が割り振られている記事もある。年度末の運動会の部隊編成への張り付け、大掃除の場所の分担などもある。それらの記録を拾い上げながら、教員の勤務期間を明治三〇学年から三六学年にかけて追いかけたのが、表2である。三四学年度から高等科が二年から四年に延長されたから、教員人数が多くなっている。そこで三三学年で区切っておくと、三〇年度から二〇名が在職経験者としているなかで、少なくとも一〇名が一年の勤務期間である。

在職者の半数近くが一年で退職していくという傾向は、明治三〇年代からすでに見られていて、それが先に書いた、四〇年三月に現れたということである。またこの表2から、常時七～九人教員が在職しつつ、学年始まりには新任者が三人ほど入ってくるという様相が認められる。教員の勤務期間の短期性は教員の流動性につながる。また、校長不在の期間が間々見られる。

勤務期間の短さと表裏一体をなすものが、雇教員——明治三三年小学校令から代用教員と名称が統一される——での間に合わせ、間に合わせざるを得なかった事態である。三三学年度の長谷川、三四学年の荒野くに、三五学年の松本が職員会議の記録として代用教員と書かれている。

教員が短期間のうちに退職してしまう状況は、校長として苦悩するところであり、絶えず補充教員を確保しなければならないという切迫感に襲われる。その事情が汲み取れるものとして、職員会議の協議内容を記しておきたい。明治三五年九月二日の記録である。

（一）教員聘用に関する件

表２　井通小学校在職教員（明治30年～明治36年）

30年10月	30年12月	31年5月	31年12月	32年1月	32年11月	33年4月	33年11月	34年11月	35年9月	35年12月	36年3月
大平校長	大平	大平校長		大平校長	大平	大平	大平				
大橋訓導	大橋	大橋訓導	大橋訓導	大橋訓導	大橋	大橋	大橋	大橋　勤	大橋	大橋	大橋
鈴木訓導	鈴木	鈴木訓導	鈴木訓導	鈴木訓導	鈴木						
高塚准訓導	高塚	高塚准訓導									
青葉准訓導	青葉	青葉准訓導									
＊回覧印6人のなかに石川とある。	村上										
	石川	石川　傭		石川　傭	石川	石川					
	近藤	近藤訓導		近藤訓導	近藤	近藤					
	＊回覧印は5人。	＊回覧印は3人。	小川准訓導	小川准訓導	小川	小川	小川	小川助三郎			
			水野准訓導	水野准訓導							
			＊回覧印は8人。そのなかに慎一、金原、近藤、石川とある。	鈴木　傭							
				＊回覧印は8人。	大村	大村					
					関塚	関塚					
					大沢	大沢	大沢				
					＊回覧印は9人。	鈴木徳英	鈴木徳英	鈴木徳英	徳英	鈴木訓導（徳英）	鈴木徳英
						鈴木徳蔵		鈴木徳蔵	徳蔵		
						＊回覧印はない。	長谷川				
							鈴木英雄				
							佐藤	佐藤連			
							近藤				
								近藤英雄 近藤紋平	近藤	近藤	近藤

							＊回覧印は7人。そのなかに近英とあり、以前からの近藤印もある。小川と長谷川の印がない。	荒野くに	荒野	荒野くに	荒野くに
								新井宇作	新井	新井	新井
								鈴木儀一郎		鈴木	鈴木
								小栗与三郎	小栗	小栗	小栗
								＊回覧者の印はない	鈴源	校長	校長（須山印）
									藤原	藤原	藤原
									荒野		荒野
									鳥倉	鳥倉	鳥倉
									松本	松本	松本
									内山	内山	内山
									＊回覧印は11人。	＊回覧印はなし。	＊回覧印は12人。

注(1)名前の表記、職名は原文のままである。
(2)鈴木徳英と鈴木徳蔵については、両者を区別するため、徳英、徳蔵という表記が多い。とすれば、35年12月の鈴木は鈴木儀一郎か新採用か。
(3)近藤という姓だけでは、近藤英雄と近藤紋平という両名のうち、明治35年以降はどちらか不明。ただし、近英という印は35年にはなくなっている。他方30年からの近藤という印は36年まで同じ。
(4)校長は大平慎一が明治30年7月から35年4月まで、35年8月から須山源蔵になる。しかし当初の印は鈴木と読める。後、須山の印になる。

1．現況有資格教員を得ること困難なるべければ、代用教員を以てしても之れが補充をなすことに決す、
2．右代用教員としては□□□出身県立農学校卒業生松本政次郎氏に依嘱すること、
3．代用教員松本氏の受持時数、学級等は追て定むること、[28]

教員が不足するという事態には、また学級編制――生徒数の多少――が関係してくる。松本代用教員を雇用する直

接的な原因は、学級編制の変更があった。夏季休業に入る直前の七月九日に開かれた第三七回職員会議は、こう議決した。

（一）学級に関する件

1　尋常二学年は是迄の仮編制を解き、男女の二学級とし、当分の内大橋、近藤二訓導主として其一学級を担任すること、

2　尋常一学年は尚暫時仮編制の儘となし、正教員若くは其他臨時雇等の方法により、都合の出来得る限り速に男女二学級に分つこと、

3　差当り臨時雇一人を採用して、教授見習を実行すること、[29]

学級編制については、学年度始まりのときと学年度の大半が過ぎたときとに変更する慣行が井通小学校にはあった。四月期には九〇人程度を一学級にしておいても、一二月には半数ずつの二学級に編制するという事例が、明治二〇年代には記録として残されている。[30]生徒の出席の状態が変化すること、そして学級担当教員を補充する教員が確保できるかどうかということ。この二つの要因が働いて、年度途中で学級編制を組み換えるという慣行がみられるのである。

一学級当たりの定員七〇人を超えて、しかも最大限許容される一〇〇人を超える学年度もあった。三年・四年となれば一定した人数に落ち着くが、それでも八〇人台はあった。こうした出席生徒の加減が、教員数の不定につながった。

2　教員の欠勤への対応

無資格教員がことさらそういうわけでもあるまいけれど、教員の欠勤が校長を悩ませた。

三五年六月三日の職員会議の議事録には、

□□代用教員三週間不在につき、特別に補欠時間表を調整すること、[31]

とある。欠勤にともなう補欠時間表の作成はこれが初めてではない。明治三二年四月一五日の第三一回職員会議で、

　□□准訓導欠勤中の補欠時間割

を作成した[32]。さらに、明治三三年一〇月二三・二四日に開かれた第一五回の職員会議でも、「□□□傭補欠授業に関する件」が議論され、「全部の変更を避け、校長において便宜補欠時間割を作成すべきこと」と決定した[33]。

筆者がいろいろな学校の校務日誌を調査したなかで教員の出欠勤は毎日記載されるほどに学校管理上重要な問題であったと認識される。勤務態度の良否にかかわる事柄であった。本科正教員、訓導からすれば、教職使命感に触れるところであるから、代用教員・無資格教員との意識の断絶につながるおそれがある。井通小学校では欠勤する教員が多かったとみえて、明治三三年五月二八日の職員会議は、「補欠授業の順位に関する件」を決議している[34]。それによれば、

一、職員の欠席遅刻等ある場合、其の補欠授業をなすものハ左の順序に拠る、
　1、其の級主任教師、
　2、其の級補助教師、
　3、1・2共に欠くるときハ其の級に受持時間を最も多く有する教師、
二、一・3の場合において時間数相等しきもの若くハ全く其の級に受持時間を有せざるもの相並ぶときハ、一週手明き時間の最も多きものより順次之に当る、
三、一・二共に相等しきときハ席順の上下に従ふ、
（付）本規定ハ決議即日之を実行す、

事態は見過ごし難きと校長は判断したのだろう。この規定は代用教員も免れることはできず、三五年九月四日の職員会議では、

　松本代用教員は尚ほ従前の通り其所属なりと雖も、補欠教授は受るべきこと、

と、命令された。[35]

教員は学級に張り付けられたとしても、原則は教科に対して配置された。しかも受け持ち時間数を均等にするよう考慮された。補欠教授は教員不足を抱えたままで行われるから、欠勤は教員間の不和を招く。[36]

3　職員会議の意義

教員の勤務の短期性、それにともなう流動性、その二つの間に介材する無資格教員。教員が入れ替わり立ち替わりするなかで、学校運営の継続性と統一性を確保したいのが校長である。特に有資格者と無資格者との職務意識の溝を埋めなければ、学校としての一体性が保持できない。職員会議における決議は学校全体にとっての意思統一である。入れ替わり立ち替わる教員たちに対する校長の教育意思の徹底であった。出入りの激しい教員たちと、常に三時間ほど協議するのは、校長の教育方針と意図を承知させるためであり、職員会議の決議は校長の意思の表明である。とすれば、決議に拘束されるのは校長よりも、教員。彼らが守るべき職務内容として決議がある。

教員がそうした決議を遵守しない、教員が意図通り活動しないことへの校長の苛立ちが、職員会議の決議として、次のように表れる。

既往の職員会に於て決議したる事項にして未だ実行せざるもの或ハ怠慢に流れたる如き事項につきては、来学年度の始に於て更に審議をなし、大に取捨選択を行ひ、決議と実行とハ全然相伴ふ様励行すべきこと、[37]

明治四二年三月二〇日の段階での、校長大橋勤の意思表明であった。大橋は明治二五年から井通小学校に勤務し始め、[38]三八年から校長となった人物である。[39]同僚の顔ぶれが頻繁に入れ替わるのを目の当たりにしてきたが故に、教育活動の継続性と一体性を確保するための檄を飛ばした。校長が主導権を握っている学校の職員会議の決議は、校長の意思の表れと教員に対するその徹底のためである。

旧稿で扱った群馬県吾妻郡の岩島尋常高等小学校にあっては、「校長ノ諮問ニ応ヘ教授上ニ関シテ評議ス」という、[40]

職員会議の規程が定められた。校長の諮問に応えるための機能として職員会議は考えられていた。一方で決議機関とみなされ、他方では諮問機関として意義づけられる。この差異にかかわらず、共通するものは、校長の教育意思の確保あるいは徹底という校長の絶対優位性が貫かれる学校環境だった。そこにあっては、協議を同じくしても、決議か諮問かは異語同義だろう。岩島小学校の明治三〇年代における教員の勤務状態を考察することが、その規程の意味を確かにする。旧稿の至らなさを思い、反省思考が筆者には続く。

第三節　試験に代わる「平常点法」の制定と評価方法の改定

1　「平常点法」の制定

職員会議における教授活動に関する協議事項として、まず何よりも注目されるものは、試験に代わる平常点の採用である。「学制」下にあって極端に重視された試験による競争は、多々その弊害が指摘されることによって、文部省は明治二〇年代に入ると方針を改めてくる。

明治二四年の小学校教則大綱を制定した際の文部省の説明では、目的においても方法においても、試験による競争は好ましくないとの見解を示した[41]。さらにその説明のなかで、「卒業ヲ認定スルハ単ニ一回ノ試験ニ依ラスシテ平素ノ行状学業ヲモ斟酌スルヲ要ス」として、「試験ノ結果」と「平素ノ成績」とを考え合わせて小学校の課程修了を判定するよう求めた。

この時点では、まだ試験による判定という考え方が残されていたが、明治三三年小学校令施行規則に至って、進級あるいは卒業の判定は平素の成績による、と規定されて方針は確定する。

こうした政策的流れのなかで、井通小学校の明治三〇年一〇月二日の第八回職員会議は、「平常点法」を決定した。

全文次のとおり。[42]

一、試験成績の僥倖を期せず、平素勤勉着実なる習慣を養成せしむるの一助として、茲に平常点法を設く、

二、平常採点の時機を定むること左の如し、

1修身（学科）・地理・歴史・理科、教授時間において適宜口答せしめ、若くは筆答せしめて採点す、農業は之に属す、

2読書、復読・復講の際之を採点す、

3作文・書取、筆答せしめて採点す、

4算術、平素の成績若くハ特に筆答せしめて採点す、

5習字、清書によりて採点す、図画は之に属す、

6修身（品行）・体操・唱歌・裁縫、平素の成績による、

但、前記載の以外といへども教師の見込により適宜採点することを得、又本条において筆答と称するハ、石盤に書せしむるをも包括す、

三、平素採点の度数ハ学科により元より一定すべからずといへども、毎月一回以上において其点数を〆切り、各小期末に至り積算して定点に至らしむるを要す、但、之か為教師ハ適宜其記録簿を備ふべし、

四、点数を定むるにハ、毎回定点を用ひ、回数によりて扣除するも適宜分割して定むるも、教師の適宜とす、

五、平素点を一回〆切りたるとき、生徒に報告すると否とは教師の適宜とす、但、報告する場合に在てハなるべく点数を避くべく、又一般に対して報告せざる場合といへども、劣等生にハ其都度注意を与へ置くを要す、

六、欠席永久に度りたる生徒の平常点処分は、更に職員会議の決議を経べし、

（附則）本法は明治三十年第九月より実施す、但、九月中尚着手に至らざりしものに在ては第十月より実施すべし、

井通小学校の職員会議録をひもといてみれば、何回かの議論を経ての決定だった。試験による一回限りの良否であ

れば、たまたまの成功――「僥倖」――もあるから、日常的な勉学の習慣を生徒たちに育てたいという意図がみえる。井通小学校で試験がどのように行われ、どのような弊害があったかは、史料上の制約により判然とはしない。実践結果からの反省であるのか、それとも政策上の流れを汲みとっての決定なのかは、わからない。いずれにしても、歴史的動向に沿う決定であり、明治三三年小学校令施行規則制定を前にした、教育的明がある。施行規則による、進級または卒業の判定は平素の成績による、という考え方は教育学上の道理である。現行学校教育法施行規則に受け継がれている原理である。

この考え方を法規に盛り込むことに尽力した人物は、明治三三年小学校令制定時の文部省普通学務局長・沢柳政太郎である。試験を廃止することは成績をみないものであるという非難に対して、沢柳は具体例を上げて反論している。

平素ノ習字ニ於テハ清書サセルノモ宜シウゴザイマセウ、算術ノ問題ヲ出シテ筆答サセルモ宜イ或ハ作文ヲ書セテ作文帳ニ存シテ置クノモヨイ、要スルニ修了若クハ卒業ヲ認定スル為メノ試験ヲ廃スルノハ利アリテ害ノナイコトデアル[43]、

日常的な勉学の点検、確認をすることで、十分に生徒たちの成績を見定めることができるという確信が、沢柳にはあった。

同時にそれは現場教員たちの意識変革が必要であり、日常成績の判定の仕方を実践的に高めていくことが求められた。試験による弊害をなくすことから生まれた平素の成績論、それを可能にし、定着させていくための努力が井通小学校で取り組まれたことは、特筆されるべきことである。実際、明治三〇年一二月四日の職員会議では、「冬季試験に関する件」という議題について、

冬季試験点ハ総て平素点を以て之に充つべき事、

品行点は主任教師原案を定め、関係教師の協議を経て決定すべき事、但、其採点法ハ夏季に準ず、

と決めている[44]。以後の職員会議録には、卒業判定の方法としての平常点の活用とその締切日程が毎年記されていくよ

うになる。一例を挙げておく。明治三六年三月一一日の職員会議は「考査法規定」を次のように確認している。[45]

一、考査を分って学業操行の二種とす、
一、学業考査は平常の観察を主とし、或は筆答等によりて其の成績を按じ、随時之を平常考査簿に記入すべし、
一、学業考査は一学期間三回之れを施行し、其の平均を以て学期末の成績とす、
一、学業考査を行ふにつき注意の件々左の如し、
　1修身、算術、地理、歴史、理科は平素の観察、口答若しくば筆答によること、
　2国語は読み方（話し方を含む）、綴り方、書き方（書取をも含む）の三部に分ちて考査すべきこと、
　3体操、唱歌、図画、裁縫は主として平素の成績によるべきこと、

三〇年に制定されて六年経過した三六年という時点で考えれば、「観察」という指導方法が表れていることが注目される。教員の教え込みに対する反省から、子どもの個性に着眼する新しい心理学的研究手法が日本で導入され始めた時期だからである。観察の熟達度は詳にし得ないが、こうした指導観点が意識されてきたことは、平素点による考査が実践的に進歩していると考えてよい。

2　学年集団のなかの位置という評価方法の採用

考査のやり方が変われば、その結果についての評価も変更される。「学制」下および一八八〇―九〇年代には、山根俊喜氏が詳細に明らかにしているように、[46]試験の点数によって、何点以上は甲、何点以上は乙、何点に満たない者は不合格という、いわば絶対評価だった。井通尋常高等小学校ではどうだったか。試験を一部含みながらも平常点による考査は如何すべきか、職員会議では議論された。前記の明治三六年三月一一日の会議では、次のように決定された。[47]

一、考査用語は左の五種とす、

甲　優等のもの　　乙　較々優れるもの　　丙　学年程度なるもの
丁　学年程度より較々劣るもの　　戊　劣等なるもの（朱書）

一、操行考査は平常の観察に基き毎学期末ニ於て該学級関係職員によりて評定するものとす、
一、操行考査には左の用語を用ふ、
上　優等のもの　　中　尋常のもの　　下　劣等のもの
一、学業操行の考査結了したるときは之れを原簿に記入すべし、
一、校長は学年末に於て右の成績を按じて修業卒業又は不合格を認定す、

ここで筆者が注目したのは、何点以上を甲とするという従前のやりかたから、「学年程度」を軸として、そこから比較して「優等」「較々優れる」「較々劣る」「劣等」と評定する方法に変わり、相対評価が採用されたということである。

明治三〇年一〇月二日の職員会議で平常点法が作成されたときは、採点することが明記されていた。その点数法が継続されたかどうか、明確にはできない。やや優等とかやや劣るとかは、何を基準とするのか。平均点という考え方は、山根俊喜氏の論文にも登場しているから、それは全国的にあった。しかし、井通の場合、点数ではあっても、学年集団のなかでの位置関係から評定するという方法であるから、それは、評価の方法として新しいのではないだろうか。

ところが、この「学年程度」という基軸は、ひとつ井通だけの判断ではなかった。静岡県が、明治三四年一月に公布した「小学校ノ教科編制ニ関スル細則」は、その第一九条で、

各教科目ノ成績ヲ表ハスニハ甲、乙、丙、丁、戊ノ評語ヲ用ヒ学年相当ノモノヲ丙トシ較々勝レルヲ乙トシ優等ナルヲ甲トス又学年相当ヨリ較々劣レルヲ丁トシ其ノ以外ヲ戊トス

と規定していた。[48] 静岡県が「学年相当」という評価基軸を明らかにしていたのである。相対的評価および学年集団の

なかの位置による評価がこうして井通でも採用された。しかも、同細則の二〇条は、「尚教授ノ際常ニ考査スル所ニ考へ出席日数ヲ参酌シ其ノ学期ノ成績ヲ定ムヘシ」と追加の評価基準を定めていた。出席も加味されていたことになる。ただし考査方法は各学校長が定めることを同時に規定している（一八条）ところなので、井通尋常高等小学校が、出席を成績評定に加えていないであろうことは「右の成績を按じて」という文言から推測できる。

＊田中耕治氏の論文では、[49]明治三三年小学校令施行規則によって、成績は十点法、評語は甲乙丙丁をもってし、各科四点以上、平均五点以上が卒業、修了の標準となっている、というように読める。しかし、わたしの調べるかぎり、施行規則にそのような規定的文言は、ない。

この「学年程度」という基軸の設定に関して、天野正輝氏は、明治四〇年代になると「評価の客観性を確保するために『標準』を課題とする傾向が現われてきている」と書いている。[50]天野氏の歴史的素描は、明治三三年小学校令施行規則による平素の成績による評価の流れ、そして就学者の増大にともなう原級留置の緩和（学力低下）という流れに沿う。

私見では、まず学年程度という指標ができあがり、その意義づけが後追いで行われて客観性とされる。天野氏が最大評価している守屋喜七の論には、客観性という観点はみられない。あるのは、試験の結果を授業にどう反照させるかという論である。また学年程度が、問題の選定、基礎・基本となる問題の作成ということに傾斜している。

重要なのは、学年全体での位置を見極める評価方法が、「学年程度」というものだと愚考する。そして五段階相対評価が採用されたことも新しい。

天野氏から教えられた、市川源三による正常分配曲線の紹介が一九一六（大正五）年である。その紹介では、試験点数で評点評語が設定されており、今日通常考えられている集団のなかの割合で評点を決めるということとは違う。しかも、「劣」の七点前後は落第なのだから。したがって問題の正答到達度ではなくて、天野氏は到達度という点を著作全体のなかで強調しているが、学年集団のなかの程度・位置が、明治三六年の井通小学校では論点なのである。

論評は、実際が始まってから行われる。論を追うことによってだけでは、学校教育のなかの評価方法を意義づけることはむずかしい。

この明治三六年三月時点での井通小学校の生徒数は遺憾ながら見つけられない。表1は、明治三五学年の教員の受け持ち状況を示している。それによれば、尋常一年と二年は男女別編制である。それ以上の学年は一学年一クラスである。「学年程度」というものが、教員の方で想定される学力の程度なのか、平均点を標準とした評点のバラツキから見た点数の、あるいは人数の程度なのか、確定できないのは筆者の調査不足、能力不足である。全体の位置を計るための前提は、大人数の生徒がいることだから。

操行は、ひとつのクラスに科目として別な教員が担当しているから、そのクラスにかかわる複数の教員の協議による評定となるのは自然である。科目としての修身は、校長が担当しているから、その評価は校長が行う。としても、教科について学年集団のなかでの相対的位置で評価するという方法は新しい[51]。

3　教授を反照する試験

一言添えておけば、試験そのものが廃止されたわけではない。試験の定義が明確化されたのである。実践的な進歩は概念・定義の更新をともなう。一般化されることによって、個々の実践もまた向上する。両者は共に他方に対して牽引力を持つ。例えば、試験という定義がこうした一連の政策動向のなかで明確になってきた。

明治二四年の小学校教則大綱の第二一条では、「小学校ニ於テ児童ノ学業ヲ試験スルハ専ラ学業ノ進歩及習熟ノ度ヲ検定シテ教授上ノ参考ニ供シ」と試験の目的を規定した。教えたことを生徒が理解し、それが定着しているかどうかを確認し、教員の教授上の参考にする、という新しい思想が提起されたのである。

教授事項と教授方法の点検を、生徒の理解度の反射として考えてみるという、生徒の点検だけではなく教師の点検として試験を捕えたところに、この新しい定義の意味がある。

生徒の日常の勉学成果が教員の教授活動の是非として反照されると自覚すれば、本科正教員（訓導）はもとより准教員（准訓導）、雇教員（代用教員）たちの教授活動の勉励が期待される。そこで教員の教授がどうすすめられたかの考察が必要になってくるだろう。

第四節　教授細目―教案の歴史的意義

1　教案規定の性格と教授細目の規定性

教案についての法規定はない。したがって、各小学校の慣習によって作成されていた。他方教授細目は小学校長が作成することになっており、――明治二四年小学校教則大綱第二〇条、明治三三年小学校令施行規則第二二条――教授細目に基づいて各教師が教案を作成するという関係である。

井通学校文書のなかに、教授関係の史料として残されているものは、明治時代の「教授細目」と大正六年度以降の「教授日案及教授日誌」、そして昭和期の「教案簿」と「授業案」である。

筆者の求めていたものは、明治時代の教案であったが、史料の残欠状態で教案の史的考察を行いがたいとすれば、教授細目で補うほかはない。井通小学校では明治三三年四月二一日の第二回職員会議で教案の件が協議され、次のとおり決定された。議事録をそのまま書き抜く。[52]

一、教案は各学科とも必ず之を其の週月曜日始業までに、少くとも其の一週間分を作り置くべし、
二、教案は適宜の時期において校長之を検閲すべし、
三、引き続きたる欠席等の予知し得べき場合においては、其の時日に必要なる教案をなるべく作り置くべし、
四、教案に具備すべき要項を定むること左の如し、

1、時間の配当　但し其の粗密は当該教師の適宜とす、
2、教授の題目
3、教授の主意
4、教授の方法　但し予備、教授、応用の三段を設くべし、
5、附記　但し此の項は必要に応じ之を設くべし、

五、本規定ハ明治三十三年五月二十一日より之を実施す、

この決定については、ただし五月一九日の第五回職員会議によって、一部留保された。すなわち、[53]

一、教案の編制は本年度内ハ之を励行せず、
二、右により教案を編制せざるものは、十分緻密なる配当表を作りて教案に代用すべし、但し其の前、大項目の配当表を作ることを要す、
三、大項目の配当ハ、明治三十三年五月三十一日限之を了し、細目の配当ハ農休後之を実施す、
四、他の事項ハすべて第弐回の決議に従ふ、

この教案についての定め（史料中の用語では規定）は、筆者によれば、校長の指導性が強く表出されているものである。一般の教案作成に関する定めは、作成することの形式的な規定にとどまる。それらと比較すれば、ここでは教案の構成内容にまで踏み込み、その表現として、ヘルバルト派の教授段階説に従い、しかし、五段階ではなく三段階にするよう指示している。

史料中の「題目」と「主意」とは、すでに「学制」初期の教授法に関する書物――例えば『小学教師必携』――から、教授案に必要な事項としてあったものなので、特に目新しいものではない。段階教授法が日本に紹介されてから、五段階では細密すぎるので、三段階にしたいという声があったことは、つとに指摘されてきた。

筆者の旧稿では、[54]五段階構成の修身科教案を考察し、そのうえで、同じ修身科の三段階構成の教案を比較して分析

した。再説すれば、五段階から三段階への変化は、一つは歴史的経験によるところと、もう一つは認識論としての弱体化である。他方で修身という教科の年齢的指導差――低学年では行為次元でよしとしつつも高学年では概念把握に力点を移すという教授論的考察が、教案の史的考察に欠かせないと論じた。その上で、第二期の国語では段階教授法から自由になっていることを、段階教授法が概念把握には便であっても国語の発音や文字の指導には合わないという指摘を行った。

井通小学校に戻れば、校長の強い指導性の表れに対して実際の対応は、教案ではなく大項目の配分を考えて授業をすればよし、ということになった。結論すれば、校長の策定する教授細目に従っていればよいというわけである。井通小学校に、明治時代の教授細目が残っていて教案が残っていないという事情は、ここにあるだろう。

2　修身の教授細目について

本稿は以上の理由から教授細目の考察に限定される。対象とする主な対象はまず国定教科書第二期における修身。しかしその前に、第一期の教授細目は簡略すぎて考察が不十分になるとしても、第二期と比較するためには、触れざるを得ない。

尋常科一年の「教授細目」[55]によると、旧稿で一二月の教案として考察したものに対応するものは、「第三小期」となっている。教科書――実際には掛図が使用された――第十九の「うそをいふな」と第二十の「過ちをかくすな」の授業案である。

井通小学校の「教授細目」では「第三小期」が全部で一三週に分けられ、前半の第一週から第五週までの一一時間が授業に充てられている。翌第六週一時間が「復習」・「又は偶発事項」とされている。そして後半が第七週から第一一週までを授業にして、第一二週と第一三週の四時間を「復習」・「又は偶発事項」にしている。旧稿と比較できるのは、したがって、第二週二時間と第三週の二時間分である。

「うそをいふな」についての「教授細目」中の「摘要」欄における指示は「一掛図の説明」、「二例話の教訓」の二つのみ。他方の「過ちをかくすな」にあっても、「一掛図の説明」、「二教訓」の二つだけである。さて、教員はどう教えたのであろうか。遺憾ながら不明である。

後者についての、旧稿で分析した教案では、時間的経緯と因果関係とを展開し、そのあとに詫びた、褒められたという態度とその態度についての賞賛までに及んでいる。[56] 事実描写に終わらず、行為の賞賛という誘導的説明であった。井通小学校では、例話なしにすぐの教訓になっている。

また、旧稿の扱った教案では、予備・教授・整理の三段階構成だったけれども、教授のなかに教訓が入っており、「過チハ不注意ヨリ起ルニ付キ、注意スベキコト」、「自分ノ過チヲ他人ニ負ハスコトハ、甚ダシク悪シコトニシテ、之又虚言ナリ」としている。[57] さらにそのあとの整理の段階で、実際に過ちを犯したときの行動の仕方、取るべき態度を考えさせている。前課の授業とつなげて、応用を考えさせている。

格言に至る必要はなく――例えば正直――、行為次元での指導であって一年生はよい。説明と教訓を同時並行的に、あるいは包括して行うのか、区別するのか。教訓を実生活のなかで考えさせる指導をするのか、井通小学校の教員の指導案がみられないのは、まことに残念である。

第二期国定教科書になると、教授細目は一新されて――校長が大橋勤に代わったからだろうか――、その構成は、「教授事項」・「用具」・「教授上の注意」と三つに分かれている。[58] なお国定教科書が一年生でも使われるようになった。旧稿[59]と比較するために、一一月の「第十八　過をかくすな」と十二月の「第十九　うそをいふな」の教材を取り上げる。四三年度から使用され始めた教科書『尋常小学校修身書』巻一では、正しくは前者は「アヤマチヲカクスナ」、後者は「ウソヲイフナ」である。前者は第一期掛図と同じ絵を載せながらも、文が付いている。「トラキチ ハ トナリ ノ シヤウジ ヲ ヤブツタ ノデ、アヤマリ ニ ユキマシタ。」後者は、狼に追いかけられている子どもの絵に、文は「コノ コ ハ タビタビ ウソ ヲ イツタカラ、ダレ モ タスケテ クレマセン。」となっている。

前者の教授細目の「教授事項」は、[60]

一、寅吉の過をわびたる話、

二、過は多く不注意より起ること、

三、過は速かに詫ぶべきこと、

四、過をかくすは卑怯なること、

五、再び過をくりかへさぬ様注意すべきこと、

となっている。図の説明、不注意という原因遡及、かくさずに詫びるという事後処理とすすんで、二度としないよう諭す。一連の流れが出ている。第一期教科書のときが例え話を用いての教訓という指示だけだったのに対して、教授の一連の段階が示されていることに特徴がある。

その上で重要なことは、「教授上の注意」欄で、「茶碗皿等を破損したる時は父母教師に断る作法」と「自己の過を直ちに改むと同時に他人の過を咎めぬ様諭すべし」としていることである。応用編が用意されていて、過失をしたときの謝罪の作法——態度の指導に及ぶよう求めている。単なる教訓にとどまってはいない。同時に、過失は誰でも起こすことであるから、自身よく注意するとともに、他人を咎め立てしないようにと、行動の指針も示している。この課題に三時間当てている。

この教授細目に従えば、教案は自然と教授段階を踏むことができる。

後者の「うそをいふな」の「教授事項」は、

一、児童と狼との話、

二、虚言の悪しきこと、

三、平生虚言を語る人は不信用、

と、なっている。[61]教科書の挿し絵からイソップ童話の話をするのだろう。その後ただちに嘘は悪いことに入り、嘘を

つく人は信用を失うという人格的批評に及んで、授業は閉じられる。二時間の授業である。

「教授上の注意」欄には、「正直の習慣を作るの必要、第十八過をかくすな参照」とある。正直という格言を教えるのではなく、行動の習慣を作るという行為の次元に落としている。そして前課と合体させて、本課の教訓を教えようという意図。この連結方法は、旧稿で扱った教案と同一歩調である。

3　国語——国定教科書第一期・第二期

「尋常科第一学年国語科教授細目」に移る。その「第一小期」が、いわゆる「イ・エ・ス・シ」読本の冒頭である。教授細目では第一週に六時間を配当している。教科書巻一の一ページから三ページ前半までがひとまとまりとされている。教科書には、椅子・枝・雀・石・鹿・人の図と、それぞれにイ・エ・ス・シの文字が載っている。

この読本は、いわゆる標準語を案出した教科書であり、それに即して地方の訛音を矯正しようとする意図で編集された。それで訛音の顕著な「イ・エ」、「ス・シ」、「シ・ヒ」といった発音区別を習得させせようという教授のねらいがある。


井通小学校の教授細目によれば、「摘要」欄に、次の六項目が並ぶ[62]。

一、イスノ構造及用途ヲ知ラシメ、新文字教授、
二、エダハ何程ノ部分カヲ知ラシメ、エ教授、
三、雀ノ挙動ヲ知ラシメ、朝起ノ習慣ヲ養成ス、
四、石ノ用途ヲ知ラシム、
五、鹿ノ居所大サ等ヲ知ラシム、
六、人ハ右ニ教ヘシモノヨリ甚ダエラキ事、

六時間の配当であるから、時間対応の六項目と考えられる。この教授細目は、教科書編纂の意図がまったく表れて

いない。ただわずかに「エ」についての発音を注意して教えるよう指示しているだけである。あとは、開発主義教授法の名残として、物の用途、性質、形状が教えられる。教授の要点が教科書編集意図と大幅にずれている。その点旧稿で扱った教案は、イの発音、イとエの区別を主眼に教えている[63]。

他方でこの教授細目は、「朝起ノ習慣ヲ養成ス」といった修身科的な態度の指導に逸れてしまったところもある。あるいは、「人」について、用途や性質などとは異質な、他の事物と比較して高度な存在としての人間といった話題に流れてしまっている。

教科書編纂の意図がまったく見られないというのは言い過ぎかもしれない。この教授細目で、「エ」の発音教授に注意を促していることについて、静岡県の方言研究者によれば、絵を「イェ」、駅を「イェキ」と発音したり、上を「ユウェ」、「山へ」を「ヤマウェ」と発音する地域が駿河遠江の奥にはあるという[64]。

もっとも、第一期国定国語教科書編纂の意図が授業実践として可能だったのか、という問題自体がある。教員が「椅子・イス」と発音したつもりでも、教員自身の地方的訛りを隠せず、「エス」と生徒には聞こえたかもしれない。生徒の方も生活用語としての発音に浸っていて、「石・イシ」と返したつもりでも「エス」と聞こえたかもしれない。お互い訛っている同士の教員と生徒の応答で、正しい発音を会得することはむずかしい。*

＊この疑問は、静岡大学大学院で、国定国語第一期の指導法を説明したときに、実践家から教えられたものである。教授法を理論的にだけ考えていると、実践的なつまずきに気づかないことを知った。

第二期の国定教科書、『尋常小学読本』巻一の教授細目に移ろう。この教科書は明治四三年から使用を開始した。日の丸の旗の絵と「ハタ」という単語、タコ・コマの単語と正月に上げる凧と子どもが遊ぶ独楽の絵が載っている。教科書編纂意図は、「片仮名ハ第一学年前期即チ第一巻ニ於テ之ヲ提示シ、範語法ニヨリテ一字若シクハ二字ヲ修得セシム」[65]とある。

第一期の教科書は図として載せた物の名前の一部分のカタカナを習得させたが、その方式を取らなかった。ここで言う範語法とは、生徒に身近な事物について直観教授を行い、その名称の音を分けて読み書きを教える。さらにその文字を結合させてことばを作らせる方法である。

教授細目は、「ハタ」に三時間を使い、「ハタノ発音及文字ノ教授」、「旗ノ部分、名称、其ノ原料、用法」としている。「タコ・コマ」については、「右の発音及文字教授」、「タコ及コマノ部分、名称、原料、タコノ絵ノ説明」としている。そして、「教授上ノ注意」欄には、「範語ノ練習ニ十分重キヲ置クベシ、国旗ノ用法ニ注意スベシ、文字ト発音トノ関係ニ注意」と指示している。[66]

直観教授を踏襲しつつ、範語の練習をする。ハタの読み方と書き方を同時に進める方式である。範語の練習に重きを置くということだから、ハの付くものの名前、タの付く名前を生徒に言わせる授業があっただろう。国定教科書の教材が尻取り遊びになっているから、教員の機知が働いて、ことば遊びが楽しめていれば、国定教科書の主旨に合っているだろう。

4　教案作成の是非を規定する学校環境

伊豆の修善寺小学校について考えた小稿では、学校開設時から教員の異動が激しく、教案作成を決めた明治二〇年代は常時訓導が一人で、あとは助手、雇、授業生などと呼ばれた教員でまかなっていた。そうした事態に応じて、「みずから志願したわけではない職に就いた、しかし教えることを仕事とする人たちに対する訓練手段、手っ取り早い教授法のマニュアル」[67]と、教案を史的に意義づけた。

教案を作成するか否かの論争を整理した久木幸男氏は、「つづめていえば、教案作成の強制は、授業の定型化・画一化をもたらす有力な手段として機能したのであった」[68]と、定説を受け継ぐまとめをした。だが、訓導が少なく、しかも移動が早いうえに雇教員、代用教員が多かった時代――みずから志願してなったわけではない教員が多かった時代――には、素人でもなんとか教えられるようにとのマニュアル、定型化された形式が必要だったと考える。教案作成是非の論争を仕掛けた『教育界』の「社説」は、「或る種の人々と或る種の場合」には教案の「作成を勧告せざるを得ず」と述べ、教案作成の必要を主張した。[69] ある種の人には、「准訓導及び代用教員等」が入り、ある種の場合には、「各学年の最初の第一年間」とか「教授細目を制定して之を実施する一学年間」などが含まれる。

じっさい、この論争が行われた時点、明治四三年度の尋常科の資格別教員構成を考えてみると、総数に占める代用教員の割合は二四％、四分の一が無資格教員であった。[70] この割合は、一〇年前の明治三三年度においても、尋常科総教員数のうち二三％が雇教員で占められた。[71] 本稿が対象とした、井通小学校の教員のうち、二～三割雇教員がいることは、こうした全国の大勢と同様である。

加えて、統計には表れない教員の移動の頻繁さがある。そうした時代状況の中で、教案に対する画一化批判は、教員の指導能力に沿わない史的評価であろう。

教員の資格別構成、その上で自ら志願したわけではない事情を考えると、教案の作成は、教えることを責任とする以上、間に合わせ教員にとっては不可欠なマニュアルであった。

天野正輝氏によれば、教則―教授細目―教案という教授過程の確立は、「授業の効率を高め、授業における教師の責任の自覚を促し、教案作成を飛躍的に促した」と述べた後、「これによって教授内容、程度、進度の水準を保ち、学力向上に一定の役割を果したのである」と評価される。そのうえで、天野氏は明治三〇年代に入ると、「視学」によるチェック体制が教化され、「実践を画一的なものとする要因ともなった」と締める。[72]

こういう史的評価は、ヘーゲルの「塩」についての言い方（第二章2の（3））を借りれば、立方体でもあり、白い色もしており、辛い味もするという、性質を、も、も、もと、あれこれ並べ立てる論法である。教案の歴史的評価を愚考すれば、教案は間に合わせ教員のためにマニュアルとして画一化された、に尽きる。学力向上に寄与したかどうか、わたしには未詳である。

なおかつ、井通小学校で、教案が作成されなかったとすれば、教案を作成する力量さえもなかったと疑いをはさむのは、本稿の段階では言い過ぎになるかもしれない。ただし、最低限、教授細目は教えることの指針となり、雇教員にとって依拠できる安心材料として、有益に機能したに違いない。自立した教員が少なかった時代の教授細目―教案の史的把握は、教える定型、形式こそが必要であった、ということになる。

結　職員会議成立の史的要因

1　間に合わせ教員の時代

一九六〇年前後に「デモ・シカ教師」という、教員を揶揄する論がはやった。語源については諸説あるようだが、教育学者として逸早く論じた一人に永井道雄がいる。ほかの職業に就きたかったが運悪くなれず、幸い教職の口があったので教師に「でも」なろうかという人、あるいは、ほかの職業を選ぼうとしても能力がないので教師に「しか」なれない人、である。[73]

永井はみずから書いているように、教員に対する尊敬と憧れを抱いている。師範学校に対する評価も高く、帝国大学に象徴される学問と小学校の教育との間をつないだと、その役割もまた大きかったとしている。[74]けれども森有礼は、学問と教育は異なるものだと考えて、師範学校制度を構想した。学問をする帝国大学と教員を養成する師範学校との間には断絶があった。その後の日本では、学問と切り離された教育と捕えられることによって、学問的真実とは別な内容が教育を通じて教えられる結果となった。アジア・太平洋戦争後は、その弊害を克服する意図をもって、学問と教育の結合を科学的教育学の原理として掲げた。

否定的に評価されてきた森有礼の学問と教育は別、という論は、しかし肯定的に評価し直される必要がある。森のこの思想は、学問をそのまま伝授する方法と教育とは違うという、伝統的な学術伝授の方法を否定した、近代教育の特質を表している。少数の特権層の、選ばれた子どもが、ラテン語や外国語を学ぶのではなく、庶民の子どもが大勢学ぶために、母国語で教えることが近代教育の原則となったのである。

また学問的著作をただ読むこと――漢書でいえば素読――で、読書百遍意自ずから通ずという考えでいくのではなく、教育するための入門書――教科書を作成するという原理に立つ。ことばや物の意味を理解しやすいように絵を入れたりもする。

学校へ通う子どもが限られた階層に閉じられていた時代から、庶民多数に大きく広げられた時代に即した形で、学問とは違う教育の意義が語られた時代が近代である。その思想的表れが、森有礼の学問と教育は別、という論理である[75]。哲学的命題でこの変化を表せば、量は質に転化する、ということになる。その上で、日本の戦後の学問―教育結合の原理は、否定の否定という命題であり、社会の発展法則にのっとった思想である[76]。

永井道雄に戻れば、教職に対する永井の憧景は、だが作られたものである。日本の教員史が明らかにしてきたように、なりたくて教員になった者は圧倒的に少ない。無資格者が多数を占めてきたのである。絶えざる教員不足状態が続き、だれかれとなく教員になってもらうよう頼み込まざるを得なかった。そうした間に合わせ教員で学校は何とか運営ができたのである。師範学校附属小学校は、別格だった。

師範学校が無償制だったことは、巷間言われるような、森有礼の教育に対する篤い思い、あるいは特権的待遇という、従来の評価は一考を要する。愚見によれば、教員のなり手がないから、無償にしてでも人材を確保したいという、教職不人気への対策であった。

それでも、「でも・しか」でも、一九六〇年前後の時代は、最終的に職業として教員を選択する意志があった。明治時代の間に合わせ教員には、そういう職業選択意志があったかどうか。

2　間に合わせ教員時代の慣行

有資格者によって教育活動が全面展開できないから、当面教授活動については素人でも体裁を整えられるように、マニュアルとしての教授細目と教案が作成されたのである。画一化は教員の採用状況、資格別構成からすれば必要だった。入れ替わり立ち替わり教員が移動する学校にあっては、校長の教育方針と学校運営意思を絶えず職員会議を通じて徹底しなければならなかった。したがって職員会議の決議は校長を拘束するものよりも、所属教員の統合と教育意思の一致化を図るためになくてはならなかったのである。

慣行として生まれた教員の教育活動は、なりたくてなったわけではない、間に合わせ教員が多数を占めていたという状態から説明されなければ、史的解釈としては妥当性を欠くことになろう。

教員としての組織的まとまりも形成されていたかどうか。教科に配置された態勢では、教育活動全般に学校運営が行き届かない。一九七〇—八〇年代の教員組織論にあって、「教育編成に対応する教員の教科指導組織（教授組織）、生活指導組織であり、教育活動そのものの遂行組織」と教育組織を意義づけて、教育経営組織に比してラインであるとする論[77]や学校組織を土台に学校経営組織と学校教育組織とが並立し、前者をラインと考えて、三つの組織が循環する論[78]、などが盛んだった。

教員の組織づくりのためにも職員会議は慣行的に開かれた。ただし、職員会議が議決機関であるから民主主義的だと考えるのは形式論である。もちろん民主主義の最後は形式になる。しかし現今の学校環境から過去の、明治三〇年代の形式の意義を考えるわけにはいかない。校長の教育観と教育意思について、道理と条理を尽くして教員たちに納得させること、そして職員会議で決定したことがらを慣習法として守るよう求めること、毎年入れ替わる、職責性の薄い教員に対するそうした努力を果たさなければ学校は運営できない。有資格教員と代用教員との使命感の差異、そこから生じる教員間の不和、壁、断層、それらを融和し打破するための合意が決議となる。

その決議が、「学校という部分社会内部での生ける法としての拘束力をもった法規範である」[79]のはそのとおりとして、拘束力の対象は校長ではなく所属の教員に対してかけられる教育環境もまた、歴史的には存在しえた。

3　まとめ

校長の監督（明治二三年小学校令施行規則）・統督（明治三三年小学校令施行規則）を発現させるための決議機関。その権力的命令機構。教員の自立性に反する、職員会議の転倒した様態が生じた原因は、教員の勤務の短期性・流動性・無資格性にあった。教員の教育活動を一体的に合意的に継続的に進めるため、職員会議の決議は学校内の意思統一として尊重されるものであった。こうした意思決定を通じて教員組織の初期形成が図られたのではあるまいか。それも教授組織を端緒として、と言えるであろう。

決議機関としての職員会議が、その形式を戦後持続したとすれば、有資格者の教員による会議として、その意義は別途論じられなければならない。否定的な事態のなかの肯定的な部分のアウフヘーベンとして。

〔付記〕　手書きした原稿をワープロに起こすアルバイトをしてくれた常葉大学の学生に感謝します。

註

1　花井信『山峡の学校史』二〇一一年、川島書店。以下、花井①と注記する。
2　花井信「伊豆学校史序説」『常葉学園大学研究紀要　教育学部』第三十三号、二〇一三年。以下、花井②と注記する。
3　稲垣忠彦『明治教授理論史研究』一九六六年、評論社。増補版が一九九五年。また平原春好『日本教育行政研究序説』一九七〇年、東京大学出版会。
4　高野桂一『学校経営の科学化を志向する学校内部規程の研究』一九七六年、明治図書、一四七ページ。
5　井通学校文書は、静岡大学名誉教授・藤田忠男先生が浜松分校時代に収集されたもので、先生が一九八六年三月に停年退職されたときに、花井が文書目録を作成して静岡大学附属図書館に保存を移管したものである。その後に発見されたものを含めて、二〇一五年八月に磐田市立歴史文書館に全部寄贈することになった。その史料再整理の途次に筆者は館のご厚意で閲覧させていただいた。

6　磐田市立歴史文書館蔵「沿革誌」（磐田市立豊田南小学校蔵コピー版）。以下、史料[一]と注記する。および井通国民学校「井通村々誌」。以下、史料[二]と注記する。

7　同右史料[一]、史料[二]。

8　「井通尋常高等小学校　明治三十年第七月以降　職員会決議録　第壱号」。以下、史料[三]と注記する。この簿冊において、標題は一貫している。

9　「井通尋常高等小学校　明治第三十三学年以降至三十五学年　職員会決議録　第貳号」。以下、史料[四]と注記する。

10　「井通尋常高等小学校　職員会議事録」。以下、史料[五]と注記する。

11　史料[五]。

12　史料[二]。

13　史料[四]。

14　花井①、四六ページ。

15　花井②。

16　史料[四]。

17　史料[三]。

18　花井①、八七―九〇ページ。

19　史料[三]。以下の本節の論述はこの史料による。

20　花井信『近代日本地域教育の展開』一九八六年、梓出版社（以下花井③と注記する）一四八ページ以降。

21　史料[五]。

22　『明治以降教育制度発達史』第三巻、一一〇ページ。

23　花井①、九〇ページ以降。
24　同右、一〇二ページ。
25　花井③、八八ページ以降。
26　花井①。
27　史料一。
28　史料四。
29　史料四。
30　史料一。
31　史料四。
32　史料三。
33　史料四。
34　史料四。
35　史料四。
36　正格教員と期間雇用教員との職責感の落差と対立については花井②で論じた。
37　史料五。
38　史料一。
39　史料二。
40　花井①九二ページ。諮問の目的が「教授上」とならんで「訓育上」も登場してくることは、九九ページを参照されたい。
41　『明治以降教育制度発達史』第三巻、一〇五ページ。以下の記述も同じ。
42　史料三。
43　沢柳政太郎「改正小学校令ニ対スル批評ヲ論ズ」『沢柳政太郎全集』第三巻、一九七八年、国土社、六七ページ。
44　史料三。

45　史料四。
46　一八九〇年代の試験とその評価方法については、山根俊喜「一八九〇年代における小学校の試験制度とその実態」（花井信・三上和夫編著『学校と学区の地域教育史』川島書店、二〇〇五年）を参照されたい。試験の結果による進級・落第の人数、割合、学年・教科ごとの得点数のバラツキと平均点などを示し、標準偏差を操作して分析している。試験史に残る論稿である。
47　史料四。
48　『静岡県教育史』資料篇上巻、一九七三年、五一三ページ。
49　田中耕治「道徳教育における評価の問題――学籍簿に着目して」仏教大学『教育学論集』三二号、二〇二一年、一三六ページ。
50　天野正輝『教育評価史研究』東信堂、一九九三年、一三五ページ。
51　実践家から大学教授になった人の教育評価の歴史に関する論文を読んだ。「学制」期から敗戦期までを一本の論文でまとめる荒業に驚いた。同時に実践家の歴史に対する姿勢は、現代の課題に取り組む前の、とりあえずのおさらい程度にみなされていることを痛感した。教職大学院での論文指導が、おそらくそういうものだったのだろう。しかし、同じような時代テーマを論じた、右の田中耕治氏の論文は、さすがに王者の風格がある。実践家から大学教員になった人には見習ってもらいたい。歴史のなかの先進的取り組みを掘り起こすために、教育史研究者はもっと努力しないといけない。日本教育史の講義に学生が期待するのが、授業の時の余談として話せる内容、こぼれ話という状況のなかで、教育史教育はどうしたらよいか。実践家に読まれる、実践家になろうとする人に読まれる教育史の工夫が必要だと、いまさらながら反省する。
52　史料四。
53　史料四。
54　花井信「一九〇〇年代の教案に関する一考察」花井信・三上和夫編『学校と学区の地域教育史』二〇〇五年、川島書店。以下花井④と注記する。
55　「尋常科第壹学年　教授細目　井通尋常高等小学校」。以下、史料因と注記する。
56　花井④、一三八ページ。
57　同右。

58　「尋常科第一学年　教授細目　井通尋常高等小学校」。以下、史料㊆と注記する。
59　花井④。
60　史料㊆。
61　史料㊆。
62　史料㊅。
63　花井④。
64　山口幸洋『静岡県の方言』一九八七年、静岡新聞社、一〇四―一〇六ページ。
65　「尋常小学読本編纂趣意書」仲・稲垣・佐藤編『近代日本教科書教授法資料集成』第十一巻、一九八六年、東京書籍、二六〇ページ。
66　史料㊆。
67　花井②。
68　久木幸男他編『日本教育論争史録』第二巻、一九八一年、第一法規、一八〇―一八一ページ。
69　同右、一九五―一九六ページ。
70　『日本帝国文部省第三十八年報』下巻。
71　『日本帝国文部省第二十八年報』。
72　天野正輝『教育評価史研究』東信堂、一九九三年、一四〇ページ。
73　永井道雄『教師　この現実』一九五七年、三一書房、一七七―一八三ページ。
74　永井道雄『近代化と教育』一九六九年、東京大学出版会。
75　花井信「森有礼の『国民』形成の教育」（中野光・志村鏡一郎編著『教育思想史』一九七八年、有斐閣）においては否定的に森の思想を評価した。一面的であった。
76　花井①では、日本の教科書の近代的特徴を挙げたものの、その思考の基底にある哲学的命題の考察を怠った。
77　岩下新太郎「教職員組織」『現代学校経営講座』第二巻、一九七六年、第一法規出版、七七ページ。

78　上寺久雄「学校経営組織と教職員の任務」日本教育経営学会『講座日本の教育経営』第五巻、一九八六年、ぎょうせい、一〇七—一〇八ページ。

79　高野桂一『学校経営のための法社会学』一九九三年、ぎょうせい、一四〇ページ。

第六章　「おおきなかぶ」の日本への紹介と変容―成立

はじめに

ロシアの民話「おおきなかぶ」は、子どもに人気の教材である。小学校国語教科書には、二種類の翻訳が載っている。一つは西郷竹彦氏の訳（たとえば光村図書)、もう一つは内田莉莎子氏の訳（たとえば東京書籍）である。それぞれ個性的でありながら、内田訳はもともと福音館の「こどものとも」シリーズの一つとして訳されたのに対して、西郷訳は教科書用として訳されたと思われ、西郷訳のほうに、教材的臭味が強い。

「おおきなかぶ」の教材としての意味合いは、一方でテーマ性を取り上げ、弱いものでも大きな力が発揮でき、大きな仕事に貢献できるとか、いろいろなものが協力すれば――仲の良いものも悪いものも――何事も実現できると考える。他方では語りの面白さ、動きに着目し、繰り返しの言葉の遊びを重視する教材論の立場もある。

ところで、ロシア民話の本来の形が広く知られることによって、「おおきなかぶ」がなぜ現在のような形に日本では定着しているのか、考える必要がでてきた。そのことを考えることによって、教材論としての意味合いも再考できるのではないだろうか。

さいわいなことに、最近『鑑賞文選』が復刻され、その雑誌に「おおきなかぶ」の原型が紹介され、しかも改訂を重ねて、現在われわれが目にしている姿に変容し、成立したことが知られることになった。したがって、本稿では、「おおきなかぶ」の紹介、変容―成立を追跡することによって、物語本来の意味を考察することにしたい。

1 訳出の初型

『鑑賞文選』に訳出された最初の「おおきなかぶ」は、大正一四年八月尋常四年生号であり、その題は「蕪菁」となっている。表題には読みが振ってないが、本文中には「蕪菁《かぶ》」とルビが振ってある。この話は、現在の「おおきなかぶ」とは、だいぶ違う。まず、全文を紹介しよう。

蕪菁

おぢいさんが蕪菁《かぶ》を蒔《ま》きました。それが育ってから、おぢいさんは抜きに来ました。蕪菁につかまって、エンヤ〳〵と引張りましたが、抜けません。

おぢいさんはおばあさんをよびました。

おばあさんはおぢいさんに、おぢいさんは蕪菁につかまって、エンヤ〳〵と引張りました。が抜けません。

——

孫娘が出て来ました。孫娘はおばあさんに、おばあさんはおぢいさんに、おぢいさんは燕菁につかまってエンヤ〳〵と引張りました。が抜けません。

小犬がやって来ました。小犬は孫娘に、孫娘はおばあさんに、おばあさんはおぢいさんに、おぢいさんは蕪菁につかまって、エンヤ〳〵と引張りましたが、抜けません。

足（？）がやって来ました。足は小犬に、小犬は孫娘に、孫娘はおばあさんに、おばあさんはおぢいさんに、おぢいさんは蕪菁に、つかまって、エンヤ〳〵と引張りましたが、抜けません。

又別の足（？）がやって来ました。

別の足は足に、足は小犬に、小犬は孫娘に、孫娘はおばあさんに、おばあさんはおぢいさんに、おぢいさんは蕪菁につかまって、エンヤ〳〵と引張りましたが抜けません。
あとから〳〵と足がやって来て、五本目の足までが来ました。五本目は四本目に、四本目は三本目に、三本目は二本目に、二本目は一本目に、一本目は小犬に、小犬は孫娘に、孫娘はおばあさんに、おばあさんはおぢいさんにおぢいさんは蕪菁につかまって、エンヤ〳〵と引張りました。
やっとの事で抜けました。

『読方綴方鑑賞文選』大正一四年八月号尋常四年[1]

まず、現在の「おおきなかぶ」と決定的に違うのは、最後に「足」がやってきて、かぶは抜けるという終わり方である。

『鑑賞文選』に載っている物語や詩などは、作者が明記されていたり、出典が表記されたりしているのが普通であるのにもかかわらず、この「蕪菁」は作者も出典も何も書かれていない。いまでこそ、この物語はロシアの民話であることは明白であるが、当時は創作物語と受け取られたかもしれない。

しかし、創作にしては、「足（?·）」という、疑問符がついているのは、いかにもおかしい。二か所もついている。いまでは、もともとのロシア民話がそうなのだから、おかしくはなく、忠実に訳したことがわかる。アルハンゲリスク県で採録した原話[2]では、おじいさん、おばあさん、孫娘、小犬の後に足が登場し、結局五本もの足が出てきて、かぶが抜ける。その点、編者のアファナーシエフ自体がおかしいと思ったか、足には疑問符がついているのである。「そこへ一本の足（?·）がやってきた」と。

それはそうだろう。おじいさん、おばあさん、孫娘、小犬と出てくるのは素直にわかるが、最後になぜ「足」なのだろうか。しかも五本も出てきて、それがかぶを引っ張るなどという荒唐無稽の物語ではないか。怪奇に思える話で

蕪菁

おぢいさんが蕪菁を蒔きました。

それが育つてから、おぢいさんは抜きにきました蕪菁 つかまつて、エンヤ〳〵と引張りましたが、抜けません。

おぢいさんはおばあさんを呼びました。おばあさんはおぢいさんに、おぢいさんは蕪菁につかまつてエンヤ〳〵と引張りました。が抜けません！

孫娘が出て来ました。孫娘はおばあさんに　おばあさんはおぢいさんに、おぢいさんは蕪菁につかまつて、エンヤ〳〵と引張りましたが、抜けません！

小犬がやつて来ました。小犬は孫娘に、孫娘はおばあさんに、おばあさんはおぢいさんに、おぢいさんは蕪菁につかまつて、エンヤ〳〵と引張りましたが抜けません。

足(?)がやつてきました。足は小犬に、小犬は孫娘に、孫娘はおばあさんに、おばあさんはおぢいさんに、おぢいさんは蕪菁につかまつて、エンヤ〳〵と引張りましたが、抜けません！

あとから〳〵足がやつてきて、五本目の足までがきました。五本目は四本目に、四本目は三本目に、三本目は、二本目に、二本目は一本目に、一本目は小犬に、小犬は孫娘に、孫娘はおばあさんに、おばあさんはおぢいさんに、おぢいさんは蕪菁につかまつて、エンヤ〳〵と引張りました。

やつとの事で抜けました。

(16)　(17)

図１　『カンショウブンセン』昭和２年１月号　尋常２年

ある。

ただ、この昔話は、記録した地域や人によって違いがあり、オンチュコーフが記録した原話によれば、最後にはねずみが出てきて、「ねずみがかぶをひっこぬき、かりかりかりかり食べちゃった」と終るらしい[3]。

2　改訂第二型

『鑑賞文選』に載った「蕪菁」が人気だったのか、第二次の改訂版が昭和二年一月号尋常二年『カンショウブンセン』に掲載された。題名は「蕪菁」、読みはしかし「かぶら」と変わっている。それは絵入りであったので、それを図1として載せておく。足五本が最後を引っ張っている。絵がつけられていることは、子ども向けのお話としては貴重な改訂である。そして、「抜けません」の繰り返しの三か所に感嘆符〈！〉が新しくつけられたことも、改訂の特長である（三番目の箇所が句点であるのは誤植だろう）。見やすいように、文章だけを書き抜いておく。全文漢字にルビがつけられているのは、二年生用を考慮したからだろうか。

蕪菁《かぶら》

おぢいさんが蕪菁《かぶら》を蒔《ま》きました。

それが育《そだ》ってから、おざいさんは抜《ぬ》きにきました　蕪菁《かぶら》　つかまって、エンヤ〳〵と引張《ひっぱ》りましたが、抜《ぬ》けません。

おぢいさんはおばあさんを呼《よ》びました。おばあさんはおぢいさんに、おぢいさんは蕪菁《かぶら》につかまってエンヤ〳〵と引張《ひっぱ》りました。が抜《ぬ》けません！

孫娘《まごむすめ》が出《で》て来《き》ました。孫娘《まごむすめ》はおばあさんに　おばあさんはおぢいさんに、おぢいさんは蕪菁《かぶら》につかまって、エンヤ〳〵と引張《ひっぱ》りましたが、抜《ぬ》けません！

小犬《こいぬ》がやって来《き》ました。小犬《こいぬ》は孫娘《まごむすめ》に、孫娘《まごむすめ》はおばあんに、おばあさんはおぢいさんに、おぢいさんは蕪菁《かぶら》につかまって、エンヤ〳〵と引張《ひっぱ》りましたが抜《ぬ》けません。

足《あし》（？）がやってきました。足《あし》は小犬《こいぬ》に、小犬《こいぬ》は孫娘《まごむすめ》に、孫娘《まごむすめ》はおばあさんに、おばあさんはおぢいさんに、おぢいさんは蕪菁《かぶら》につかまって、エンヤ〳〵と引張《ひっぱ》りましたが、抜《ぬ》けません！

あとから〳〵足《あし》がやってきて、五本目《ほんめ》の足《あし》までがきました。五本目《ほんめ》は四本目《ほんめ》に、四本目《ほんめ》は三本目《ほんめ》に、三本目《ぼんめ》は二本目《ほんめ》に、二本目《ほんめ》は一本目《ぼんめ》に、一本目《ぼんめ》は小犬《こいぬ》に、小犬《こいぬ》は孫娘《まごむすめ》に、孫娘《まごむすめ》はおばあさんに、おばあさんはおぢいさんに、おぢいさんは蕪菁《かぶら》につかまって、エンヤ〳〵と引張《ひっぱ》りました。

やっとの事《こと》で抜《ぬ》けました。

『カンショウブンセン』昭和二年一月号　尋常二年[4]

改訂といっても登場人物に変化はなく、初型を継いでいるので、第二型としておこう。内容上の変化は、初型にあった、「足（?·）がやって来ました」の次の、「また別の足（?·）がやって来ました」以下の文が削除されて、すぐに、「あとから〳〵足がやってきて」とつなげたことぐらいである。原話から離れた部分である。

足が出てくることについて、斎藤君子氏は最初、「この足になにか意味がありそうですが、今のところそれは謎です」としていた。[5] しかし、後になって、ロシアに根菜類を抜き取る動作を模した遊戯があることを指摘した上で、「スウェーデンの類話にも『一本足』が登場することを考えると、どうやらこの奇妙な登場人物は、片足をつかんで引っ張る、子どもの遊びから昔話のなかに取り込まれたようだ」という回答をしている。[6]

複数の子どものうち一人がかぶになり、別な子たちが抜く役になる。抜かれた子は、今度は抜く側にまわる。つまり、こうした鎖状につながって遊ぶ、「所作をともなう遊戯歌だったのだ」。

昭和の時代、日本でも男の子の遊びに長馬飛びというものがあった。塀や電信柱を背にして一人が立って、その股下に別な子が頭を突っ込み、残りの子はその子の背の上に飛び乗る。馬の役の子は、揺らして乗った子を落そうとする。落ちた子は、馬役の子の股下に首を突っ込む。これが続いて馬状に連なることになる。何人か連なったら、残った子たちは、馬役の誰かに集中的に全員乗って押しつぶそうと作を練る。成功して馬役の子が崩れれば、その子がこんどは塀や電信柱を背にして立つ――という鎖状の遊びである。

3　日本版「おおきなかぶ」の原型誕生

第三次改訂版は、昭和二年七月号二年生号の『カンショウブンセン』に掲載された。そのときに、現在のわれわれが目にする形として成立した。おおいに工夫されているので、そのまま図2として、紹介しておこう。文章だけ以下、引用する。

かぶらのたね

おぢいさんか　まいた　かぶらの　たね
めがでて　はがでて　ずんずん　ふとる

おぢいさんが　かぶらに　つかまって
えんや　えんやと　ひっぱった
ひいても　ひいても
なかなか　ぬけぬ

おばあさんが　かせいに　やってきた
おばあさんが　おぢいさんに　つかまった
おぢいさんが　かぶらに　つかまった
えんや　えんやと　ひっぱった
ひいても　ひいても
まだまだ　ぬけぬ

まごが　かせいに　やってきた
まごが　おばあさんに　つかまった
おばあさんが　おぢいさんに　つかまった

かぶらのたね

おぢいさんが　まいた　かぶらの　たね
めがでて　はがでて　ずんずん　ふとる

おぢいさんが　かぶらに　つかまつて
えんや　えんやと　ひつぱつた
ひいても　ひいても
なかなか　ぬけぬ

おばあさんが　かせいに　やつてきた
おばあさんが　おぢいさんに　つかまつた
おぢいさんが　かぶらに　つかまつた
えんや　えんやと　ひつぱつた
ひいても　ひいても
まだまだ　ぬけぬ

まごが　かせいに　やつてきた
まごが　おばあさんに　つかまつた
おばあさんが　おぢいさんに　つかまつた
おぢいさんが　かぶらに　つかまつた
えんや　えんやと　ひつぱつた
ひいても　ひいても
とつても　ぬけぬ

犬も　かせいに　やつてきた
犬が　まごに　つかまつた
まごが　おばあさんに　つかまつた
おばあさんが　おぢいさんに　つかまつた
おぢいさんが　かぶらに　つかまつた
えんや　えんやと　ひつぱつた

(10)

おぢいさんが　かぶらに　つかまった
えんや　えんやと　ひっぱった
ひいても　ひいても
とっても　ぬけぬ

犬も　かせいに　やってきた
犬が　まごに　つかまった
まごが　おばあさんに　つかまった
おばあさんが　おぢいさんに　つかまった
おぢいさんが　かぶらに　つかまった
えんや　えんやと　ひっぱった
ひいても　ひいても
それでも　ぬけぬ

ねこも　かせいに　やってきた
ねこが　犬に　つかまった
犬が　まごに　つかまった
まごが　おばあさんに　つかまった
おばあさんが　おぢいさんに　つかまった
おぢいさんが　かぶらに　つかまった

ひいても　ひいても
それでも　ぬけぬ

ねこも　かせいに　やってきた
ねこが　犬に　つかまつた
犬が　まごに　つかまつた
まごが　おばあさんに　つかまつた
おばあさんが　おぢいさんに　つかまつた
おぢいさんが　かぶらに　つかまつた
えんや　えんやと　ひつぱつた
ひいても　ひいても
ひいても　ぬけぬ

ねずみも　かせいに　とんできた
ねずみが　ねこに　つかまつた
ねこが　犬に　つかまつた
犬が　まごに　つかまつた
まごが　おばあさんに　つかまつた
おばあさんが　おぢいさんに　つかまつた
おぢいさんが　かぶらに　つかまつた
えんや　えんやと　ひつぱつた
えんやら　やつこら　やつとこぬけた
ぬけたら　どつしり
しりもち　ついた
みんなが　みんなが
しりもち　ついた

図２『カンショウブンセン』昭和２年７月号　２年生号

えんや　えんやと　ひっぱった
ひいても　ひいても
ひいても　ぬけぬ

ねずみも　かせいに　とんできた
ねずみが　ねこに　つかまった
ねこが　犬に　つかまった
犬が　まごに　つかまった
まごが　おばあさんに　つかまった
おばあさんが　おぢいさんに　つかまった
おぢいさんが　かぶらに　つかまった
えんや　えんやと　ひっぱった
えんやら　やっこら　やっとこぬけた
ぬけたら　どっしり
しりもち　ついた
みんなが　みんなが
しりもち　ついた

『カンショウブンセン』昭和二年七月号
二年生号[7]

この改訂で、内容が大幅に変わった。登場人物として「足」が消え去り、代わりに「ねこ」と「ねずみ」になった。第二に、散文調から動きのあるリズムを持った文体になり、行換えも多く、かつ場面の展開ごとの連に分けられた。第三に、全文ひらがなで（犬だけは漢字）、しかも分かち書きを採用し、句読点はない。第四に、物語の進行に合わせる形で絵を四種類でつなげている。第五に、連の終わり方が「なかなか」―「まだまだ」―「とっても」―「それでも」―「ひいても」と、すべて変化をつけている。第六に、表題も含め、「かぶを蒔く」から「かぶらのたねをまく」に変わっている。

リズムを持った型に変わったことは、原文の調子を生かした訳になったといえる。筆者はロシア語には無知なので、専門家の説明に耳を傾けよう。[8] ロシアにおける昔話の主人公は圧倒的におじいさんとおばあさんであるらしい。そうすると、おじいさん（ヂエートカ）、おばあさん（バープカ）とならんで、まごむすめ（ヴヌーチカ）となり、小犬（スーチカ）も語尾に同一の接尾語を持つことから、問題の「かぶ」もレーバという一般的な名詞ではなく、レープカという語が選ばれるという。しかもこれらはすべて語頭にアクセントがある上に、二音節で表現されるという。

「語りだしの『お爺さんが種をまきました』という文章は『蕪』と『お爺さん』の語呂合わせによって生まれたのだ。『男は度胸』、『女は愛嬌』のようなものである」と専門家の解説は、かみくだくように続く。

そして、このお話は一人ずつ登場人物が増えて、同じ行為を繰り返す「累積民話（昔話）」であり、ロシアの民話には多いタイプであるという。そのため、語り口調は二拍子のアクセントが規則的に並び、強弱の繰り返しというリズムが生まれる。

こうした「累積民話（昔話）」は、鎖状につながったものが切れて、もとの状態に戻ることが重要なのであり、[9] そうであれば、終り方がいかにもという形がすとんと落ちる。第三次版は、「ぬけたら　どっしり／しりもち　ついた／みんなが　みんなが／しりもち　ついた」と工夫する。

そうした原話の雰囲気をよく表わした翻訳として――相変わらず出典は明示されていないが――、第三次改訂版は登場したのである。

現代の内田莉莎子氏の訳はA・トルストイの再話となっている。それは、斎藤君子氏によれば、一九三六年である。[10]したがって、日本型第三次版が依拠する民話にはなりえない。考えられるのは、K・ウシンスキーの再話が一八六四年に挿絵つきでなされてから、「おおきなかぶ」はロシア全土に広まったと斎藤君子氏が述べているので、アファナーシエフからウシンスキーへと依拠する原話が変わったから、こうした内容上の変化になったのかもしれない、ということである。アファナーシエフによる編纂は、ただの文章として記録してあるだけだから、子どもの読み物としての形式上の工夫はなにもない。ウシンスキーのものは、いったいどういうものなのだろうか。専門家の教示を得たい。[11]

それにしても、アファナーシエフによる出版は一八五五年から一〇年近くかかって分冊でなされたというから、ウシンスキーのものとの間には、さほど時間的差異はないので、訳出の初型から第三次改訂版の間に、依拠する版が変わったと考えることはできるのだろうか。

おわりに

「累積民話（昔話）」が、鎖状につながることに特徴があるとすれば、そのつながり方は、後から来たものから前へという順がよい。まごむすめが小犬を呼べば、小犬がまごむすめを引っ張る、とつなげるのがスムーズである。続けて、まごむすめがおばあさんを引っ張る、おばあさんがおじいさんを引っ張るという具合に。

「おおきなかぶ」のバージョンで、ニキーフォロフ編纂のものは、登場人物の鎖を前から後ろへ、「じっちゃがかぶを、ばっちゃがじっちゃを」とたどるようである。それについて、斎藤君子氏は、「登場人物の連鎖を前から後ろへたどるために、語りのリズムが乱れ、並び順にも混乱がみられる。これでは聞いている子どもたちの頭のなかも混乱する」と手厳しい。[12]

この考え方をとれば、日本語版原型――第三次改訂版はしっくりなじむ。ところが、教科書で現代に広まっている、西郷竹彦訳版は、登場人物を前から後ろへたどるから、一考を要する。しかも、「かぶを　おじいさんが　ひっぱって、おじいさんを　おばあさんが　ひっぱって」と倒置法を採用しているから、余計にむずかしい。

昔話に教訓的意味を持たせることは、近代日本でもあったことである。時代の社会状況や政治的意味合いを濃厚ににじませることもされてきた。「おおきなかぶ」も、どうやら社会主義ソビエトの精神である、働く者の団結、弱いものの立場でと、日本でも解釈されたのではないだろうか。

しかし、原話のもくろみは、遊びの語り、動作の遊戯化を語りにしたとみられる。そうであれば、教材としての「おおきなかぶ」については、物語のテーマ性を考えさせるのではなく、リズムに乗った語り遊びに、指導の中心をおくべきだろう。声に出して読み、動作がともなうことの楽しさ。その観点に立てば、西郷竹彦氏のいかにも理屈っぽい文章構造は、考えなおされてよい。

追補

初稿を書き終えてから、次のことを知った。西郷竹彦氏によれば、「大きなかぶ」の紙芝居が太平洋戦争中に、大政翼賛会によって作られたようだ。西郷氏の講演を聞いた人のなかに、その紙芝居を見たという挙手が数名上がったらしい。しかし、かぶの真ん中に、「鬼畜米英」と書かれていたというし、登場人物とその順序が、おじいさん・おばあさんの後に、息子、娘、隣のおじさん、床屋さん、お百姓もいるといった具合だったらしい。まさに一億総国民を表わしている。しかも労働の成果の収穫という大前提を無視した、ロシアの民話としての「おおきなかぶ」とは、似て非なるものだという。（西郷竹彦「民話――その視点・筋・主題・思想・典型」『西郷竹彦文芸・教育全集』第七巻、一九九六年、恒文社。初出は『教師のはぐるま』一二号、一九七二年四月、部落問題研究所。）

学校文化から離れた路地裏文化のなかで、「おおきなかぶ」は、『鑑賞文選』に載ったときは奇怪な面白さを提供し、長馬飛びと同じ匂いを男の子は嗅ぎ取った。しかし一九四〇年代になると、その面白さと人気が転用され、子どもたちの戦意高揚の道具にされたということだろう。

註

1　『復刻鑑賞文選・綴方読本』第一巻、緑蔭書房、二〇〇六年、二六ページ。原文に誤植があるが、そのままである。
2　アファナーシエフ・中村喜和編訳『ロシア民話集』（上）岩波文庫、一九八七年、四七—四八ページ。
3　斎藤君子「ロシア昔話『かぶ』をめぐって」『民話の手帖』第四八号、一九九一年夏号。
4　『復刻鑑賞文選・綴方読本』第四巻、緑蔭書房、二〇〇六年、一七ページ。誤記などがあるが、原文のままである。
5　斎藤君子、前掲「ロシア昔話『かぶ』をめぐって」四九ページ。
6　斎藤君子「大きな『かぶ』の六つの謎」小長谷有紀編『「大きなかぶ」はなぜ抜けた！』講談社現代新書、二〇〇六年、二一ページ。
7　『復刻鑑賞文選・綴方読本』第五巻、緑蔭書房、二〇〇六年、一七—一八ページ。誤記があるが、原文のまま。
8　伊東一郎「『大きな蕪』から『外套』へ」『新日本文学』一九九七年四月号、五四—五五ページ。
9　斎藤君子、前掲「大きな『かぶ』の六つの謎」二五ページ。
10　同右、一四ページ。
11　前掲、アファナーシエフ・中村喜和編訳『ロシア民話集』（上）の「凡例」。
12　斎藤君子、前掲「大きな『かぶ』の六つの謎」二六ページ。

あとがき

偉大な思想家の思想は、例えれば、世界の高峰から見える景色を述べたようなものである。それを、せいぜい五合目辺りから見える景色で、その山から見える景色を語ることはありえない。論評するには、同じ高峰に立たなければならない。

大学の教員として、静岡市から毎日見る富士山を、あたりまえの姿と考えていた。大学教員の最後の一年は、富士市にキャンパスがある大学で送った。新富士駅を下りると、赤黒い巨大な岩石がわたしに襲いかかってくるようだった。その中腹めがけて大学行のバスに乗ると、その巨岩に吸い込まれるような恐怖を感じた。

立ち位置によって、山容は変わるものだと実感した。

本書は、偉大な世界の思想家の思想を、わたしの立ち位置で把握しようとしたものである。高峰から見た思想ではないし、登山を試みたわけでもない。遠くから望んだ、わたしに見えた思想にすぎない。

若いころ、偉大な思想家の思想を、優れた研究者の研究を、したり顔で批評したり批判したことがあった。しかしながら、偉大な先人たちの到達している哲学をわたしが会得しているわけではなかったし、研究の歴史的蓄積をわたしが十分に理解しているわけではなかった。論じられる高みに上っていないにもかかわらず、背伸びしている無理がわたしにはあった。

教育学は経験の学問の一つだから、人生経験、学校経験をわたしなりに経て、理解が高まり旧来の誤読、誤解が訂正されたことが一再ならずあった。

本書では、ヘーゲルのことばでヘーゲルを語り、デューイのことばでデューイを語った。デューイのヘーゲル批判を紹介することがあっても、わたしのヘーゲル批判はない。内容理解についてゆくのが精いっぱいで、ヘーゲル理解が基礎段階にとどまっているからである。プラグマティズムは、戦後日本で軽蔑され、まともに扱われない時期があった。しかし、デューイの『学校と社会』にある編み物を取り上げた教材の例——知識人層から奇異に見られたという実践、彼の位置づけでは人類の歴史の集約という実践は、マルクス・エンゲルスが『ドイツ・イデオロギー』（廣松渉編訳・小林昌人補訳、ワイド版岩波文庫、二〇〇五年）のなかで、分業の成立は織物産業に典型的に現れると述べた歴史把握と通じるものがある。織物を編み物に教材化したということである。

ただしデューイの言う教育の共同体は、いつも太平無事であって、矛盾・対立・軋轢が存在しない。あっても、おそらくは、子どもの自我の成立という心理学主義で片づけられるのであろう。その点、ヘーゲル・マルクスの考える、存在の矛盾・対立という思考からは縁遠い。——と書くのは、本「あとがき」の趣旨からずれる。

本書にあって、ヘーゲル哲学の一部だけを取り上げているだけで、核心を摑んでいないのではないかという批判があるに違いない。甘んじて受け入れる。わたしから見たヘーゲル像を掲出することしかできないからである。

わたしよりも一世代、二世代前の人によれば、思想家の思想をまとめて報告したところ、指導教授から、それで君の意見は、と問われて答えに窮したという話をよく聞く。その類にならえば、わたしの選択した思考——ことばにわたしなりの思想表明がある。選択という行為にわたしの解釈が表れていると答えたい。

英語もドイツ語もできない人間が、ヘーゲル・デューイ・スミスを論じてよいのかという詰問があるに違いない。その返答はしておかなければならない。三人の日本における研究史は長いし、研究者層も厚い。そういう人びとの知恵が凝縮したものが現在の翻訳として著されている。下手な、自分の訳でごまかすよりも、それらを参照する方が健全な態度だろう。長い蓄積を基に訳されたものは、もはや日本語で書かれたものと同じである。それが古典というものだろう。

じっさい、わたしの古い思考にとどまっていたら、verständig は悟性的と訳したままだったところを、長谷川宏氏の訳で理解可能なという解釈に教えられて、わたしの論考はまとまったのである。他の人の訳も同様に、ただ単に悟性的とするだけにはなっておらず、分かりやすいといったことばが添えられている。名訳によってわたしの思考ができた。即自的、対自的という伝統的な訳からも自由になった。

他方デューイも、end、aim、purpose、goal、と繰り出してくることばについて、市村尚久氏はひるむことなく目的という訳語で一貫させた。わたしならば迷って混乱してしまっただろう。それらの差異に注目してセンス溢れる訳を物した魚津郁夫氏にも感嘆させられた。

さらに、スミスの用語 didactic を講述と訳解した内田義彦氏の名著に出合わなければ、本書自体が成り立たなかった。

翻訳者たちの日本文によって、わたしの論考ができあがった。訳者によって、訳文あるいは訳語が違っているところは、比較するしかない。良し悪しについて、わたしには判断できない。

原典については、思想史研究者が必ず行う、何年に発行され、誰それが編集した版を底本にするというテキストクリティークを、わたしはしていない。翻訳者がそれぞれに、一番適した版と考えた結果がある。したがって、原書は、静岡大学附属図書館および常葉大学附属図書館にあるものを使った。複数の版がある場合には、異同を確認して一つを取った。

この本に収録した論文は、勤務先の、または、であった紀要に書いたものである。一所懸命に書いたが、不勉強なところは多く、また尊敬する友人から感心しないという反応もあったので、ヘーゲル・デューイ・スミスの本を再び、三たび、四たび読んで、私なりの解釈を書き加えたり、論文構成を大幅に変更したりした。改稿の結果がこの書になった。

退職後もわたしの投稿を認めてくださった、静岡大学教育学部の紀要編集委員会、ならびに仲介の労を取られた菅野文彦さんと渋江かさねさんに感謝します。静岡大学附属図書館蔵書資料の閲覧については松尾由希子さんのお手を煩わせた。記して謝意を表します。

本書所収の論考についての、初稿は左記のとおりです。いずれも本書に収載するにあたって、大幅に書き直しています。論題を大きく変えたものもあります。

第一章 「教育目標としての思考力・判断力・表現力——ヘーゲルとデューイとを対照させながら——」『常葉大学教育学部紀要』第三八号、二〇一七年一二月。

第二章 「ヘーゲル哲学における教育の現象学」『静岡大学教育学部研究報告（人文・社会・自然科学篇）』七一巻、二〇二〇年一二月。

第三章 「『Didaktik＝教授学』と『didactic＝訓話的』との間——アダム・スミスに拠りながら——」『静岡大学教育学部研究報告（人文・社会・自然科学篇）』第六九号、二〇一八年一二月。

第四章 「伊豆学校史序説」『常葉学園大学紀要　教育学部』第三十三号、二〇一三年三月。

第五章 「明治三〇年代教員の教育活動と職員会議」『静岡大学教育学部研究報告（人文・社会・自然科学篇）』第六七号、二〇一七年三月。

第六章 「『おおきなかぶ』の日本への紹介と変容—成立」『静岡大学教育学部研究報告（教科教育学篇）』第三九号、二〇〇八年三月。

哲学者は抽象概念を考える癖がある。対して教育者は具体的に考えようとする。抽象を具体に変換する、逆に具体を抽象に変換する、いや抽象を抽象に発展させる、そうしたDidaktikが必要である。

ある授業で、生涯学習は、好きなときに、好きなところで、好きなことを、好きなように自発的に学ぶことだから、それを制度化するのは二律背反ですと話したところ、二律背反ということばの意味が解りませんという質問が出た、さらに具体的な事例で教えてほしいと重ねてきた。自由と統制という、相反するものを統一したのが自治だと言っても分からないだろうし、半世紀前には、自由という名の下で先生たちはわたしたちを管理していると造反した高校生たちがいたのだよ、と言っても伝わらないだろうし、といろいろ思案しているうちに時間が経ち、うまい答えが見つからず、具体例は思い浮かばないなと答えざるを得なかった。わが身を棚に上げて、高校時代までに二律背反ぐらい勉強してほしいと思った。

その後ある本を読んでいたら、この世の中絶対というものはないのよ絶対、という言い方が二律背反の例にぴったしだと書いてあるのに気づいた。これならわかったかなと思ったが後の祭りだった。

唯物論的弁証法には、絶対的真理と相対的真理との統一という考え方がある。しかしここの問題になると、ヘーゲルには絶対精神なる思想があるからヘーゲルから離れる。

ヘーゲルは抽象概念を抽象概念の連鎖で考える。デューイは具体を具体のまま考える。とすれば、スミスの論理学は両者の懸け橋になるのかなと愚考する。

本書で展開した教員の短期勤務という問題については、わたしの最初の著書『近代日本地域教育の展開』で気づいていたことだった。けれどもその問題が教員の活動に大きな影響があると悟ったのは、『山峡の学校史』においてだった。ただ意識に上ったけれども、活動を明らかにする史料がなかった。本書第四章の伊豆学校史で本格的に論及でき、第五章の井通学校文書で解明できた。気づいて解答できたのに三〇年かかった。

学級担任制が敷かれたことは最初の著で分かったけれども、現行のそれと見間違い、歴史的には担任が名前だけで、教科をすべて、生活も併せて指導するという態勢になっていないことに気づくのに遅れた。教科別に教員は交代したし、けれども修身は校長あるいは主席訓導が受け持つという体制について。学級の全教科を教えるのが良いのか、それとも教科によって教員を代えるほうがいいのかという判断をどうしたか。さらには、受け持ち時間数を均すという考え方。あるいは、夏休み後に学級編制を変えるという慣習がなぜ生まれたか。これらについては、学校の教員の勤務実態が回答を出すだろう。

いったい、一学年の一クラスの教育活動をすべて同一教員が行うという慣行はいつ成立したのだろう。学級王国などということばは、有資格教員がそろっている師範学校附属小学校にあることばであって、一般の学校には当てはまる実態がないのではないか。学校内の教員の教育活動については、解明すべき課題が山積している。現行の常識が成立した歴史的根拠をぜひとも若い人たちに明らかにしてほしいと思う。

教員の資格や経歴、勤務年数——履歴を史料に即して明らかにする、地道な作業が続けられていると聞く。ぜひとも大いなる成果が上梓されることを期待している。

ここで、寺﨑昌男氏の雄編『日本近代大学史』（東京大学出版会、二〇二〇年）を取り上げることをお許しいただきたい。本論第三章で、大学史はいつからどのような指標で高等教育史になったのか、という問いを立てながら、寺﨑氏の偉大な業績を参照しなかったからである。ひとえにわたしの怠学故による。

寺﨑氏のご本は、大学は高等教育の機関の一つと規定しており、その立場から日本の近代大学史を総覧的に叙述した雄編である。及ぶ論点は広く、目配り細かく、巨視的にまた微細にわたる、先行研究を多く——わたしごとき若輩が使うべきことばではないが——咀嚼し、大学史の大河の流れに見事に位置付けた、雄大な、通史に真に価する論著である。

わたしの関心から始める。第一部の戦前編は、帝国大学が大学であるという実体規定から、第二部の戦後編は、高等教育という抽象規定から、大学史が論述されていると、わたしには読める。

次に。帝国大学による授業の相違が、在学生の出身校の校友会雑誌へ寄せた文章を発掘して紹介されている（旧制高校生の思い出はわたしも多く見てきたが）。東京帝国大学の講義をひたすら筆記する、知識注入主義に対する京都帝国大学のゼミナール方式の採用、授業外の学習を重んじたという相違が摘出されている。原書を読む学生は圧倒的に京都の方が多いという意見も紹介されている。教授たちの自伝とは違う大学像を見せている。それらに見られる東京帝大と京都帝大の違いは、本論のわたしの関心から言えば、それでも自治の範囲内とみなされる、ということが重要である。学風の違いとして論じられる。

一九〇五年の「戸水事件」について、「俗官吏」に事務を委託しないという教授の自由と自治という歴史総括は、戦後も長く、教員の自治、大学の自治、大学の自由として影響を与えた。事務職員を大学または部局の意思決定機構から外すという実際として現れた。帝国大学が切り開いた成果を私立大学も受け継いでいる。ただし、私立大学は官からの独立を基本是としているから、私立大学における大学の自治の構図は違ってくるとわたしには思える。一般に私立大学は事務職員の大学意思決定への参画が強いと思われる。

一九一〇―二〇年代は高等教育機関の平等化へ開いたと指摘しつつ、他方で多層化・多様化とも規定される。貴重な史的判断である。

戦後教育改革期にあって、教育刷新委員会における、伝統を保持することを支持する天野貞祐と戦後民主主義にいち早く転向した務台理作との、同じ哲学者の間での大学観の相違が埋まらないまま、わたしの理解では、六・三・三・四制を実施するという実務で事は処理されて、寺﨑氏の言う明るい口調の文部省の手になる新制大学案内として決着する。私見によれば、この大学観の溝は深く、歴史的であり、その後の大学の格差を生じせしめた起因になる。寺﨑氏の格差固定化という指摘に同意しつつ、その後の進展に照らせば、あまりにも溝は深く、わたしのことばを使うならば格差の拡大と言うべきところである。観が実力となって現れた。

わたしの整理するところ、旧帝国大学、旧制高校のナンバースクールを中心核とした円を考えれば、それ以外の旧制高校と師範学校を設立母体とした地方国立大学が周縁に立つ。さらにその外縁に地方私立大学があるだろう。大都市にある歴史ある私立大学は、もちろん円の中心部にある。なおその上大学内部で、勢力図が歴史と格の上下で序列づけされる。教員養成系学部は一番外の周縁になり、教養部があれば、さらに外縁に位置する。

一般教育と言われ、旧制高校の教養理念の再現とも一部で喧伝されながらも、教員養成系大学・学部にとっては、同じような課程の――一般教育は人文・社会・自然の三領域から三科目ずつ計九科目、対して教員養成課程では小学校の教科八科目のうちかなりの部分を履修するという――二重構造として現れたと愚考する。

寺﨑氏の方法論について。観を究明することが寺﨑氏の意図である。その手法は戦後の日本教育史研究の正統な方法である。それでも、例えば、仮の話として進めれば、行政学批判の論陣を張っていたはずの人が、いつのまにか政府の諮問委員会の下働きをして、彼／彼女の大学観・教員養成観が一部反映された施策となることを考えたならば、学問の分野で共同して作り上げようと論じられている、その中からひとつの観が学問としての影響力ではなく、公権力の Macht として立ち現れるということだろう。ヘーゲルの言う「人格の疎外」（『精神現象学』C（BB）精神Ⅵ精神B疎外された精神――教養）が起こる。一世紀も前、あるいは半世紀も前の話であれば、観を考察することも興味深い。歴史には、仮にとか、もしもとか、ifとかはない。だからこの例えは寺﨑氏の偉大な論考を離れて考える事柄である。

一つの説が Macht として立ち現れる様をどう解明するか、または、その Macht を解き明かすことがどういう意味を持ってくるかは、社会科学共通の研究主題である。寺﨑氏の雄編を読んで、わが身の問題として考えたことである。

寺﨑氏は実証史家である。歴史的意義づけについては慎重で、ことばを選ぶ。大学史の画期についての評価は、教育社会学者の言を引用し、先行研究に敬意を払っている。同じ実証史家を自認しつつ、しかし歴史的判断がせっかちであることを自覚しつつ、わたしは、寺﨑氏のお仕事を読んで、政府（あるいは国家）の、大学についての施策が不作為の作為または未必の故意であったものから、現代は確信に態度変化していると判断した。わたし自身の法解釈、歴史事情の点検を経ないままの、同時代的な乱暴な意見であること、学問が濃密に詰まっている本を前にして、このような読み方をすると即座に寺﨑氏から叱られることを承知して。

例えば、大学の大衆化といわれた時代に、国立大学は進学希望者に見合う受け入れ体制をとらず、私大に受け皿をまかせて素通りしながら、現代の人口減少・少子化に遭遇する段になると、国立大学の相対的縮小には積極的である。

他面では、大量の大学設置を容認しながらも、その質的保証を確保するためにという口実で、教員の資格審査・授業形態に口出しするようになった。教員養成課程にあっては、アクティブ・ラーニングや対話的授業を取り入れるようにと容喙する。教員が自主的に行っていた、授業についてレスポンス用紙という手段で反省的思考をしてきたことに対しては、授業アンケートの義務化という形で大学に介入している。これら大学史にあっては文句なく自治の範囲内に収まっていたものが、いまや大学外の Macht として立ち現れている。文部科学省の規則が、大学の質を維持するかのように機能している。まるで、一九〇三年の専門学校令の下位規程と同じように。あるいはそうした努力が私立学校の、大学昇格の基礎要件になったという見解があるように。見過ごしつつ結果責任を問う、不作為の作為である。

ＦＤ・ＳＤは、自治の範囲内として、大学の教育能力を向上させようとする大学全体の努力だろう。それでもまだ円の周縁に位置している限り、学問の自由の享受がある。しかしいま、円から外れそうに見える。業績を研究と教育とに分け、教育のものがないといけないという教職課程の Macht が働いている。大学によっては、おのれの大学の授業記録で紀要の誌面を埋めるという現象が起きているのは、その作用の現れではないだろうか。円が崩れ始めているように見える。未必の故意とならなければいいが。

わたしが本論第三章で、現代の大学には Didaktik が必要だと述べたことは、こうした政策動向とは無縁の立ち位置であり、現代の、今の学生の実情から・現実から立論されたものである。そこから、寺﨑氏の雄編に促されて、だいぶはみ出した議論を展開してしまった。

政府あるいは国家の野望は大きい。グローバル化を見据えて競争的環境づくりに邁進している。競争に打ち破られた周縁大学・学部の悲惨さは筆舌に尽くしがたい。研究費は絶望的に削減されているから、研究の質の低下は必定である。研究者たらんとする人は研究条件の良いところへ、大都会へと陸続として転出し、教職の課程認定に差しさわりがない限り、後任補充はなされない。であれば、周縁大学・学部には短期間勤務の教員が多数出てくるのみならず、残る教員は限りなく少なくなる。限界集落を社会科の教材として語っている場合ではなく、間近に迫ったおのれの現実ではあるまいか。本論第四章・五章で扱った小学校教員の短期勤務状況が、現代の教員養成系大学・学部において悪質な相で再現されているように見える。学生は小中学校で、教員の異同を頻繁に経験しているから、当たり前と思ってはいるが、円の中核にある大学ではめったに起こらない現象である。

国立大学の教員養成課程の規模縮小を大都会の私立大学が請け負う構図が、大学大衆化時代と同じように再現されている。此度は確信犯と言っていい。戦後の新制大学で論じられた、教員養成への期待が裏切られてゆく様が見える。それでも、中等学校の教員養成が盤石であれば見過ごされる問題なのだろうか。

多言を弄した。大学の生き残りは、地域または国民のニーズだとすれば、半世紀後、一世紀後に、二一世紀に入った時代はどのように大学について歴史叙述がなされるだろうか。寺﨑氏のこの雄編は、土台石としての役割を果たすに違いない。

さて、明治政府の思想統制に異議申し立てをした思想潮流を書いて——教育史研究は、思想家の思想研究ではなくその時代の思想傾向、いまは死語となった感のする思潮を対象とすべきという考えを持って——、わたしは研究者の道を歩き始めた。しかし、哲学的思索がわたしにはできないという自覚を痛感する結果となった。

思想史から離れたとはいえ、教育史を書くには、哲学が欠かせない。これまで発表した論考に、わたしの哲学を反映させてきたつもりではある。そのひとつに、否定されるべき事態のなかに肯定的要素を見いだす。その哲学は、したがって第二に、否定しつつまたそれを否定する、前に否定されたものはそのまま復活するのではなく、新たな高次の段階として現れる、そういう発展的傾向を見いだす。三つめに、事態および思想は時代的刻印を押されるという歴史性を逃れられない。四つめに、小学校に在籍する生徒数が量的に増えれば、学校で取り組まれる教育活動の質が変わる。量は質に転化する。五つめに、これはヘーゲルを超える哲学だが、経済諸関係の発達に学校教育の存在は規定される。最後に、時代を捉えながらも、教育の問題に収束させるという教育学の思考。

いくらか論稿を重ねてきたものの、良い仕事ができたかどうか。わたしなりに全力は尽くしたつもりであるから、それ自体に満足はしている。仕事の最後に、わたしの思考の基礎にある哲学を明確にして、いわば初めに帰ることによって——あるいは、終わりが初めにあったのかもしれない——、わたしの研究の筆を擱きたいと考えた。

本書の出版を引き受けてくださった川島書店に感謝します。静岡大学に就職して間もないころ、同僚が本を出し、合評会をするからお前も来いと、お誘いいただいた。御前崎の民宿に向かった。そこで、その本の編集担当の松田博明さんに出会った。日本教育史には関係のない本だったが、共著者たちの議論が、東京を離れたわたしには楽しかった。

翌日、本隊と別れて松田さんとわたしはバスで静岡駅に向かった。車中はもちろん、静岡駅前にあった日本茶専門の喫茶店で、いろいろ話をかわした。松田さんは話がお上手で、若いわたしを励まし、日本教育史の教科書を出すようお勧めになった。勢いがあったわたしは、数年後、先輩方に声をかけた。あまりにも早い動きには松田さんも驚いたようだったが、その結果できたのが『学校と教師の歴史』だった。

当時大学の教科書というものは、大家のお書きになった、あるいは大家が編集した著作を使うことが当たり前の状況だったようだから、全員三〇代という若手が教科書を出版することは例を見ないものらしかった。辛口のコメントで鳴らしていた人から、その点についてだけは良し、ということばをいただいた。学界の常識を何も知らない、まったくの若造だった。

それから東京に出て松田さんとお会いする機会があれば、松田さんは教育史についての難問をいつもわたしに問いただした。それに奮い立たされてわたしは脳力を振り絞ったけれども、未熟で、いまはまともに読むに堪えない。最後の本になる本書が、最初の著作を担当された松田さんに編まれたことは、至上の喜びです。

論文を書くことで精神を摩耗し、授業をすることで神経を削り、心のなかに疲労が重く沈殿堆積してつらかったとき、わたしをささえてくれた人たちに、今でも深く感謝しています。

二〇二二年二月二二日

花井　信

ま　行

な　行

は　行

た　行

さ　行

か　行

人名・事項索引

花井　信（はない・まこと）経歴
1947年2月　生まれ
1970年3月　東京教育大学教育学部教育学科卒業
1970年4月　東京教育大学大学院教育学研究科修士課程入学
1973年3月　東京教育大学大学院教育学研究科博士課程中退
1973年4月　静岡大学教育学部助手
2012年3月　静岡大学定年退職
2012年4月　常葉学園大学教育学部特任教授
2013年4月　常葉大学教育学部特任教授
2015年3月　常葉大学自己都合退職
2017年4月　常葉大学経営学部特任教授（2017年度限り）
現在　静岡大学名誉教授、博士（教育学・筑波大学）

著書・共著
「学校と教師の歴史」（共著）川島書店、1979年
「近代日本地域教育の展開」梓出版社、1986年
「製糸女工の教育史」大月書店、1999年
「論文の手法」川島書店、2000年
「近代日本の教育実践」川島書店、2001年
「学校と学区の地域教育史」（三上和夫と共編著）川島書店、2005年
「山峡の学校史」川島書店、2011年

教育史の基点と対象

2022年6月30日　第1刷発行

著　者　花　井　　信
発行者　中　村　裕　二
発行所　㈲　川　島　書　店

〒165-0026
東京都中野区新井2-16-7
電話 03-3388-5065
（営業・編集）電話 048-286-9001
FAX 048-287-6070

印刷・製本　モリモト印刷株式会社

落丁・乱丁本はお取替いたします　振替・00170-5-34102

＊定価はカバーに表示してあります

ISBN978-4-7610-0946-5　C3037